权威·前沿·原创

皮书系列为
"十二五""十三五""十四五"时期国家重点出版物出版专项规划项目

残疾人蓝皮书

BLUE BOOK OF PERSONS WITH DISABILITIES

中国残疾人事业发展报告
（2023~2024）

DEVELOPMENT REPORT ON THE CAUSE FOR
PERSONS WITH DISABILITIES IN CHINA (2023-2024)

残疾预防与康复
Disability Prevention and Rehabilitation

主　编／凌　亢
副主编／李泽慧　刘巧云　胡乃亮

社会科学文献出版社
SOCIAL SCIENCES ACADEMIC PRESS (CHINA)

图书在版编目（CIP）数据

中国残疾人事业发展报告.2023~2024：残疾预防
与康复/凌亢主编；李泽慧，刘巧云，胡乃亮副主编
.--北京：社会科学文献出版社，2024.10
（残疾人蓝皮书）
ISBN 978-7-5228-3520-4

Ⅰ.①中… Ⅱ.①凌… ②李… ③刘… ④胡… Ⅲ.
①残疾人-社会福利事业-研究报告-中国-2023-2024
Ⅳ.①D669.69

中国国家版本馆 CIP 数据核字（2024）第 080092 号

残疾人蓝皮书
中国残疾人事业发展报告（2023~2024）
——残疾预防与康复

主　　编/凌　亢
副 主 编/李泽慧　刘巧云　胡乃亮

出 版 人/冀祥德
责任编辑/丁阿丽
文稿编辑/张真真
责任印制/王京美

出　　版/社会科学文献出版社·皮书分社（010）59367127
　　　　　地址：北京市北三环中路甲 29 号院华龙大厦　邮编：100029
　　　　　网址：www.ssap.com.cn
发　　行/社会科学文献出版社（010）59367028
印　　装/天津千鹤文化传播有限公司

规　　格/开　本：787mm×1092mm　1/16
　　　　　印　张：22　字　数：331 千字
版　　次/2024 年 10 月第 1 版　2024 年 10 月第 1 次印刷
书　　号/ISBN 978-7-5228-3520-4
定　　价/168.00 元

读者服务电话：4008918866

主要编撰者简介

凌 亢（凌迎兵） 教授、博士生导师，南京邮电大学中非经贸数据科学研究院院长，中国残疾人数据科学研究院首席专家。现兼任中国统计学会副会长、中国统计学会残障统计分会会长、中国统计教育学会特殊教育分会名誉会长，东南大学、南京航空航天大学等 12 所大学教授。主要研究领域为应用统计。主持完成国家社会科学基金课题 7 项，国家自然科学基金课题 2 项，省部级课题 30 余项。出版专著、教材、工具书 27 部，发表论文119 篇，独立或作为第一完成人获省部级科研、教学奖励 17 项（其中一等奖 4 项）。入选中宣部文化名家暨"四个一批"人才，享受国务院政府特殊津贴。

张 蕾 博士，副教授，博士生导师，北京大学人口研究所副所长。2006 年入选国家自然科学基金委员会"青年科学家暑期计划"，2013 年入选北京市"青年英才计划"。2012 年为美国布朗大学交流学者，2015～2016年为澳大利亚国立大学访问学者。兼任北京市人口学会第十届理事会理事、中国统计学会残障统计分会常务副会长、残疾人事业发展研究会残疾人口和统计专业委员会副主任委员、北京大学中国残疾人事业发展研究中心主任、北京大学 APEC 健康科学研究院副秘书长。主要研究领域为人口、健康与可持续发展，老龄与残疾，家庭与社会政策评估。主持国家社会科学基金青年项目、一般项目各 1 项，国家社会科学基金重大项目子课题 3 项，省部级项目 15 项，国际项目 3 项。出版独著、译著、编著 10 余部，累计发表学术论文 80 余篇。

刘巧云 博士，教授，博士生导师。华东师范大学教育学部康复科学系主任，美国堪萨斯大学访问学者，兼任中国优生优育协会儿童脑潜能开发专业委员会主任委员、中国残疾人康复协会理事、中国残疾人康复协会语言障碍康复专业委员会副主任委员。入选"浦江人才计划"，是国家级虚拟仿真课程、上海市优质在线课程负责人。主要研究领域为听觉、语言康复与促进等。主持国家社会科学基金重点项目、上海教委人文社科重大项目、国家语委项目多项。出版专著《听觉康复的原理与方法》《儿童语言康复学》等，参编"十三五"规划教材《语言康复学》，主编《康复治疗师临床工作指南——儿童语言康复治疗技术》。获国家级教学成果二等奖、上海市教学成果一等奖、上海市科技进步二等奖等。

陈文华 教授，主任医师，博士生导师。上海交通大学医学院附属第一人民医院康复医学科学科带头人、上海市第一人民医院览海康复医院医疗院长、上海杉达学院康复治疗学系系主任。现任中国康复医学会常务理事、上海市社会医疗机构协会康复医学分会会长、中国康复医学会康复治疗专委会名誉主委及标准委员会副主委、上海市体育科学学会运动康复专委会主委。主要研究领域为神经、肌骨、心肺康复及贴扎、肉毒素注射等治疗技术。主持课题数十项，发表论文近百篇，主编/审/译教材或专著 20 余部。获中国康复医学会科学技术奖/教学成果奖 3 项、上海市医学科技奖 1 项、上海市康复医学会科学技术奖 3 项。

郑 毅 教授，主任医师，博士生导师。首都医科大学附属北京安定医院儿童精神医学首席专家。美国华盛顿大学高级访问学者、美国耶鲁大学博士后研究员。中国残疾人联合会兼职副主席，中国心理卫生协会儿童心理专委会主任委员，北京医学会精神病学分会主任委员，中国生命关怀协会精神医学专委会主任委员，亚洲儿童青少年精神医学及相关学科协会前主席，国际儿童青少年精神医学及相关学科协会前副主席、顾问。担任《中华精神科杂志》副总编、顾问及《中华医学杂志》（英文版）等多部杂志编委。主要研究领域为精神病与精神卫生，对儿童青少年精神障碍有特殊研究。承担多项国家自然科学基金项目、国家科技支撑计划项目、国家重大慢病研究课题等。发表专业学术论文 200 余篇，主编或参编著作 30 余部，主编著作中包括多部国家级疾病防治指南。

摘　要

　　残疾严重损害个人健康、家庭幸福，影响经济社会健康发展，做好残疾预防与康复，对于保障人民群众生命安全和身体健康、提高全民族健康素质、促进经济社会高质量发展具有重大意义。当前，我国发展已进入新时代，积极贯彻落实党中央、国务院关于健康中国建设和新时代残疾人工作的决策部署，进一步加强残疾预防与康复，有效减少和控制残疾发生、发展，有力保障残疾人各项权利，实现"人人享有康复服务"目标，对我国残疾人事业高质量发展具有重大意义。

　　在此背景下，《残疾人蓝皮书：中国残疾人事业发展报告（2023～2024）》以"残疾预防与康复"为主题，对中国残疾预防与康复工作现状和存在的问题进行了系统总结与深入分析。本书主要包括"总报告""分报告""专题篇""案例篇""附录"五个部分。"总报告"包括《中国残疾人事业发展报告（2023～2024）》和《中国残疾预防与康复事业发展报告（2023～2024）》。《中国残疾人事业发展报告（2023～2024）》分析了2022年中国残疾人事业总体发展状况，计算了中国残疾人事业发展指数和平衡发展指数，比较了各省份残疾人事业发展指数。《中国残疾预防与康复事业发展报告（2023～2024）》回顾了在国际残疾预防与康复理念转变和发展的大背景下，我国残疾预防与康复事业不断取得新进展的历程，对中国残疾预防与康复事业的发展现状和存在的问题进行了分析，并提出对中国残疾预防与康复事业发展的展望。"分报告"紧扣残疾预防与康复工作的重要因素，对残疾预防与康复的政策发展进行梳理与分析，对中国残疾人康复人才培训、中国残疾人康复机构发展进行回顾与讨论，从政策、人才、组织形式三方面对中国残疾预防与康复工作发展动态进行深入剖析。"专题篇"围绕中国残疾预防与康复发展中起步较早、涉及人群较多的听力残疾预防与康复、精神残疾预防与康复、言语残疾预防与康复以及中国残疾人辅助器具服务发展进行专题研究。"案例篇"不仅介绍了台湾地区辅助科技服务发展的实践与经验、江苏省残疾儿童康复救助工作取得的成绩，还介绍了青岛市晨星实验学校开展孤独症学生教育康复和上海市浦东新区特殊教育学校开展脑瘫儿童康复与教育的实践探索，呈现了不同地区、不同对象的康复成果和特点，也展示了在学校教育中对孤独症儿童、脑瘫儿童进行教育康复的可行性和取得的效果。"附录"为2022年残疾人事业统计表。

"残疾人蓝皮书"对中国残疾人发展数据进行整理和分析，已连续六年发布中国残疾人事业发展指数，形成了对中国残疾人事业发展状况的整体判断，全面系统地展现了中国残疾人事业发展态势。研究结果表明，中国残疾人事业取得长足发展，残疾人事业发展指数由2011年的52.4上升到2021年的79.5，其中，残疾人生存保障指数由2011年的47.8上升到2021年的85.4，残疾人发展提升指数由2011年的58.3上升到2021年的72.0，残疾人服务支撑指数由2011年的52.8上升到2021年的78.7；2021年残疾人事业平衡发展指数为50.1。

关键词： 残疾人事业　残疾预防与康复　残疾预防与康复政策　康复人才　康复机构

目 录 ⌐⌐

I 总报告

II 分报告

III 专题篇

Ⅳ 案例篇

附 录

皮书数据库阅读**使用指南**

总 报 告

B.1

中国残疾人事业发展报告（2023~2024）*

凌　亢　孙友然　白先春**

摘　要： 本报告分析了2022年中国残疾人事业总体发展状况，计算了中国残疾人事业发展指数和平衡发展指数，比较了各省份残疾人事业发展指数。研究结果表明，中国残疾人事业取得长足发展，残疾人事业发展指数由2011年的52.4上升到2021年的79.5，其中，残疾人生存保障指数由2011年的47.8上升到2021年的85.4，残疾人发展提升指数由2011年的58.3上升到2021年的72.0，残疾人服务支撑指数由2011年的52.8上升到2021年的78.7；2021年残疾人事业平衡发展指数为50.1。

关键词： 残疾人事业　残疾人事业发展指数　残疾人事业平衡发展指数

---

* 本报告系国家社会科学基金项目"新时代残疾统计体系建设与创新研究"（项目编号：22BTJ2009）的阶段性成果。

** 凌亢，博士，二级教授，南京邮电大学中非经贸数据科学研究院院长，中国残疾人数据科学研究院首席专家，研究领域为应用统计；孙友然，博士，教授，南京邮电大学硕士研究生导师，南京晓庄学院特聘教授，研究领域为残疾人力资源开发；白先春，博士，教授，中国残疾人数据科学研究院院长，研究领域为残疾统计。

一　中国残疾人事业发展状况

（一）残疾人康复

1.部署开展残疾预防工作

党中央、国务院高度重视残疾预防工作，习近平总书记强调"要增强全社会残疾预防意识"①。《残疾预防和残疾人康复条例》规定"县级以上人民政府组织有关部门、残疾人联合会制定并实施残疾预防工作计划"。国务院印发的《"十四五"残疾人保障和发展规划》明确提出"制定实施残疾预防行动计划"。2022年1月5日，国务院办公厅印发了《国家残疾预防行动计划（2021—2025年）》，对进一步加强残疾预防，有效减少和控制残疾发生、发展做出新部署，进一步明确了加强残疾预防的指导原则、主要行动和保障措施。多部委联动推进《国家残疾预防行动计划（2021—2025年）》的贯彻实施。国家卫生健康委采取多项措施进一步控制出生缺陷和发育障碍致残，以及疾病致残。公安部强化交通安全执法管理，大力整治农村"两违"、酒驾醉驾、无证驾驶等重点违法行为。应急管理部强化工矿商贸行业安全生产隐患排查治理，加快推进灾害高风险区应急避难场所建设和房屋设施抗震加固，尽可能减少因灾致残情况。

2022年8月23日，国务院残疾人工作委员会在北京召开全国残疾预防工作推进会（视频）。时任中国残联主席张海迪强调，要坚持人民至上、生命至上，努力减少残疾的发生，减轻残疾带来的痛苦，帮助残疾人及其家庭解决困难。进入新的发展阶段，加强残疾预防具有重要意义。要准确把握新时期残疾预防工作的方向和要求，坚持系统观念、突出重点、改革创新、群防群治。要强化政府责任，加大保障力度，加强指导督促，加强宣传引导，确保《国家残疾预防行动计划（2021—2025年）》（以下简称"行动计划"）顺利实施。

---

① 《习近平关于社会主义建设论述摘编》，中央文献出版社，2017，第107页。

2022 年 8 月 25 日，国务院残工委办公室印发《关于确定全国残疾预防重点联系地区的通知》，确定浙江省、北京市西城区、江苏省常州市、山东省济南市、河南省驻马店市、广东省深圳市、江苏省南京市江宁区、安徽省宿州市埇桥区、湖南省岳阳市岳阳楼区、广东省河源市源城区、陕西省安康市旬阳市 11 个地区为全国残疾预防重点联系地区。重点联系地区要聚焦目标任务，率先高质量完成行动计划的目标任务；着力推进残疾预防创新，形成可复制、可推广的成果和经验；配合做好行动计划实施情况的监测。

中国残联对《残疾预防核心知识（2017 版）》进行了修订，形成了《残疾预防核心知识（2022 版）》，共 30 条，涵盖出生缺陷和发育障碍致残防控、疾病致残防控、伤害致残防控、康复服务促进 4 个方面。

2. 健全残疾人辅助器具服务体系

2022 年 6 月 9 日，中国残联召开辅助器具区域中心建设视频调度会。会议听取了辅具中心、六省残联关于辅助器具区域中心建设的情况汇报，就加快推进辅助器具区域中心建设提出要求。辅助器具区域中心建设启动以来，已取得显著成效。会议强调，辅助器具区域中心建设是健全残疾人辅助器具服务体系、提升残疾人康复服务质量的重大举措，对推动残疾人辅助器具工作高质量发展具有重要意义。有关省份要进一步增强责任感和紧迫感，加快完成辅助器具区域中心建设各项任务。

2022 年 6 月 16 日，中国残联召开部分省（区）残疾人辅助器具适配补贴制度建设推进会，加快推进残疾人辅助器具适配补贴制度建设，努力实现残疾人"人人享有康复服务"目标。会议分析了"十四五"时期的新情况、新问题，指出要完整、准确、全面贯彻新发展理念，推动"十四五"时期残疾人辅助器具适配补贴制度建设取得新进展。要进一步加大工作力度，加快残疾人辅助器具适配补贴制度建设进度。各地残联组织要不断开拓创新，努力提升残疾人辅助器具适配补贴制度建设质量。要充分听取残疾人意见，坚持统筹兼顾，精心组织实施残疾人精准康复服务行动，不断改善残疾人辅助器具服务状况。要加强辅助器具适配服务机构建设和专业技术人员培训，全面提升辅助器具适配服务能力和专业化水平。

2022 年 8 月 9 日，中国残联、教育部制定了《辅助器具进校园工程实施方案》，要求各级残联组织和教育行政部门要将"辅助器具进校园"工程纳入年度工作计划，予以推动落实。省级残联组织和教育行政部门要加强组织指导，做好相关工作总结并上报年度工作开展情况。县级残联组织、教育行政部门、辅助器具服务机构、教育装备中心、相关学校各司其职，形成合力，做好需求统计、审核、辅助器具适配、教师和家长培训、必要的无障碍环境改造等工作。

3. 不断提升基层康复服务能力

2022 年 3 月 29 日，国家卫生健康委、国家发展改革委、中国残联等联合印发《关于开展社区医养结合能力提升行动的通知》（国卫老龄函〔2022〕53号），明确社区医养结合能力提升行动的工作目标、工作内容和有关要求。

2022 年 8 月 14~16 日，中国残联在河南郑州举办了全国盲人保健按摩规范化建设试点工作推进会。会议介绍交流了各地贯彻落实相关文件规范，特别是盲人保健按摩规范化建设情况及疫情影响下纾困解难措施落实情况，并就加快推进盲人按摩规范化建设提出意见建议。

根据《"十四五"省级盲人按摩医院建设方案》有关要求，国家发展改革委、中国残联组织指导各地科学规划、深入研究，形成了一批省级盲人按摩医院建设方案。2022 年 8 月 24 日，国家发展改革委、中国残联共同公布了山西省盲人按摩医院等 11 个"十四五"省级盲人按摩医院支持项目，并以两部门办公厅名义印发通知，要求各申报省份持续做好项目组织和实施相关工作。

2022 年 10 月 14 日，中国残联组织开展北京按摩医院朝阳新院区参访活动并召开推进盲人医疗按摩事业高质量发展座谈会。与会代表在听取了"盲人医疗按摩人员"纳入国家新版《职业分类大典》情况的介绍后，一致认为，这对于保障盲人医疗按摩人员合法权益具有里程碑意义。党和国家始终高度重视广大视力残疾人的民生保障和权益维护，北京按摩医院新院区的建设具有重要意义，要以新院区的投入使用为机遇，展示国家盲人医疗按摩示范中心形象。

4. 推动康复大学高质量建设

2022 年 4 月 28 日，中国残联召开康复大学筹建工作领导小组专题会议，研究落实加快推进康复大学建设措施。时任中国残联主席张海迪指出，中国残联应提出加快推进高质量康复大学建设的措施，研究破解康复大学建设中的重点难点问题，建设高质量、高水平的康复大学。

2022年5月20日，中国残联会同教育部与山东省及青岛市有关方面召开康复大学建设协商会议，贯彻落实习近平总书记重要批示和中央领导批示要求，沟通交流康复大学筹建工作进展，协商研究下一步重点工作。会议指出，康复大学筹建工作取得积极进展。"建成康复大学"已被纳入国家"十四五"规划纲要；康复大学临时党委、管理团队已经组建，学校内设机构及各项规章制度基本建立；校园建设主体建筑基本完工；学科设置、师资队伍建设、研究生培养、科研平台搭建等工作正在加快推进。

2022年7月28~29日，中国残联党组成员赵素京带队赴青岛调研推动康复大学筹建工作。调研组一行到康复大学建设现场，实地考察了首期即将启用的7栋楼的建设情况，在校区内召开了康复大学推进工作座谈会，听取了康复大学近期筹建工作介绍，并就下一步重点工作进行了交流。调研组指出，在相关部门的共同努力下，康复大学建设取得实质性进展。中国残联设立了中国残联康复大学发展委员会，举全会之力持续推动康复大学建设。中国残联与教育部、国家卫生健康委有关司局就康复大学建设进行了专题协商。

5.中国残联赴各地调研康复服务工作

2022年7~8月，中国残联先后赴天津市、湖南省、广东省、北京市调研残疾预防和残疾人康复工作。调研组一行先后深入相关机构，了解孤独症儿童早期筛查、康复、教育以及残疾儿童康复救助、辅助器具适配等工作情况；入户走访困难残疾人，了解残疾人基本生活、康复服务等情况。调研组对各地残联的经验予以肯定，希望各地残联积极把握机遇，持续加强孤独症康复机构管理、康复人才培养等，发挥好先行先试作用，为提升孤独症全程服务水平贡献更多经验。要深入学习贯彻习近平总书记关于残疾人事业的重要指示批示精神，探索推进残疾人共同富裕；完善残疾人关爱服务体系；优化残疾人事业发展环境，充分保障残疾人合法权益；健全工作机制。

2022年10月13日，中国残联召开孤独症全程服务工作视频研讨会。

天津、江苏、浙江、福建、山东等5省（市）残联介绍了为孤独症群体服务的成效和经验，提出了相关工作建议。会议充分肯定各地残联近年来开展孤独症群体早期筛查、康复救助、教育就业、托养安置等服务取得的成效。会议强调，要进一步认清做好孤独症群体服务面临的形势、挑战，增强工作责任感和紧迫感，主动担当作为，努力从健全工作机制、完善服务体系、加强服务保障、营造良好社会环境等方面入手，补齐短板，破解孤独症全程服务存在的问题，切实增强孤独症群体的获得感、幸福感、安全感，以实际行动迎接党的二十大胜利召开。

6. 积极组织参加国际康复活动

2022年8月31日，康复国际主席、时任中国残联主席张海迪主持召开康复国际执行委员会视频会议。张海迪向全体执委介绍了中国残疾人事业最新发展成果，提出要加强与联合国系统以及专门机构的合作，采取切实措施使更多残疾人受益；继续筹备好康复国际百年庆典，回顾康复国际百年历程，总结发展经验，表彰为残疾人事务做出贡献的人士，以推动康复国际在新的征程中为更多残疾人谋福祉，为国际残疾人事务贡献力量。

2022年10月13日，康复国际主席、时任中国残联主席张海迪应邀向康复国际成立百年欧洲区域庆祝活动发表视频致辞。康复国际成立100年，是这个组织发展历程中承前启后的重要里程碑。百年成就史离不开每一个成员的奉献和努力，张海迪号召区域成员在新的百年起点继续高举人道主义的火炬，努力提升康复国际的国际影响力，为全球10亿残疾人谋福祉。2022年也是康复国际挪威成立60周年。张海迪向康复国际挪威表示祝贺，勉励其开启新篇章，为康复国际乃至国际残疾人事务发展做出更大贡献。

2022年12月2日，康复国际主席、时任中国残联主席张海迪主持召开康复国际执委及年度会员视频会议。她提出，2022年中国残疾人事业又取得新发展。中国创新工作思路，推动康复大学建设国际化；努力推动"美丽工坊"建设，助力1万名残疾妇女就业；在联合国《残疾人权利公约》缔约国大会及"亚太残疾人十年"终期审议等国际会议中，呼吁国际社会切实履行《残疾人权利公约》和2030年可持续发展议程，促进残疾人事务融合发展。康复国际克服疫情影响，与联合国机构、国际组织及科研院校广泛开展合作，成效显著；各区域围绕康复国际成立百年举办了各具特色的庆祝活动，收获积极反响。来自亚洲、欧洲、北美洲、南美洲和非洲的康复国际会员代表参加会议。会员们高度赞赏康复国际近年来取得的新成就，感谢中国政府和中国残联的大力支持，表示将携手并肩，共同促进康复国际发展。

（二）残疾人教育

1. 部署"十四五"特殊教育发展提升工作

2022年1月25日，国务院办公厅转发教育部、中国残联等部门《"十四五"特殊教育发展提升行动计划》，对持续提升特殊教育质量、保障残疾人公平享有受教育权利做出部署。行动计划中指出，到2025年初步建立高质量特殊教育体系，要做到以下几点：普及程度显著提高；教育质量全面提升，教育模式更加多样；保障机制进一步完善，教师队伍建设进一步加强，专业水平、待遇保障水平进一步提升。

2022年1月28日，中国残联印发《关于贯彻落实〈"十四五"特殊教育发展提升行动计划〉的通知》，要求各地残联主动担当、积极作为，会同教育部门切实将《"十四五"特殊教育发展提升行动计划》落到实处，共同促进特殊教育高质量发展。

2022年9月6日，教育部召开新闻发布会介绍党的十八大以来教师队伍建设改革发展成效。党的十八大以来，党和政府高度重视特殊教育，做出了一系列重大决策部署，并将特殊教育教师队伍建设作为其中的重要内容。修订《残疾人教育条例》，连续实施三期特殊教育提升计划，制定《特殊教育教师专业标准（试行）》《特殊教育专业师范生教师职业能力标准（试行）》，不断扩大特殊教育教师培养规模，加大特殊教育教师培训力度，提高特殊教育教师的专业化水平。

2. 完善残疾人特殊教育制度体系

2022年1月19日，中国残联教育就业部、教育部高校学生司联合印发《关于规范做好2022年普通高等学校单独考试招收残疾考生工作的通知》，在考试方案制定、过程管理、录取标准等方面做出明确规定，要求省级残联、教育行政部门高度重视本行政区域内高校残疾人单考单招工作，严格遵守教育部高校考试招生工作的相关规定，进一步强化组织领导、严格规范管理、确保公平公正，切实保障残疾人接受高等教育的权利。

2022年9月24日，"中国高等教育学会特殊教育研究分会2022年学术年会"在北京召开。会议指出，党的十八大以来，党和政府高度重视特殊教育工作，做出了一系列重大决策部署，我国特殊教育事业取得了长足发展，呈现出前所未有的新局面。

2022年11月15日，中国残联、教育部、中央编办、国家发展改革委、财政部、人力资源社会保障部、住房城乡建设部联合印发《残疾人中等职业学校设置标准》，学习宣传贯彻党的二十大精神，进一步落实《"十四五"残疾人保障和发展规划》和《"十四五"特殊教育发展提升行动计划》相关要求。《残疾人中等职业学校设置标准》明确了设置残疾人中等职业学校的基本原则和管理、教育教学等方面的要求。该标准提出学校要加强党的领导，须配备思想政治素质高和管理能力强、热爱残疾人事业、熟悉残疾人职业教育规律的学校领导；提出了残疾人中等职业学校办学规模和教师队伍最低标准，并明确规定了专业课教师、"双师型"教师、兼职教师等不同类型教师的比例；对残疾人中等职业学校的校园校舍建设和设施设备配备提出了具体要求，即校园建设要符合标准规范要求，并建设相应的资源中心（教室）及实训基地。省级有关部门可根据本地实际情况制定高于该标准的残疾人中等职业学校设置办法。

3. 手语和盲文工作取得丰硕成果

《中华人民共和国残疾人保障法》《中华人民共和国国家通用语言文字法》《残疾人教育条例》《无障碍环境建设条例》等为手语和盲文工作提供了坚实的法律基础。手语和盲文规范化工作内容被写入国家语言文字事业中长期规划、教育事业和残疾人事业发展规划等国家规划。我国在法律法规修订时明确了手语和盲文的重要地位，推广使用国家通用手语和国家通用盲文。《国家通用手语常用词表》《国家通用盲文方案》2018年正式发布并成为国家语委语言文字规范，标志着手语有了"普通话"，盲文有了"规范字"。修订《汉语手指字母方案》，研制《〈中华人民共和国国歌〉国家通用手语方案》，二者分别于2019年、2020年成为国家语委语言文字规范。中国聋协发布《会议场合手语翻译服务简明规范》，指导协调各地政府通过为新闻发布会增配手语翻译等方式，指导帮助听障残疾人做好疫情防控，维护好他们的生命安全和身体健康。近20所大学开展手语语言学或盲文文字学的理论研究，并开设相关课程，相关部门相继建设国家手语和盲文研究中心。国家社科基金先后支持"盲文语料库""国家通用盲文分词连写和词库建设"两个重大课题立项，依托国家重大课题加强手语语言学、盲文文字学研究生教育的方案正在加快落实。

（三）残疾人就业

1. 部署"十四五"残疾人职业技能提升工作

2022年2月15日，中国残联、教育部、人力资源社会保障部、财政部、文化和旅游部五部门共同印发《"十四五"残疾人职业技能提升计划》，明确了"十四五"时期残疾人职业技能培训工作的总体要求、主要内容、工作要求和政策措施。坚持以人民为中心的发展思想，牢固树立新发展理念，以提升残疾人职业技能、促进残疾人就业创业为宗旨，不断提升残疾人职业素质和就业创业能力，促进残疾人就业增收。提出在"十四五"时期，要大力开展残疾人职业技能培训，建立规范的残疾人职业技能培训体系。到2025年，培训供给进一步增加，基本满足残疾人各类职业培训需求。

2. 开展促进残疾人就业活动

2022年4月8日，国务院办公厅印发《促进残疾人就业三年行动方案（2022—2024年）》，明确了2022~2024年开展促进残疾人就业专项行动的任务目标、主要措施和保障条件等内容。提出要以有就业需求和就业条件的城乡未就业残疾人为主要对象，更好发挥政府促进就业的作用，进一步落实残疾人就业创业扶持政策，加大残疾人职业技能培训力度，不断提升残疾人就业服务质量和效益，稳定和扩大残疾人就业岗位。

2022年4月13日，多部门共同召开视频会议，要求贯彻落实习近平总书记关于残疾人工作的重要指示批示精神，落实《"十四五"就业促进规划》《"十四五"残疾人保障和发展规划》相关要求，部署促进残疾人就业三年行动有关工作，进一步推动残疾人实现较为充分较高质量就业。

2022 年 4 月 15 日，中国残联召开专题会议，研究部署各专门协会和基金会落实促进残疾人就业三年行动。会议听取了各专门协会和基金会围绕"实施残疾人组织助残就业行动"开展的调研和谋划，并进行了热烈研讨。会议认为，中国残联及各专门协会、基金会担负着落实国务院重要部署的政治责任，一定要结合各类残疾人的就业实际，选择可复制、可推广的成熟就业项目，总结典型经验做法，以便在全国推广。

2022 年 5 月 9 日，中国残联召开专题视频会议，传达学习 5 月 7 日全国稳就业工作电视电话会议精神，进一步研究部署残疾人就业工作和第 32 个全国助残日相关活动安排。会议传达学习了在全国稳就业工作电视电话会议上时任副总理胡春华的讲话精神及会议要求，并对开展好第 32 个全国助残日各项活动进行了讨论研究，对落实好促进残疾人就业相关政策等方面做出了安排部署。会议强调，稳定残疾人就业具有重大意义，各级残联要扎扎实实做好稳定和促进残疾人就业工作。

2022 年 8 月 31 日，中国残联召开专题会议，传达学习全国就业工作电视电话会议暨国务院就业工作领导小组全体会议精神和全国政协"坚持实施就业优先政策"专题常委会会议精神，分析近期残疾人就业形势，研究部署当前残疾人就业工作。会议指出，当前我国就业形势仍然严峻复杂，稳就业任务仍然艰巨。各级残联要认真贯彻党中央、国务院关于稳就业的决策部署，进一步增强做好当前形势下残疾人就业工作的政治责任感、使命感和紧迫感。中国残联职能部门、有关单位和各级残联要加快推进相关规划文件的贯彻落实；要开展"一对一"精准帮扶；要尽快完善并推动落实帮扶农村残疾人就业增收各项政策措施；要持续开展好残疾人就业宣传年各项活动，营造扶残助残和助残就业的浓厚社会氛围。

3. 各地区积极开展就业援助月和就业宣传年活动

2022 年 1 月，由人力资源社会保障部、国家乡村振兴局、中国残联共同发起的"2022年就业援助月"专项活动在全国范围内正式启动。活动以"就业帮扶，真情相助"为主题，集中各方资源和力量为重点帮扶对象提供就业帮扶。各地建立就业帮扶对象清单，对就业意愿不足的，开展政策宣讲和职业指导；对有培训需求的，向其推荐培训项目；对有就业条件的，为其提供适合的岗位。及时将符合条件人员认定为就业困难人员，落实就业援助政策。加强灵活就业岗位信息归集，为困难群众提供更多灵活就业机会。就业援助月活动期间，同步启动、开展残疾人就业宣传年活动。

2022年1月12日，"2022年就业援助月"活动在江西南昌市启动。人力资源社会保障部副部长俞家栋参与相关活动并指出：各级残联和残疾人就业服务机构要在严格疫情防控的前提下，借助就业援助月的宣传，提供有针对性的就业帮扶；要与相关部门加强配合，举办系列活动；结合"2022年残疾人就业宣传年"活动，传播"就业优先，平等共享"的新时代残疾人就业创业理念。同日，中国残联会同人力资源社会保障部等部门启动"2022年残疾人就业宣传年"活动。这一活动的主题是：就业优先，平等共享。活动旨在营造促进残疾人就业的良好氛围，提升残疾人就业扶持法规政策知晓度，激励残疾人自立自强、就业创业。

2022年3月24日，国家乡村振兴局联合6家单位召开合力推进巩固拓展脱贫攻坚成果同乡村振兴有效衔接工作电视电话会议。会议提出，应及时精准掌握残疾人家庭的困难和需求，突出抓好残疾人各项帮扶政策落实落地，持续深入推进东西部残疾人帮扶协作。要充分发挥残联组织的优势，切实为残疾人解难，为党和政府分忧，充分发挥基层残疾人组织的作用，落实好走访探视制度。共同营造扶残助残的文明社会氛围，广泛深入开展扶残助残文明实践活动，加强各部门间的协调配合，形成更强的工作合力。

2022年5月7日，人力资源社会保障部办公厅和中国残联办公厅印发《关于开展残疾人就业帮扶活动的通知》，提出2022年的就业帮扶活动以"促进就业，真情帮扶"为主题，以残疾人大学生、残疾人就业困难人员和农村残疾人为重点，开展情况摸查，强化政策宣传，突出重点群体，加强技能培训，优化就业服务。支持有意愿和有条件就业的残疾人实现就业创业，推进"残疾人就业宣传年"活动和"促进残疾人就业三年行动"扎实展开，推动服务下沉县乡基层，营造关心支持残疾人就业创业的良好社会氛围。

在第 32 个全国助残日（2022 年 5 月 15 日）到来之际，中国残联各专门协会和中国残疾人福利基金会陆续推出一系列助残就业帮扶项目，旨在充分发挥残疾人组织熟悉和联系各类残疾人的优势，精选适合残疾人就业创业的领域和岗位，主动参与到促进残疾人就业创业的行动中来。中国残联各专门协会认真履行"代表、服务、维权"的职责，积极行动起来，在党的领导、政府的支持和残联组织的带领下，通过心理疏导、技能培训、职业康复等具体措施，让更多残疾人走出家门、融入社区，有事做、有钱挣。

2022 年 5 月 23 日，全国高校残疾人毕业生就业暨残疾人就业服务工作会议（视频）在北京召开，中国残联部署 2022 年全国高校残疾人毕业生就业暨残疾人就业服务工作。会议学习传达了全国普通高等学校毕业生就业创业工作电视电话会议精神，要求各地抢抓毕业生离校前的黄金工作期，切实加强对高校残疾人毕业生的就业服务。

2022 年 7 月 4~10 日，人力资源社会保障部百日千万网络招聘专项行动首次推出残疾人招聘专场。中国公共招聘网、中国国家人才网、就业在线等参与线上招聘。人力资源社会保障部百日千万网络招聘专项行动共推出 6 场专场招聘，共有 4600 家用人单位提供 5.6 万个岗位。

2022 年 7 月 28 日，由人力资源社会保障部、民政部、中国残联共同组织开展的就业援助"暖心活动"在北京启动。就业援助"暖心活动"以"援助暖民心，就业解民忧"为主题，面向包括残疾人在内的就业困难人员，在全国范围内集中开展为期 3 个月的公共就业服务专项活动，帮扶一批困难人员实现就业。就业是残疾人巩固拓展脱贫攻坚成果、平等参与社会、实现共同富裕的重要途径。近年来，残疾人就业工作不断取得新成绩。同时，受新冠疫情等多重因素影响，残疾人就业形势仍然严峻。各级残联组织要组织好就业援助"暖心活动"，把党和政府的关怀送给每一位需要帮助的残疾人。

2022 年 8 月 29 日，2022 年中国网络文明大会数字公益慈善发展论坛在天津举行。会议围绕促进残疾人互联网就业创业，让残疾人共享数字文明成果提出五点倡议：一要坚持平等共享，数字时代不让残疾人掉队；二要努力提升残疾人数字素养和技能；三要进一步提高残疾人互联网就业服务水平；四要加强对残疾人互联网就业的政策扶持；五要打造促进残疾人互联网就业公益品牌。

4. 积极开展残疾人职业技能竞赛

2022 年 7 月 30 日，人力资源社会保障部、中国残联、山东省政府、济南市政府共同宣布正式启动第七届全国残疾人职业技能大赛暨第四届全国残疾人展能节筹备工作。时任中国残联副理事长程凯对办好这次大赛提出三点希望。一是各方要扎实推进大赛筹备工作。二是全国大赛山东省筹委会要主动对接全国组委会，按照大赛方案和要求，细化目标、明确责任，逐步加强宣传推介。三是引导残疾人技能选手踊跃参与，珍惜机会，不断提升职业技能，努力实现较为充分、较高质量就业，以匠心铸就梦想、用技能成就未来。

2022 年 9 月 14 日，北京市第十届残疾人职业技能竞赛决赛暨"爱立方"残疾人创意作品展系列活动在北京汇爱大厦举行。时任中国残联副理事长程凯提出，残疾人职业技能竞赛历经多年探索积累，具有重要的导向启示作用。各级残联要广泛宣传残疾人自强自立的精神风貌，充分展示残疾人精湛的职业技能。在竞赛中，北京市以"新时代、新技能、新梦想"为主题，共设置 16 个项目。

2022 年 9 月 20~22 日，中国残联、国家乡村振兴局在陕西省安康市共同举办了支持国家乡村振兴重点帮扶县残疾人政策落实培训班暨现场观摩会。国家乡村振兴局、中国残联有关部门业务负责同志进行了现场授课。此次培训系统梳理了"十四五"时期巩固拓展残疾人脱贫攻坚成果相关工作的政策措施，还通过现场观摩的方式，让参加培训的相关人员直观地感受到这些政策措施对带动农村困难残疾人家庭发展产业，实现就业、创业增收的作用。

（四）残疾人社会保障

1. 巩固拓展残疾人脱贫攻坚成果

2022 年 2 月 8 日，中国残联与国家乡村振兴局召开会议，共同商谈巩固拓展残疾人脱贫攻坚成果有关工作。会议认为，巩固残疾人脱贫攻坚成果不易，要进一步在帮扶措施上给予倾斜，在考核、后评估过程中予以体现，切实巩固残疾人脱贫攻坚成果。要指导国家乡村振兴重点帮扶县巩固拓展好残疾人脱贫攻坚成果，满足困难残疾人家庭的特殊需求，把各项工作落到实处。

2022 年 8 月 25 日，浙江省在长兴县举办"推进助残共富，助力两个先行"交流会暨"全国残疾预防重点联系地区"建设启动仪式。与会者听取了浙江省残工委办公室负责同志的总结报告和专家点评，观看了助残共富典型视频，签署了新一批助残共富合作项目，进行了专题工作交流。时任中国残联副理事长程凯指出，2021 年党中央、国务院做出支持浙江高质量发展建设共同富裕示范区的重大决策部署，中国残联积极响应党中央号召，出台《关于支持浙江残疾人事业高质量发展促进残疾人共同富裕的实施意见》并及时跟进指导。

2. 不断完善残疾人基本公共服务标准体系

2022 年 5 月 13 日，民政部办公厅、中国残联办公厅联合印发《关于全面开展残疾人两项补贴申请"全程网办"的通知》，贯彻落实习近平总书记"提供更加贴心暖心的社会保障服务"[①] 重要指示精神，践行"以人民为中心"发展理念，加快推进数字政府建设，提升残疾人特殊群体政务服务水平。

2022 年 6 月 17 日，中国残联召开残疾人基本公共服务标准体系建设推进领导小组全体会议（视频），学习贯彻习近平总书记关于标准化和残疾人工作的重要指示批示精神，对 2022 年和"十四五"时期残疾人服务标准化工作进行研究部署。会议指出，要深入贯彻落实习近平总书记关于标准化工作的重要指示批示精神，深刻认识国家标准化战略的重要意义，以推动标准化引领"十四五"残疾人事业高质量发展。加强残疾人服务标准化的顶层设计和统筹规划，以改革创新精神制定好加快残疾人服务标准化的指导意

---

① 习近平：《论把握新发展阶段、贯彻新发展理念、构建新发展格局》，中央文献出版社，2021，第 531 页。

见；以国家标准为重点，探索推进地方标准、团体标准制定，多渠道推动残疾人服务标准体系建设；系统开展标准的宣传贯彻、试点示范、评价监督、维护更新等工作，形成完整工作链条；以开放的视野推进残疾人服务标准化，学习借鉴国际先进经验，加强标准领域的国际交流合作。会议通报了2022年中国标准创新贡献奖拟推荐提名情况，审议通过了2022年度残疾人服务国家标准立项申请计划和2022~2023年度中国残联拟支持编制修订标准计划。

3. 部署残疾人民生保障重点工作

2022年6月10日，中国残联在京召开残疾人教育就业和社会保障工作视频会议，推动落实残疾人民生保障重点任务。会议深入学习了习近平总书记关于残疾人事业的重要论述和指示批示精神，要求各地巩固拓展残疾人脱贫攻坚成果，更好承担起做好残疾人民生保障工作的政治责任。会议深入分析了新发展阶段残疾人民生保障工作面临的新形势，指出要完整、准确、全面贯彻新发展理念，服务构建新发展格局，推动"十四五"时期残疾人民生保障和教育就业工作高质量发展。冷静判断残疾人民生保障面临的困难，正确认识残疾人民生保障的有利条件，突出重点难点，不断提高残疾人民生保障工作的质量。

4. 开展扶残助残文明实践活动

2022年1月3日，中国残联、中央文明办、教育部、工业和信息化部、人力资源社会保障部、住房城乡建设部、文化和旅游部、国家广播电视总局、国家乡村振兴局、中华全国总工会、共青团中央、全国妇联等十二部门联合印发了《关于进一步推进扶残助残文明实践活动的实施意见》，要求以习近平新时代中国特色社会主义思想为指导，以培育和践行社会主义核心价值观为根本，让扶残助残文明实践在基层进一步蓬勃开展，推动文明建设和残疾人事业高质量发展。全面部署，广泛动员，采取多种形式倡导志愿助残理念，实施助残文明行动，褒扬公益助残行为；加强制度建设，构建长效机制，扎实开展各项扶残助残活动，营造理解、尊重、关心、帮助残疾人的文明社会氛围；注重协调配合，加强工作指导，推动扶残助残不断呈现新气象，不断显现新成效，不断增强残疾人的获得感、幸福感、安全感。

（五）无障碍环境建设

1.完善无障碍环境建设标准体系

2022年4月2日，住房城乡建设部会同中国残联召开《建筑与市政工程无障碍通用规范》宣贯新闻发布会，围绕无障碍设施及环境建设等问题进行解读，并介绍有关情况。住房城乡建设部发布的国家标准《建筑与市政工程无障碍通用规范》自2022年4月1日起实施。

全国人大社会委牵头启动无障碍环境建设立法工作，中央网信办、全国人大常委会法工委、住房城乡建设部、工业和信息化部、交通运输部、民政部、教育部、公安部、国家卫生健康委、文化和旅游部、最高人民检察院、中国残联12家单位成立无障碍环境建设立法工作领导小组，领导小组组长由时任全国人大社会委主任委员何毅亭同志担任。领导小组第一次全体会议采取书面交流形式召开。成立工作领导小组，目的就是要听取各部门的权威意见，积累宝贵经验，齐心协力做好无障碍环境建设立法工作。会议还研究了全国人大社会委无障碍环境建设立法工作方案，拟定了无障碍环境建设法草案稿。

2022年7月22日，住房城乡建设部、中国残联共同印发了《创建全国无障碍建设示范城市（县）管理办法》，包括总则、创建主体、创建区域范围、申报条件、创建程序、评选认定材料、评选认定组织管理、评选认定程序、动态管理及复查工作、附则10个部分内容，并附有《创建全国无障碍建设示范城市（县）考评标准》。申报创建全国无障碍建设示范城市（县）的地方应符合编制无障碍环境建设发展规划、建立工作协调机制、制定地方性法规或规章制度、加强无障碍设施运行维护管理、推进信息无障碍建设、开展使用群体满意度调查、形成良好社会氛围等方面的条件。

2022年9月16日，由中宣部（国家版权局）和中国残联主办的《马拉喀什条约》落地实施推进会在北京举行。《马拉喀什条约》在中国落地实施充分彰显了中国共产党坚持人民至上、以人民为中心的根本立场，体现了党和国家对残疾人等弱势群体平等参与文化生活、共享文明发展成果的关心重视，展现了我国积极参与全球残疾人事业和知识产权治理、推动构建人类命运共同体的负责任大国担当。

2022 年 10 月 27 日，《无障碍环境建设法（草案）》提请十三届全国人大常委会第三十七次会议初次审议。这是我国首次就无障碍环境建设制定专门性法律。草案扩展了无障碍受益人群，采用了"有无障碍需求的社会成员"这一提法，而根据此前《无障碍环境建设条例》的规定，无障碍受益人群为"残疾人等社会成员"。草案在保障残疾人、老年人权益的基础上，更好地惠及全体社会成员。

2022 年 11 月 29 日，中国助残志愿者协会无障碍环境促进委员会（无障碍智库）举办《无障碍环境建设法（草案）》社会公开征集意见研讨视频座谈会（第 16 场）。座谈会邀请有关高校、科研机构、社会组织等行业代表以及残疾人代表和有关部门专家对《无障碍环境建设法（草案）》进行研讨并向他们征求意见。

2. 部署开展无障碍环境认证工作

2022 年 11 月 1 日，市场监管总局、中国残联共同下发《关于印发〈无障碍环境认证实施方案〉的通知》，部署开展无障碍环境认证工作。方案要求市场监管总局、中国残联牵头组建由政府部门、科研机构、认证机构、检测机构、标准化机构、专业社会组织及体验用户等相关方参与的无障碍环境认证技术委员会，为无障碍环境认证工作提供决策咨询和技术支持；明确了无障碍环境认证工作的内容及资质要求、工作程序；提出中国残联、市场监管总局要积极推动社会治理、行业管理、市场采购等领域广泛采信无障碍环境认证结果，各级残联和市场监管部门要推动将无障碍环境认证结果纳入各类公共建筑质量评奖、评价或考核。

3. 开展信息无障碍环境建设活动

2022 年 4 月 12 日，由中国互联网协会主办的信息无障碍主题研讨会在信息社会世界峰会论坛上召开。中国政府一贯高度重视残疾人权益保障和信息无障碍建设，中国在信息无障碍建设实践中取得的宝贵经验，不仅对促进中国残疾人包容性发展、提高残疾人生活质量和扎实推动残疾人共同富裕做出了贡献，而且为促进世界数字包容发展提供了中国方案。在新一代信息技术加速创新的背景下，中国残联将积极主动作为，持续推动无障碍环境建设立法，推动国际无障碍环境建设朝着更全面、更系统、更普惠的方向发展。

2022年7月23日，"2022年全民数字素养与技能提升月"活动在福州举行的第五届数字中国建设峰会开幕式上启动。活动以"数字赋能，全民共享"为主题，组织举办了提升全民数字素养与技能主题论坛、数字技能进社区、数字教育大讲堂、数字助老助残志愿活动等一系列活动，以优化数字发展环境，营造全社会广泛关注并积极参与全民数字素养与技能提升行动的浓厚氛围，推动全民共建共享数字化发展成果。

2022年8月19日，"民用建筑无障碍设施评价标准"编写组专家一行考察参观了中国残疾人体育运动管理中心冰上项目场馆及综合楼的无障碍设施建设情况。通过此次考察，中国残联及中国肢残人协会领导、编写组专家对中国残疾人体育运动管理中心冰上项目场馆及综合楼整体无障碍环境给予了充分肯定，认为应将其作为无障碍示范样板加以推介复制。同时，他们在综合楼客房门把手、毛巾杆、淋浴扶手及取电卡安装高度等方面提出了无障碍提升优化建议。

（六）残疾人权益保障

1. 完善残疾人权益保障的法律法规体系

2022年2月11日，最高人民法院、最高人民检察院、公安部、司法部、中国残联联合印发《关于深入学习贯彻习近平法治思想 切实加强残疾人司法保护的意见》，对深入学习贯彻习近平法治思想、大力宣传落实保障残疾人权益的法律法规，保障残疾人平等享受公共法律服务，依法严惩侵害残疾人权益的违法犯罪行为，切实加强无障碍诉讼服务等方面做出了明确规定。

2022年4月12日，中国残联召开2022年全国人大议案、建议和全国政协提案交办会，部署2022年议案、建议和提案办理工作。时任中国残联副理事长相自成指出，此前时任总理李克强主持召开国务院常务会议，专题听取

2021 年全国"两会"建议、提案办理工作汇报，要求以更高标准办理好建议、提案；时任中国残联主席张海迪在中国残联全国"两会"精神传达会上要求认真办好建议、提案，推动解决残疾人工作难题；全国人大代表、全国政协委员履职尽责、建言献策，提出残疾人相关的议案、建议和提案。维权部通报了中国残联 2021 年建议、提案办理情况与 2022 年议案、建议和提案承办情况。

2022 年 10 月 18 日，民政部、财政部、中国残联印发《关于加强残疾人两项补贴精准管理的意见》，要求进一步加强补贴政策宣传，进一步落实政策衔接规定，强化数据比对与动态复核，加强补贴资金发放监管，推动补贴档案规范化管理，提升精准管理的保障能力，推动建立容错纠错机制。

2022 年 11 月 25 日，中国残联、司法部制定了《残疾人尊法学法守法用法专项行动计划（2023—2025 年）》，要求坚持以习近平新时代中国特色社会主义思想为指引，深入学习贯彻党的二十大精神和习近平法治思想，以残疾人为重点，深入开展残疾人事业法治宣传教育。

2. 健全残疾人权益保障工作机制

2022 年 4 月 19 日，中国残联召开专题会议，传达中央信访工作联席会议办公室、国家信访局召开的学习贯彻《信访工作条例》座谈会精神，深入学习《信访工作条例》，研究制定贯彻落实措施，时任中国残联党组成员、副理事长相自成出席会议并讲话。相自成指出，各级残联要深入学习领会习近平总书记关于加强和改进人民信访工作的重要指示精神，深刻领会新时期信访工作的本质属性、根本立场、领导机制、职能定位、方式方法、组织保障，通过残联系统新闻媒体广泛宣传《信访工作条例》的鲜明时代特征和核心要求，在残联系统和广大残疾人中营造办事依法、遇事找法、解决问题用法、化解矛盾靠法的良好社会氛围。相自成要求，各级残联学习贯彻落实《信访工作条例》要与学习习近平总书记在北京冬奥会冬残奥会总结表彰大会上的重要讲话精神相结合，切实发挥残疾人组织在为党分忧为民解难中的重要作用，切实加强残疾人信访干部队伍建设，提高做好残疾人信访工作的本领，共同做好新时期残疾人信访工作。

2022 年 5 月 15 日是我国第 32 个全国助残日，主题为"促进残疾人就业，保障残疾人权益"。全国助残日前夕，中国消费者协会、中国残联共同向社会发出"共促残疾人消费公平，维护残疾人权益"的倡议书。

2022年9月2日，中国残联召开建立健全残疾人权益保障工作机制推进会议，学习贯彻习近平总书记关于保障残疾人平等权益、发挥群团组织优势、促进残疾人权益更有保障的重要指示精神，建立健全残疾人权益保障工作机制，统筹残联各部门残疾人权益保障工作职责，更好地维护残疾人平等权益。会议认为，建立健全残疾人权益保障工作机制是贯彻落实习近平法治思想和依法治国方略的必然要求，是贯彻落实习近平总书记关于尊重和保障人权重要论述的应有之义，是贯彻落实中央群团改革要求和使残联组织承担根本职责的重要途径，也是贯彻落实国家《"十四五"残疾人保障和发展规划》的具体行动。

（七）残疾人组织建设

1. 推进残疾人事业信息化发展

2022年2月18日，中国残联召开网络安全和信息化工作领导小组全体会议。会议传达学习了习近平总书记关于网络强国的重要思想和重要指示批示精神，宣布了调整充实后的网络安全和信息化工作领导小组及办公室人员名单和职责分工，通报了网信工作有关问题及整改要求，审议并原则通过了《中国残联2022年网络安全和信息化工作要点》。会议强调，要紧紧围绕党和国家发展大局，服务残疾人事业中心工作，统筹发展和安全，做好重大会议活动的网络安全保障，落实"十四五"残疾人事业信息化发展任务，为残疾人事业发展提供有力支撑和保障。

2022年5月31日，中国残联组织相关专家对全国残疾人家庭收入状况调查工作进行视频督导，这是疫情防控常态化背景下对全国残疾人家庭收入状况入户调查督导的一次有益尝试。依据国家统计局批准的《全国残疾人家庭收入状况调查制度》（国统制〔2022〕30号），从2022年开始中国残联继续组织开展新一轮全国残疾人家庭收入状况调查，入户调查时间定于5月和6月。

2022 年 7 月 12 日，中国残联举办 2022 年全国持证残疾人基本状况调查国家级培训班。中国残联党组书记、理事长周长奎强调，全国持证残疾人基本状况调查是残联组织贯彻落实习近平总书记关于残疾人工作重要指示批示精神、践行以人民为中心的发展思想、切实转变工作作风的重要体现和重要举措，对于推动残疾人事业高质量发展、加快实现残疾人全面发展和共同富裕具有重要意义，必须持之以恒抓实抓好。各级残联要高度重视，立足问需职责，不断提升信息化工作水平，确保数据质量，着力推动数据分析和转化应用，推动残疾人基本需求与服务供给有效对接，让数据更好地为残疾人工作服务。

2. 推动地方残联换届工作

2022 年 3 月 29 日，全国残联组织建设工作会议（视频）召开，全面回顾了"十三五"时期残联组织建设和改革工作开展情况，系统总结了残联组织建设工作需要长期坚持的宝贵经验。会议强调，只有抓好组织建设，充分发挥好残联"代表、服务、管理"职能，发挥好其桥梁纽带作用，才能使残联永远根植于残疾人之中，始终和残疾人兄弟姐妹同呼吸、共命运、心连心，赢得广大残疾人的信赖和支持；才能为残联各项工作提供基础保障，推动各级残联持续改革创新，不断焕发生机，更加充满活力。

2022 年 5 月 27 日，中国残联召开全国地方残联换届工作会议（视频）。会议提出，从 2022 年下半年开始至 2023 年 6 月底，全国省市县乡四级残联要自下而上接续进行换届。做好换届工作，是实现残疾人全面发展和共同富裕目标的重要保障，是持续深化残联改革的重要契机，是保障残疾人行使民主权利的重要举措。各级残联要充分认识做好换届工作的重要意义，坚持以习近平新时代中国特色社会主义思想为指导，进一步提高站位、统一思想、明确任务、压实责任，按照经中央组织部同意印发的《中国残联关于全国地方残联换届工作的意见》的要求，推动地方残联上下联动、稳妥有序、如期圆满完成换届任务。

3. 积极学习党的二十大报告

2022 年 10 月 16~22 日，中国共产党第二十次全国代表大会在北京召开。党的二十大对新时代新阶段全面发展残疾人事业专门做出部署、提出要求，再次充分体现了以习近平同志为核心的党中央对广大残疾人的格外关心、格外关注，体现了党和国家对残疾人事业的高度重视。中国残联党组统一部署安排，组织机关各部门、各直属单位和社会组织党员干部收听收看大会盛况并开展学习研讨。党的二十大强调"完善残疾人社会保障制度和关爱服务体系，促进残疾人事业全面发展"。

2022年11月3日，中国残联印发《关于深入学习宣传贯彻党的二十大精神的通知》，要求全国残联系统贯彻落实《中共中央关于认真学习宣传贯彻党的二十大精神的决定》，提高政治站位，认真组织学习培训，广泛开展宣讲活动，精心组织新闻宣传，结合残疾人工作实际，推动党的二十大精神在残联系统落实落地。

2022年11月21日，中国残联印发《贯彻落实党的二十大关于残疾人事业重要部署的实施方案》，要求全国残联系统深入落实《中共中央关于认真学习宣传贯彻党的二十大精神的决定》，按照党的二十大战略部署，着力在补短板、强弱项、固底板、扬优势上下功夫，促进残疾人事业全面发展，让残疾人的获得感、幸福感、安全感更加充实、更有保障、更可持续。

4.组织开展学术会议

2022年4月23日，由中国残联、残疾人事业发展研究会和兰州大学主办的第十五届中国残疾人事业发展论坛在北京和兰州同时举办，论坛采取"线下+云端"的方式，紧紧围绕"促进残疾人共同富裕"这一主题，为全面推动《"十四五"残疾人保障和发展规划》实施献计献策。此届论坛还开设了7个分论坛，围绕"民族地区残疾人共同富裕""残疾人事业现代化与共同富裕""提升残疾人公共服务质量""城乡区域残疾人事业""残障法律援助和服务的理论与实务""残疾人高质量就业""残疾人家庭支持"等方面展开深入研讨。

2022年4月23日，残疾人事业发展研究会第三次全国会员代表大会顺利召开。大会审议通过研究会第二届理事会工作报告、财务报告以及新修订的《残疾人事业发展研究会章程》，选举产生了研究会第三届理事会和监事会。

2022年7月12日，"第十四届海峡论坛·2022两岸残障人士交流嘉年华"活动在福建厦门举办。活动以"同胞携手，大爱无疆"为主题。来自海峡两岸的残疾人、残疾人组织代表、专家学者及爱心人士等100余人通过现场与会和视频连线的形式，围绕"共同创造残疾人美好生活"议题，聚焦无障碍环境建设、康复、就业等领域进行交流研讨和故事分享。

2022年10月19日，康复国际主席、时任中国残联主席张海迪在"亚太残疾人十年"终期审议高级别政府间会议开幕式上发表视频致辞。张海迪赞赏联合国亚太经社会为推动本区域残疾人融合发展所做的卓有成效的工作。她指出，"亚太残疾人十年"已成为残疾人事业区域合作的典范。中国是"亚太残疾人十年"的积极倡导者和坚定践行者，新的"亚太残疾人十年"（2023~2032年）就要开启，当前背景下，切实履行联合国《残疾人权利公约》、真正实现2030年可持续发展议程目标还存在较多挑战。

（八）文化体育事业

1. 举办北京冬残奥会

北京冬残奥会于2022年3月4~13日举行，中国体育代表团积极参与其中，参与了冰壶、冰球、高山滑雪、单板滑雪、越野滑雪以及冬季两项这6个大项共计73个小项的比赛。

2022年3月13日，中共中央、国务院向北京第13届冬残奥会中国体育代表团致贺电，在贺电中说："在北京第13届冬残奥会上，中国体育代表团奋勇争先，夺得18枚金牌、20枚银牌、23枚铜牌，在金牌榜、奖牌榜居第1位，取得了我国参加冬残奥会的历史最好成绩，为祖国和人民赢得了荣誉，为成功举办北京冬残奥会做出了重大贡献。党中央、国务院向你们表示热烈的祝贺和亲切的慰问！"

2022年3月14日，北京冬残奥会中国体育代表团召开第四次工作会议暨临时党委第四次（扩大）会议，专题传达学习党中央、国务院致北京第13届冬残奥会中国体育代表团的贺电。代表团成员一致认为，党中央、国务院的贺电对中国体育代表团取得的优异成绩给予了高度褒扬，对残疾人运动员展现出的勇于拼搏、勇敢超越、不畏强手、乐观进取、文明自信的精神风貌给予了高度肯定，对推动残疾人事业高质量发展、为党和国家事业做出更大贡献提出了殷切希望，代表团全体同志备受鼓舞、倍感振奋、深受激励。大家表示，要深入学习领会贺电精神，切实抓好贯彻落实。充分认识党中央、国务院的关心厚爱是代表团取得优异成绩的根本保证，成绩的取得根本在于以习近平同志为核心的党中央的坚强领导，在于党中央、国务院对残疾人和残疾人事业的格外关心、格外重视，在于我国人权事业发展和残疾人事业发展取得的历史性成就。

2022 年 4 月 9 日，中国残联召开专题会议，传达学习北京冬奥会冬残奥会总结表彰大会精神，研究贯彻落实工作。会议强调，全国残联系统要认真学习、深刻领会习近平总书记在北京冬奥会冬残奥会总结表彰大会上的重要讲话精神，认真落实习近平总书记对发展残疾人事业提出的新指示新要求，发扬北京冬奥精神，不断完善残疾人社会保障制度，健全残疾人关爱服务体系，努力推动包括体育事业在内的残疾人各项事业全面发展。要进一步巩固拓展残疾人脱贫成果，改善残疾人康复、教育、就业、社会保障、无障碍、文化生活等服务，提高残疾人生活质量，维护残疾人合法权益，帮助残疾人过上更好的生活。要支持和鼓励广大残疾人自强不息，努力为他们平等参与社会生活、实现梦想创造机会，进一步营造关心关爱残疾人的社会环境，凝心聚力为实现中华民族伟大复兴的中国梦继续努力奋斗。

2022 年 7 月 29 日，中国残联发布《关于表彰北京 2022 年冬残奥会中国残联先进集体和先进个人的通知》。在北京冬残奥会申办、筹办和举办过程中，全国残联系统及有关部门和单位涌现出一大批事迹突出的集体和个人。为深入学习贯彻习近平总书记在北京冬奥会冬残奥会总结表彰大会上的重要讲话精神，落实中共中央、国务院致北京第 13 届冬残奥会中国体育代表团贺电精神，表彰先进典型，激励全国广大残疾人和残联系统工作者在全面建设社会主义现代化国家新征程上凝心聚力、团结奋斗，中国残联决定授予山东省青岛市残疾人体育中心等 50 个集体"北京 2022 年冬残奥会中国残联先进集体"称号，授予赵志清等 100 人"北京 2022 年冬残奥会中国残联先进个人"称号。希望受到表彰的集体和个人珍惜荣誉、再接再厉，充分发挥模范带头作用，为残疾人体育事业发展做出新的更大贡献。

2. 积极提升残疾人文化素养

2022 年 4 月 23 日，首届全民阅读大会在京开幕。习近平总书记向大会致贺信。中共中央政治局委员、时任中宣部部长黄坤明宣读了习近平总书记的贺信并讲话。大会围绕"阅读新时代，奋进新征程"主题，设置了系列论坛、展览展示、发布和主题活动等环节。时任中国残联党组成员、副理事长张伟在主论坛上介绍了我国残疾人阅读推广工作的经验和做法。张伟指出，党的十八大以来，在以习近平同志为核心的党中央的格外关心、格外关注下，我国残疾人事业取得历史性成就，残疾人和全国人民一道迈入全面小康。中国残联深入贯彻落实习近平总书记关于推动全民阅读、建设书香社会和残疾人工作的重要指示精神，积极推进残疾人阅读权益保障和阅读推广工作，广大残疾人"爱读书、读好书、善读书"的氛围日益浓厚，阅读增强了残疾人战胜困难的信心和勇气、提高了残疾人平等参与共享的能力。

2022 年 8 月 16~18 日，中国残联赴上海市专题调研残疾人宣传文化和科技助残工作。调研组一行先后深入上海养志康复医院，浦东新区残疾人党群服务中心，嘉定区残联阳光工坊，嘉定区残疾人综合活动中心和市、区公共文化服务设施，详细了解残疾人文化服务、残疾人文创产业发展、科技助残等工作情况，与基层残疾人工作者、残疾人代表、助残志愿者等深入交流。

2022 年 8 月 27 日，著名书画家董希源向残奥运动员捐赠书画作品活动在京举行。董希源用 10 个多月为我国残奥运动员创作了 225 件荷梅画作，生动展现了残奥运动员自强不息、顽强拼搏的精神。活动现场，董希源向残奥运动员代表郭兴元、陈超、陈建新、于静捐赠了书画作品，并表示，幸福之花都以辛勤汗水浇灌，残疾人同样可以活出精彩人生，希望通过文化艺术弘扬残疾人兄弟姐妹自尊、自信、自强、自立的精神品质，鼓励更多人在逆境中奋起、在奋斗中成长。全国政协文化文史和学习委员会，中央统战部六局，中国文联，中国美协，中国残联体育部、宣文部，中国残疾人事业新闻宣传促进会有关负责同志参加了活动。

2022 年 9 月 25 日，由中央党校（国家行政学院）和中国残联共同主办的"残疾人心向党，筑梦新时代"中国残疾人艺术团音乐舞蹈诗《我的梦》专场演出在中央党校（国家行政学院）北校区礼堂举行，中央党校（国家行政学院）分管日常工作的副校（院）长谢春涛、副校（院）长龚维斌、中国残联党组书记、副主席、理事长周长奎和学员们一起观看演出，共贺国庆，共迎党的二十大胜利召开。

3. 积极开展残疾人健身周活动

2022 年 8 月 8 日（我国第 14 个全民健身日），第十二届残疾人健身周活动在全国范围内启动。此届健身周活动是北京 2022 年冬残奥会之后，在全国人民喜迎党的二十大之际举办的一次重要的全国性残疾人康复健身体育品牌活动，呈现出"主场引领、人群示范、地方创新"的总体特点。全国各地举办了县级以上健身周活动共 340 场，为残疾人提供了走出家门、康复健身、融入社会的重要平台。

自第十二届残疾人健身周活动启动以来，浙江、广东等地根据活动主题"科学防疫、康复健身；融合发展、乐享生活"积极开展活动，在帮助残疾人走出家门、融入社会、康复锻炼、增进健康的同时，全面展示新时代残疾人精神风貌，迎接党的二十大胜利召开。2022 年 8 月 12 日，由浙江省残联、2022 年第四届亚残运会组委会办公室共同主办的全国第十二届残疾人健身周浙江主场活动暨浙江省第十一届残疾人运动会"宁波钢铁杯"轮椅舞蹈比赛在杭州举行，来自杭州、宁波、嘉兴等地的轮椅舞蹈代表队和杭州市残疾人健身爱好者等近 200 人参与此次活动，全面展示了"共同富裕示范区"广大残疾人共享美好生活的精神风貌。健身周活动期间，中国盲协、中国聋协、中国肢协、中国智协、中国精协还举办了"迎亚残运会'残健融合，共创共享'系列健身活动""第二届全国听力残疾人羽毛球交流赛活动""京津冀蒙豫赣六省市轮椅健身操项目展示活动""特奥沙滩项目融合比赛""2022年'健康打卡，走向复元'系列健身活动"等。

4. 积极举办开展残疾人体育竞赛

2022年8月17日，杭州亚组委宣布，经有关方面协商一致，并经亚残奥委员会批准，杭州2022年第四届亚残运会将于2023年10月22~28日举行。杭州亚残组委将在亚残奥委员会和中国残奥委员会的指导下，与有关各方共同努力，按照确定的举办日期全面做好筹办工作，深入贯彻"阳光、和谐、自强、共享"的办赛理念，举办一届出色的体育盛会。

2022年8月29日，第三届全国肢残人轮椅马拉松健身赛在湖南省长沙市举行，来自全国17个省的200余名轮椅马拉松爱好者相会在美丽的橘子洲头，与助跑志愿者共同完成了一场残健融合激励、展示自强意志、继承红色传统、喜迎党的二十大的残疾人康复健身体育盛会。时任中国残联党组成员、副理事长赵素京出席活动并宣布比赛开始。

2022年9月4日，云南省第十二届残运会暨第六届特奥会开幕。党的十八大以来，云南省残疾人事业取得了巨大进步，残疾人体育工作取得了显著成就。此届运动会的成功举办全面展示了残疾人运动员不畏困难直面挑战的精神，带动了更多残疾人康复健身，进一步推动了云南省残疾人事业高质量发展。

2022年9月15日，北京市第十一届残疾人运动会暨第三届"健康杯"残疾人群众体育大会开幕。开幕式上，时任中国残联副理事长赵素京在致辞中说，习近平总书记对残疾人格外关心、格外关注。党的十八大以来，首都残疾人事业不断取得新进步，残疾人康复健身体育活动广泛开展，竞技体育水平不断提高。2022年冬奥会、冬残奥会的成功举办，让北京成为全球首座双奥之城。此届运动会的举办，进一步弘扬了北京冬奥精神，有力推动了新时代首都残疾人事业高质量发展，为首都经济社会发展凝聚起奋力拼搏、昂扬向上的强大正能量。

2022 年 9 月 16 日，山东省第十一届残疾人运动会在日照市开幕。山东坚持"两个省运、同城举办、同样精彩"的办赛目标，体现了对残疾人事业的格外关心和重视，此届运动会的举办有力推动了新时代山东省残疾人事业高质量发展。

二 中国残疾人事业发展指数与平衡发展指数分析

（一）残疾人事业发展指数

2017 年，中国残疾人数据科学研究院开始编制并发布中国残疾人事业发展指数；2019 年，其进一步编制并发布中国残疾人事业平衡发展指数。由于残疾人事业统计制度体系不断变化，加之"十三五"期间"全面建成小康社会，残疾人一个也不能少"的目标如期实现[①]，我国残疾人事业发展环境得到不断优化。在沿用中国残疾人事业发展评价指标体系的基础上，新一轮评价指标体系做了一定的调整，如指标要素层中删去"扶贫"项，并调整相关指标的目标值及权重等。尽管要素层中各项指数不完全具有纵向上的可比性，但调整指标数量有限，目标层中各项指数依然在一定意义上具有纵向可比性。具体评价指标体系及各项指标解释见本报告附录。根据中国残疾人事业发展指数的计算方法[②]，得到以下指标数据。

1. 生存保障指数

2011~2021 年我国残疾人生存保障指数如图 1 所示。

残疾人生存保障指数由"康复""社会保障"两大要素构成。由图 1 可知，2011~2021 年，我国残疾人生存保障指数呈现逐年上升的态势，残疾人生存保障指数由 2011 年的 47.8 上升到 2021 年的 85.4，上升了 37.6，年均

---

① 《国务院关于印发"十四五"残疾人保障和发展规划的通知》，《中华人民共和国国务院公报》2021 年第 22 期，第 25~38 页。

② 凌亢、白先春等：《中国残疾人事业发展报告（2006—2015）》，中国统计出版社，2017，第 293~298 页。

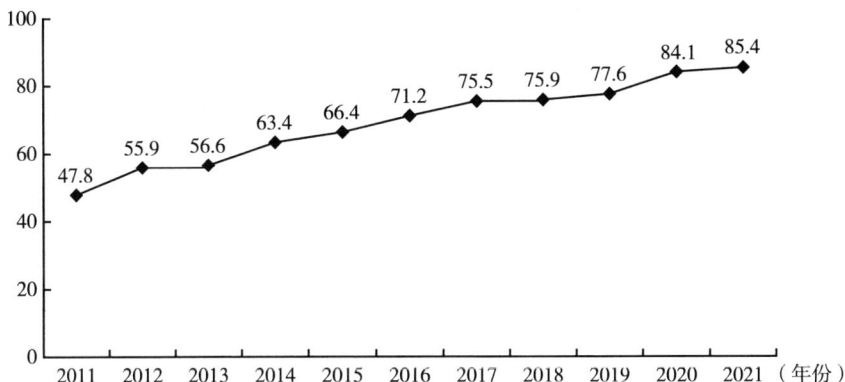

图1 2011~2021年我国残疾人生存保障指数

注：对于少部分缺失数据、异常值采用数据插补与替换、按比例推算等方法加以处理。

资料来源：2011~2020年"指数值"参见《残疾人蓝皮书：中国残疾人事业发展报告（2022）》第27~30页；2021年中国残疾人事业发展指数的计算，其数据主要来源于《中国残疾人事业统计年鉴》（2022）、《中国统计年鉴》（2022）、《中国教育统计年鉴》（2022）等。下同。

增长率为6.0%，上升幅度较大，提升速度较快。这说明我国残疾人基本民生已得到稳定保障，多层次社会保障体系更加完善。

2. 发展提升指数

2011~2021年我国残疾人发展提升指数如图2所示。

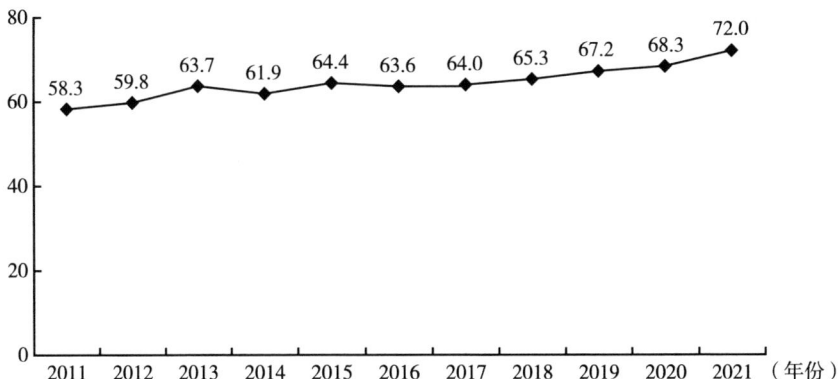

图2 2011~2021年我国残疾人发展提升指数

残疾人发展提升指数由"教育""就业""文化体育"三大要素构成。由图2可知，2011~2021年，我国残疾人发展提升指数呈现波动上升态势，

2014 年、2016 年出现小幅下降，从 2017 年开始呈现稳步上升的发展趋势，2021 年我国残疾人发展提升指数上升至 72.0，较 2011 年上升了 13.7，年均增长率为 2.1%，仍处于较低水平。固根基、提质量，满足残疾人多层次、多样化的发展需要，任重道远。

3. 残疾人服务支撑指数

2011～2021 年我国残疾人服务支撑指数如图 3 所示。

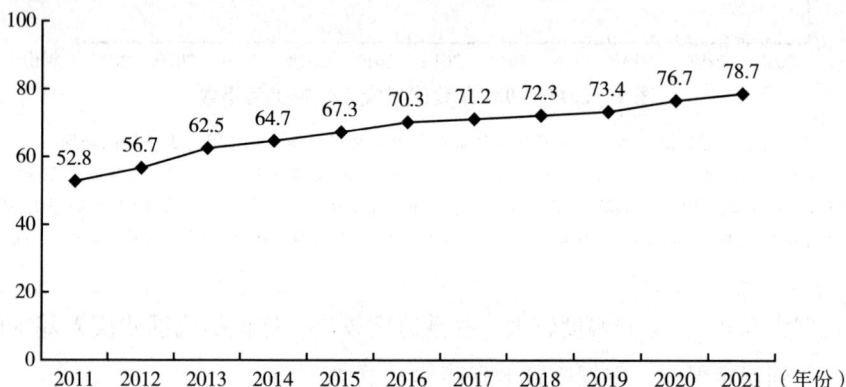

图 3　2011～2021 年我国残疾人服务支撑指数

残疾人服务支撑指数由"维权""组织建设""服务设施""信息化"四大要素构成。由图 3 可知，2011～2021 年我国残疾人服务支撑指数呈现稳步上升的态势，从 2011 年的 52.8 上升到 2021 年的 78.7，上升了 25.9，年均增长率为 4.1%。分要素来看，维权指数、组织建设指数、服务设施指数、信息化指数均有不同幅度的提升，其中服务设施指数提升幅度较大，相比 2011 年提升了 47.5，达到 89.2。截至 2021 年底，全国累计已竣工的残疾人综合服务设施、康复服务设施、托养服务设施总建设规模为 1467.2 万平方米，比上年增加 106.8 万平方米；项目总数为 4502 个，比上年增加 97 个。这说明我国残疾人服务体系不断完善，残疾人服务基础设施建设得到全面发展，越来越多的残疾人享受到基本公共服务，残疾人的获得感、幸福感和安全感不断增强。

4. 残疾人事业发展指数

2011～2021 年我国残疾人事业发展指数如图 4 所示。

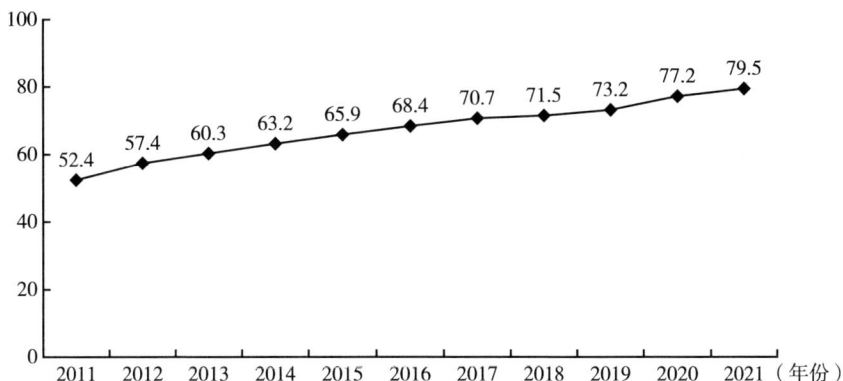

图 4　2011~2021 年我国残疾人事业发展指数

残疾人事业发展指数由"生存保障""发展提升""服务支撑"三大子目标构成。由图 4 可知，2011~2021 年，我国残疾人事业发展指数呈现稳步上升的态势，残疾人事业发展指数由 2011 年的 52.4 上升到 2021 年的 79.5，上升了 27.1，年均增长率为 4.3%。从子目标来看，生存保障指数、发展提升指数、服务支撑指数均出现不同幅度的提升，其中生存保障指数提升幅度较大，提升速度较快，相关事业发展水平也相对较高。由此可见，2011 年以来，特别是党的十八大以来，我国残疾人事业取得了重大成就。

（二）残疾人事业发展指数的省际比较

进一步计算 31 个省（区、市）2021 年残疾人生存保障指数、发展提升指数、服务支撑指数，进而计算出残疾人事业发展指数，并进行聚类分析，其聚类结果如图 5 所示。

根据图 5，将全国 31 个省（区、市）分为三类。一类地区包括北京、天津、上海、江苏、浙江、山东、重庆、广东、宁夏 9 个地区，残疾人事业发展指数在 80 以上，均高于全国水平，残疾人事业发展水平相对较高，其中浙江残疾人事业发展指数最高，为 90.3，高于全国水平 10.9。与 2020 年相比，北京、天津、上海、江苏、浙江、山东依然属于一类地区，重庆、广东、宁夏 3 个地区由 2020 年的二类地区跃升为一类地区。

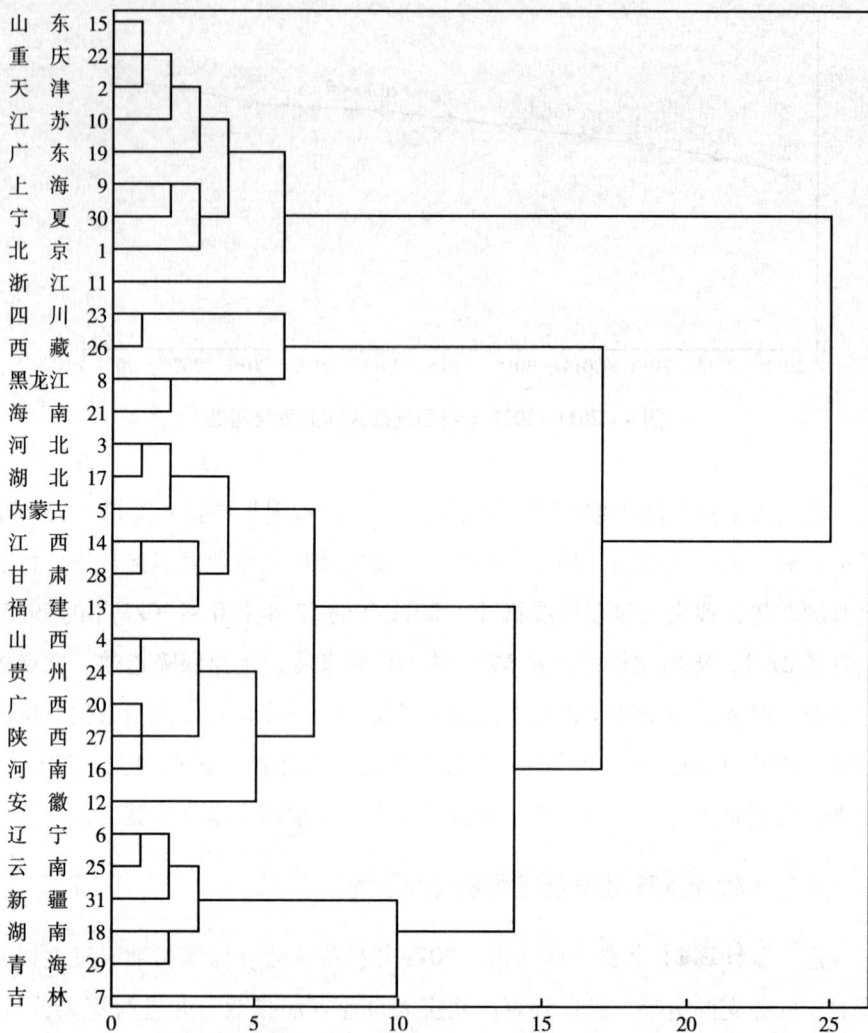

图5 2021年我国残疾人事业发展指数聚类结果

二类地区包括河北、湖北、内蒙古等18个地区，残疾人事业发展指数基本处于60~80。从子目标来看，吉林地区残疾人生存保障指数、发展提升指数相对较高，分别为89.6、79.2；福建、甘肃、江西3个地区残疾人服务支撑指数相对较高，分别为90.0、89.6、86.6。

三类地区包括黑龙江、海南、四川、西藏4个地区，残疾人事业发展指数相对较低。黑龙江和海南的残疾人发展提升指数处于一般水平，且4个地区的残疾人生存保障指数均相对较低。

（三）中国残疾人事业平衡发展指数分析

由表1可知，2021年我国残疾人事业平衡发展指数为50.1，发展损失率为36.0%。从子目标来看，服务支撑平衡发展指数最高，为57.7，发展损失率相对较低，为26.7%；其次是生存保障平衡发展指数，为55.9，发展损失率为34.6%；发展提升平衡发展指数最低，为39.9，发展损失率为44.6%。这说明我国残疾人事业以及残疾人生存保障、发展提升、服务支撑等方面发展的地区不平衡性依然较为突出。

表1　2021年我国残疾人事业平衡发展指数

指标	生存保障	发展提升	服务支撑	残疾人事业
平衡发展指数	55.9	39.9	57.7	50.1
发展损失率(%)	34.6	44.6	26.7	36.0

注：平衡发展指数计算方法参见清华大学中国经济社会数据研究中心2019年发布的《清华大学中国平衡发展指数报告》；由于指标体系的调整，2021年我国残疾人事业平衡发展指数与2015~2020年计算的结果不具有可比性［见《残疾人蓝皮书：中国残疾人事业发展报告（2022）》第31~34页］，故未做纵向比较分析。

附录

残疾人事业发展评价指标体系的设计

残疾人事业发展评价指标体系由要素层、指标层构成，具体指标层次结构见《中国残疾人事业发展报告（2006—2015）》①。由于在"生存保障"

---

① 凌亢、白先春等：《中国残疾人事业发展报告（2006—2015）》，中国统计出版社，2017，第295页。

指数计算中剔除了"扶贫"，剩下两个要素"康复""社会保障"的权重分别调整为49%、51%。具体指标体系如附表1所示。

附表1 残疾人事业发展评价指标体系

要素层	指标层	单位	目标值	权重(%)
康复 (C1)	县级社区康复服务覆盖率(D1)	%	100	34
	康复机构人均服务残疾人数(D2)	人	120	34
	辅助器具供应机构拥有量(D3)	个	1	32
社会保障 (C2)	残疾人社会福利覆盖率(D4)	%	95	54
	托养服务机构拥有量(D5)	个	4	46
教育 (C3)	残疾人高中及以上学历占比(D6)	%	13	39
	百名残疾学生拥有特殊教育专任教师数(D7)	人	20	36
	接受高等教育每万人中残疾人数(D8)	人	20	25
就业 (C4)	残疾人按比例就业占比(D9)	%	10	57
	农村残疾人就业帮扶基地拥有量(D10)	个	2	43
文化体育 (C5)	残疾人文化艺术类比赛及展览拥有量(D11)	次	10	44
	残疾人群众体育健身活动参与率(D12)	%	5	56
维权 (C6)	县级残疾人法律援助中心覆盖率(D13)	%	100	49
	县级无障碍环境建设覆盖率(D14)	%	70	51
组织建设 (C7)	县级残联残疾人干部配备率(D15)	%	80	33
	残疾人专职委员服务残疾人数(D16)	人	60	32
	县级残疾人专门协会覆盖率(D17)	%	100	35
服务设施 (C8)	每百名残疾人服务设施占有量(D18)	m^2	40	34
	残疾人服务设施项目拥有量(D19)	个	2	36
	残疾人服务设施投入比(D20)	%	100	30
信息化(C9)	残联信息网站开通率(D21)	%	40	100

各项指标具体解释如下。

1. **县级社区康复服务覆盖率**：报告期末已开展社区康复服务的县级单位数占区域内县级单位总数的比重。

2. **康复机构人均服务残疾人数**：报告期末残疾人数与区域内各级（省级、地市级、县级）康复机构在岗人员数的比值。

3. **辅助器具供应机构拥有量**：报告期末区域内县级单位平均拥有的已

建立辅助器具机构数。

4. 残疾人社会福利覆盖率：报告期末 60 周岁以下参保残疾人中，全部或部分代缴社会养老保险的残疾人数与 60 周岁以下参保残疾人数的比值。

5. 托养服务机构拥有量：报告期末已建立托养服务机构数。

6. 残疾人高中及以上学历占比：报告期内高中及以上学历残疾人数占 16 周岁及以上残疾人数的比重。

7. 百名残疾学生拥有特殊教育专任教师数：报告期内特殊教育学校每百名残疾学生中教师人数。

8. 接受高等教育每万人中残疾人数：报告期内高等学校每万人招生规模中残疾人的招生人数。

9. 残疾人按比例就业占比：报告期内按比例就业残疾人数占残疾人就业人数的比重。

10. 农村残疾人就业帮扶基地拥有量：报告期末区域内每个县级单位中已建设残疾人就业帮扶基地的个数。

11. 残疾人文化艺术类比赛及展览拥有量：报告期内举办的残疾人各级（省级、地市级、县级）文化艺术类比赛及展览次数。

12. 残疾人群众体育健身活动参与率：报告期内残疾人各级（省级、地市级、县级）体育健身活动参加人数（人次）与该区域残疾人数的比值。

13. 县级残疾人法律援助中心覆盖率：报告期内已建立县级残疾人法律援助中心数占县级单位总数的比重。

14. 县级无障碍环境建设覆盖率：报告期末已开展无障碍环境建设的县级单位数占县级单位总数的比重。

15. 县级残联残疾人干部配备率：报告期内配备残疾人干部的县级残联数占区域内县级残联总数的比重。

16. 残疾人专职委员服务残疾人数：报告期末区域内残疾人专职委员人数。

17. 县级残疾人专门协会覆盖率：报告期末各类县级残疾人专门协会（包括盲人协会、聋人协会、肢残人协会、智力残疾人及亲友协会、精神残疾人及亲友协会）数占区域内县级单位数的比重。

18. 每百名残疾人服务设施占有量：报告期内每百名残疾人拥有各种服务设施（包括综合服务设施、康复服务设施、托养服务设施等）的累计投入使用建设规模。

19. 残疾人服务设施项目拥有量：报告期末每个县级单位内拥有的各种服务设施（包括综合服务设施、康复服务设施、托养服务设施等）的累计投入使用的项目数。

20. 残疾人服务设施投入比：报告期内残疾人服务支撑投入占公共服务投入的比重与报告期末残疾人数所占比重的比值。

21. 残联信息网站开通率：报告期内开通网站的市辖区、县（市）残联数（家）占区域内市辖区、县（市）残联总数（家）的比重。

注：以上各项指标涉及的残疾人数均为持证残疾人数。

B.2
中国残疾预防与康复事业发展报告（2023~2024）

张 蕾 宋雨萌*

摘　要： 在国际残疾预防与康复的理念转变和发展的大背景下，我国残疾预防与康复事业不断取得新进展。残疾预防与康复事业进一步加强制度化、组织化、专业化以及多样化建设，组织保障体系逐步完善。新时代我国残疾预防事业发展迅速，多项国家预防政策方针出台，指导地方落实残疾预防工作，各级预防体系成果显著。此外，通过对比第二次全国残疾人抽样调查数据和 2022 年的残疾人统计数据，发现残疾人医疗康复救助和服务事业也卓有成效，不断满足残疾人的康复需求，康复服务覆盖率大幅提升。但是，残疾预防与康复事业仍面临一些挑战，全社会残疾预防意识有待增强、预防与康复工作机制尚需完善、康复服务供给与需求尚有差距、康复资源可及性有待提高、康复服务专业性不足等问题突出。未来要继续坚持残疾预防与康复事业组织保障的体系化发展，实现从残疾康复向残疾预防与康复的转变，以及从补救式康复到综合性康复的转变，同时进一步在全社会范围推广无障碍环境理念。

关键词： 残疾预防　残疾康复　残疾人发展

* 张蕾，博士，副教授，博士生导师，北京大学人口研究所副所长，研究领域为人口、健康与可持续发展，老龄与残疾，家庭与社会政策评估；宋雨萌，北京大学人口研究所硕士研究生，研究领域为残疾健康、移民健康。

一 国际残疾预防与康复事业的发展背景

（一）残疾预防与康复的理念转变

长久以来，人们对残疾的认知局限在个体层面，主要通过医疗手段进行个体的残疾康复。在 20 世纪 60~70 年代，残疾被重新定义为一种社会问题。

残疾预防与康复理念的转变根源于全世界对残疾概念认识的转变。2006年，联合国《残疾人权利公约》（*Convention on the Rights of Persons with Disabilities*）将残疾定义为"一个演变中的概念"，强调"残疾是伤残者和阻碍他们在与其他人平等的基础上充分和切实地参与社会的各种态度和环境障碍相互作用所产生的结果"[①]。世界卫生组织（WHO）在《国际功能、残疾和健康分类》（ICF）框架下将残疾定义为"损伤、活动受限和参与局限的总称"，社会对残疾和残疾人的认识随价值取向变化而发生变化，目前一般认为，残疾是人类发展进程中不可避免要付出的一种社会代价，需要关注全人群和全生命周期残疾风险的预防和发展；残疾人和健全人一样拥有公民权利，是社会物质财富和精神财富的创造者，要基于充分的康复支持实现残疾人平等充分的社会参与。[②]

（二）残疾预防与康复事业发展沿革

1978 年 9 月 12 日，国际初级卫生保健大会通过了《阿拉木图宣言》，旨在保障和促进全世界人民的健康，这是残疾预防的纲领性文件之一，也是第一个强调将初级卫生保健作为实现"全民享有健康"目标的主要战略的宣言。[③]

---

① *Convention on the Rights of Persons with Disabilities*（Geneva: World Health Organization, 2006）.
② *International Classification of Functioning, Disability and Health*（Geneva: World Health Organization, 2016）.
③ *Declaration of Alma-Ata*（Geneva: World Health Organization, 1978）.

1981 年 11 月 12 日，在英国约翰·威尔逊爵士的建议下，英国卫生和社会保障部在利兹堡召集了由科学家、医生、卫生行政人员和政治家组成的国际专家组，并共同发表了《关于残疾预防的利兹堡宣言》；指出通过利用现代知识和技术，大多数残疾的损害都可以预防，呼吁世界各国果断采取改善初级保健状况、控制遗传性和退行性疾病等实际措施以预防残疾的发生。[①]

1982 年 12 月 3 日，联合国大会第 37 届会议正式通过《关于残疾人的世界行动纲领》[②]（以下简称《行动纲领》）。《行动纲领》是一项促进残疾预防、康复和机会均等的全球战略，强调必须从人权的角度看待残疾问题。正是由于认识到残疾预防的重要性，联合国大会宣布 1983~1992 年为"联合国残疾人十年"。在《行动纲领》中，残疾康复的内涵也发生了转变。传统的康复服务通常是由专门机构向残疾人提供的治疗与服务，《行动纲领》则强调应向残疾人提供综合性公共服务，在专门机构的基础上，鼓励社区和家庭参与进来。

1996 年，世界卫生组织开始制定新的残疾分类体系，即《国际功能、残疾和健康分类》，它是在 1980 年《国际残损、残疾和残障分类》（*International Classification of Impairment，Disability and Handicap*，ICIDH）的基础上形成的。2001 年，世界卫生大会正式通过了《国际功能、残疾和健康分类》，并更新了残疾的定义，明确"残疾是残损、活动受限和参与局限的总称"，为制定更有针对性的残疾预防和康复措施提供了依据。

2004 年，在 1994 年《社区康复联合意见书》的基础上，世界卫生组织、国际劳工组织（ILO）、联合国教科文组织（UNESCO）共同发表了新的《社区康复联合意见书》，明确了社区康复的定义，即"社区康复是一项以社区为基础的发展战略，旨在促进残疾人康复、机会均等、减贫和社

---

① 《关于残疾预防的利兹堡宣言》，杜华译，《中国康复》1988 年第 4 期，第 207~208 页。

② *World Programme of Action Concerning Disabled Persons*（Geneva：World Health Organization，1982）.

会包容"①，社区康复的理念从原先为残疾人提供慈善性服务转变为以残疾人权利为本并提供综合性公共服务。

2010年，世界卫生组织、联合国教科文组织、国际劳工组织、国际残疾与发展联盟（IDDC）联合发布《社区康复指南》，总结了多年来世界90多个国家探索社区康复的模式和经验，完整地构建了现代社区康复的服务内容与方法体系，旨在指导各国全面系统地制定社区康复工作方案与推进社区康复工作，形成以社区康复为基础的包容型发展战略，满足残疾人及其家庭在健康、教育、谋生及社会层面的基本需要，赋予残疾人及其家庭更多的权利。②

2015年9月25日，联合国提出到2030年实现17个可持续发展目标，其中一个目标是实现健康的全民覆盖，这需要根据"全民的健康需求，在健康促进、预防、治疗、康复以及姑息治疗方面提供基本的服务，同时要防止出现经济困难，例如贫困和支付能力不足等"③。

2017年2月7日，世界卫生组织颁布《康复2030：行动呼吁》，指出在中低收入国家和老龄化社会等的人群中康复需求有较大的缺口，确定了10个需要集中关注的领域，包括增强康复领导力、加强各级康复规划、促进跨部门联动、将康复纳入全民健康覆盖范围、建立综合性康复服务提供模式、推进康复人才建设、扩大康复筹资规模、加强康复信息系统建设、开展康复研究能力建设、促进国家间康复工作交流等。④

2019年6月25日，世界卫生组织颁布了《健康服务体系中的康复：行动指南》，提供了健康服务体系中康复的配套工具。⑤ 从卫生保健体系

---

① International Labor Organization, United Nations Educational, Scientific and Cultural Organization, World Health Organization, *CBR: A Strategy for Rehabilitation, Equalization of Opportunities, Poverty Reduction and Social Inclusion of People with Disabilities* (Joint Position Paper, Geneva: World Health Organization, 2004).

② *Community-Based Rehabilitation: CBR Guidelines* (Geneva: World Health Organization, 2010).

③ 邱卓英、郭键勋、杨剑等：《康复2030：促进实现〈联合国2030年可持续发展议程〉相关目标》，《中国康复理论与实践》2017年第4期，第373~378页。

④ *Rehabilitation 2030: A Call for Action* (Geneva: World Health Organization, 2017).

⑤ *Rehabilitation in Health Systems: Guide for Action* (Geneva: World Health Organization, 2019).

的六大组成部分——领导力和治理能力、筹资、健康人力资源、服务提供、医药和技术、健康信息系统出发，划分了 4 个阶段，即评估康复现状，制定康复战略规划，建立监测、评估和审核程序，实施战略规划，共涉及 12 个步骤。

（三）三级预防模式

1.残疾预防行动框架与指南

目前国际社会对残疾主要采取了三级预防措施。一级预防是在损害发生前，采取免疫接种、预防性保健等措施，通过预防疾病或外伤风险来避免残疾的发生。二级预防是在损害发生后，通过早期筛查、早期医疗干预、定期检查等措施限制或逆转由损伤引起的残疾。三级预防则是当残疾已不可避免时，采取康复功能训练、假肢矫形器及辅助器具使用等措施防止残疾向残障过渡[①]。与二级预防不同，其目的在于对已有残疾的患者，使其剩余能力和功能尽量恢复。这三个阶段的预防措施构成了连续统一体，有效指导各个国家采取分阶段的公共卫生措施预防残疾的发生和发展。

2.残疾预防政策法规

1981 年，世界卫生组织基于"至少有 50% 的残疾可以通过当时的技术加以控制或延缓"等证据提出了三级预防框架。

1982 年 12 月 3 日，联合国大会通过了《关于残疾人的世界行动纲领》，它特别指出世界卫生组织的职责范围包括预防残疾和医疗康复，强调各国应承担主要责任，采取推动残疾预防以及残疾人充分参与社会生活和发展及实现平等目标的有效措施。

2005 年，世界卫生组织第 58 届世界卫生大会通过决议《残疾，包括预防、管理和康复》，决议提出要普遍提高公众对残疾预防重要性的认识，采

---

① World Health Organization, *Disability Prevention and Rehabilitation : Report of the WHO Expert Committee on Disability Prevention and Rehabilitation* (World Health Organization Technical Report Series 668, Geneva: World Health Organization, 1981).

取切实有效的方式对残疾进行早期干预，促进残疾预防在全社会的推进。[①]

2006年，联合国通过《残疾人权利公约》，要求缔约国必须建立相关国家法律并制定政策，向残疾人提供与社会中他人同等的健康和残疾预防服务，尽可能限制和防止残疾的发展。截至2022年，已有186个国家批准或接受加入该公约，人权观视角的残疾预防获得了大多数国家的法律承认。[②]

3. 残疾预防实践

发展中国家和发达国家由于在残疾标准、经济发达程度、社会文化发展程度等方面存在差异，残疾预防实践也存在较大的差异。[③]

在发达国家，事故致残的现象越来越多，许多国家通过公共教育、改进安全措施和立法等方式预防意外事故，从而减少残疾。另外，对慢性躯体疾病、遗传病、慢性疼痛和损伤的预防也在进行，但在实践中遇到了困难。[④]

在发展中国家，营养不良、传染病、产期护理差等是致残的主要原因。[⑤] 各国采取的一级预防措施主要有促进社会经济发展、发展初级卫生保健事业等，例如，各国为越来越多的儿童接种小儿麻痹症、结核病等传染病疫苗。二级预防措施主要有提供适当的药物、提供基本的外科治疗、提供康复治疗等。三级预防措施包括防止残疾转变为残障或减少残疾影响的所有措施，并将其包含在康复治疗中。

[①] *Disability, Including Prevention, Management and Rehabilitation* (Geneva: World Health Organization, 2005).

[②] *Convention on the Rights of Persons with Disabilities* (Geneva: World Health Organization, 2006).

[③] World Health Organization, *Disability Prevention and Rehabilitation: Report of the WHO Expert Committee on Disability Prevention and Rehabilitation* (World Health Organization Technical Report Series 668, Geneva: World Health Organization, 1981).

[④] World Health Organization, *Disability Prevention and Rehabilitation: Report of the WHO Expert Committee on Disability Prevention and Rehabilitation* (World Health Organization Technical Report Series 668, Geneva: World Health Organization, 1981).

[⑤] World Health Organization, *Disability Prevention and Rehabilitation: Report of the WHO Expert Committee on Disability Prevention and Rehabilitation* (World Health Organization Technical Report Series 668, Geneva: World Health Organization, 1981).

（四）社区康复（CBR）模式

1978 年《阿拉木图宣言》发布之后，社区康复（Community-Based Rehabilitation，CBR）模式逐渐兴起。1989 年，世界卫生组织出版了《在社区训练残疾人》，以便为社区康复模式和模式发起人（如残疾人、家庭成员、学校教师、当地主管等）提供指导和支持。

社区康复的定义经历了一个不断完善的过程。1994 年由世界卫生组织等国际组织共同发布的《社区康复联合意见书》重新定义了社区康复，即"社区康复是社区发展计划中的一项康复策略，旨在让所有残疾人都能享受康复服务，实现机会均等、充分参与的目标。社区康复的实施有赖于残疾人及其亲友，所在社区和卫生、教育、劳动就业、社会保障等相关部门的共同努力"①。

以 2004 年《社区康复联合意见书》为基础，前述发布于 2010 年的《社区康复指南》详细介绍了社区康复模式的结构，为社区康复提供了可以遵循的框架。社区康复模式结构由健康、教育、谋生、社会、赋能五个重要模块组成（见图 1）。健康模块中纳入了健康促进、疾病预防、医疗保健、康复、辅助器具五个部分；教育模块中纳入了幼年教育、基础教育、中高等教育、非正规教育、终生学习五个部分；谋生模块中纳入了技能发展、自我营生、有薪就业、金融服务、社会保护五个部分；社会模块中纳入了他人帮助、人际关系与婚姻家庭、文化和艺术、娱乐休闲和体育运动、司法五个部分。上述四个模块涉及残疾人发展的各个阶段，反映了社区康复在多层面的重点。最后的赋能模块是指为残疾人增权赋能，纳入了倡导与沟通、社区动员、政治参与、自助小组、残疾人组织五个部分，为残疾人无障碍地参与人生发展的各个阶段提供了保障，是促进残疾人人权发展的基础。②

---

① 许晓惠、叶新强、何胜晓主编《社区康复》，华中科技大学出版社，2012，第10~11 页。

② *Community-Based Rehabilitation： CBR Guidelines*（Geneva：World Health Organization，2010）.

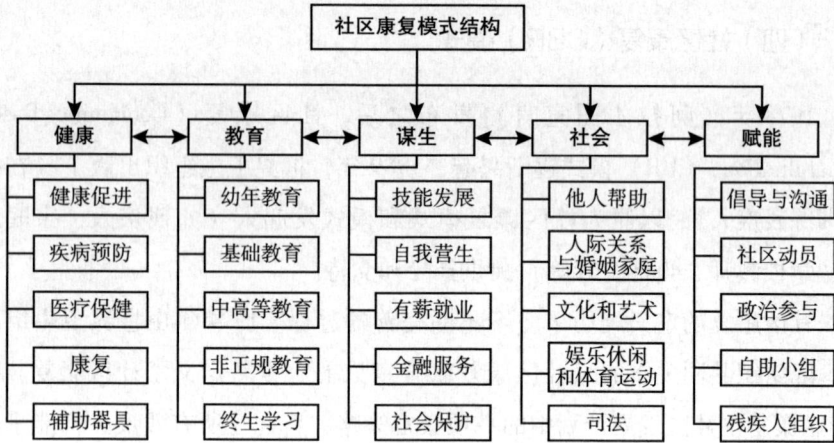

图1　社区康复模式结构

资料来源：华中科技大学同济医院世界卫生组织康复培训与研究合作中心（武汉）、中山大学附属第一医院世界卫生组织康复合作中心（广州）、香港复康会世界卫生组织复康协作中心（香港）联合组织译编《社区康复指南：以社区为基础的康复》（导论篇），2011，第18页。

　　社区康复的实施以《残疾人权利公约》为基础，倡导以下原则：尊重固有尊严和个人自主、不歧视、充分和切实地参与和融入社会、尊重差异、机会均等、无障碍、男女平等、尊重残疾儿童逐渐发展的能力并尊重残疾儿童保持其身份特殊性的权利。社区资源的充分利用促使越来越多中低收入国家的残疾人有效地获取相应康复服务。目前，在多个国际组织、非政府组织及残疾人组织的协作下，社区康复已经在世界多国发展成多方位、深层次的康复形式，满足了残疾人的广泛需求，极大地促进了他们更好地融入社会。

二　中国残疾预防与康复事业发展

（一）残疾预防与康复的组织保障体系发展

1. 残疾预防与康复事业的制度化建设

　　改革开放以来，残疾人事业被纳入国民经济和社会发展总体规划，残疾预防与康复工作在法律体系、宏观政策、社会保障方面也逐步展开制度化建设并不断完善。

（1）法律体系

在法律领域，以《中华人民共和国残疾人保障法》（以下简称《残疾人保障法》）为核心的法律体系逐渐建立完善，残疾预防与康复事业走上法治化道路。1991 年开始施行的《残疾人保障法》将"康复"列为专章，并规定"国家有计划地开展残疾预防工作"，以及"国家和社会采取康复措施"。2008 年我国又对《残疾人保障法》进行了修订，重点完善了对无障碍环境的规定，并对残疾预防与康复提出了更明确的要求，包括"分阶段实施重点康复项目"等。[①] 2017 年，国务院通过《残疾预防和残疾人康复条例》，以法规形式对残疾预防和康复工作的基本原则、方针和主要举措做出规定，确立了政府主导、部门协作、社会参与的工作机制，明确了政府的职责和具体帮扶措施，标志着我国残疾预防与康复事业法治化的发展进入了一个新的历史时期。[②] 2021 年 7 月，国务院出台《"十四五"残疾人保障和发展规划》[③]，提出要研究完善残疾人无障碍环境建设法律制度，健全残疾人权益保障法律法规体系，推动《残疾人保障法》等法律法规有效实施。

无障碍环境建设法治化进程不断加快，为残疾预防与康复提供了很好的环境保障。2012 年出台的《无障碍环境建设条例》是我国第一部关于无障碍环境建设的专门法规[④]。2023 年 6 月 28 日，第十四届全国人民代表大会常务委员会通过《中华人民共和国无障碍环境建设法》，对无障碍环境建设的全要素、全链条、全场景做出系统规定，增强无障碍环境建设的基础性、

---

① 《中华人民共和国残疾人保障法》，2008 年 4 月 24 日第十一届全国人民代表大会常务委员会第二次会议修订。

② 陶慧芬、江传曾、唐利娟：《中国特色残疾人康复事业发展道路探析》，《残疾人研究》2018 年第 2 期，第 21~29 页。

③ 中华人民共和国国务院：《"十四五"残疾人保障和发展规划》，2021 年 7 月 8 日。

④ 郑功成主编《残疾人事业蓝皮书：中国残疾人事业研究报告（2019）》，社会科学文献出版社，2020，第 34 页。

通用性、普惠性①，推动社会各界共同努力，其颁布标志着我国无障碍环境建设法治化的新进程。

其他法律也对残疾预防与康复做出相关规定。2012年颁布的《中华人民共和国精神卫生法》②中对残疾人精神康复工作做出了法律规定。2019年颁布的《中华人民共和国基本医疗卫生与健康促进法》③也提出要"完善残疾预防和残疾人康复及其保障体系"。

（2）宏观政策

在宏观政策领域，1988年出台《中国残疾人事业五年工作纲要（1988年—1992年）》，这是首次制定实施中国残疾人事业五年计划纲要，将残疾人康复工作纳入国民经济和社会发展总体规划。1996年，《中国残疾人事业"九五"计划纲要》颁布实施，明确提出了"系统开展残疾预防，努力减少残疾发生"的总目标。④随后相继实施了多个残疾人事业五年计划纲要或发展纲要，在不同历史时期制定了相应的残疾预防与康复工作的规划和政策措施。2021年《中华人民共和国国民经济和社会发展第十四个五年规划和2035年远景目标纲要》提出，要健全残疾人帮扶制度，促进康复服务市场化发展，提高康复辅助器具适配率，提升康复服务质量，完善无障碍环境建设和维护政策体系。⑤

"十三五"和"十四五"时期，依据残疾人事业的总体规划纲要，还先后于2016年和2021年出台了针对残疾预防的五年规划《国家残疾预防行动计划（2016—2020年）》和《国家残疾预防行动计划（2021—2025年）》⑥，对残

---

① 《中华人民共和国无障碍环境建设法》，2023年6月28日第十四届全国人民代表大会常务委员会第三次会议通过；顾磊：《法治护航，让生活更加"无障碍"》，《人民政协报》2023年7月4日。
② 《中华人民共和国精神卫生法》，2012年10月26日中华人民共和国第十一届全国人民代表大会常务委员会第二十九次会议通过，2013年5月1日施行。
③ 《中华人民共和国基本医疗卫生与健康促进法》，2019年12月28日第十三届全国人民代表大会常务委员会第十五次会议通过，2020年6月1日施行。
④ 郑晓瑛、程凯主编《中国残疾预防对策研究》，北京大学出版社，2015，第56页。
⑤ 《第十三届全国人民代表大会第四次会议关于中华人民共和国国民经济和社会发展第十四个五年规划和2035年远景目标纲要的决议》，2021年3月11日十三届全国人大四次会议通过。
⑥ 国务院办公厅：《国家残疾预防行动计划（2016—2020年）》，2016年8月25日；国务院办公厅：《国家残疾预防行动计划（2021—2025年）》，2021年12月14日。

疾预防知识普及、出生缺陷和发育障碍致残防控、防控疾病致残、减少伤害致残、改善康复服务等方面做出工作部署。

（3）社会保障

在社会保障领域，将残疾人康复纳入医疗保障、护理补贴、儿童康复补贴等福利制度，覆盖数千万残疾人口。国务院于2015年出台《关于全面建立困难残疾人生活补贴和重度残疾人护理补贴制度的意见》，首次提出建立重度残疾人护理的福利制度，即困难残疾人"两项补贴"制度。[1] 2016年，中国残联与多部门联合印发《关于新增部分医疗康复项目纳入基本医疗保障支付范围的通知》，将20项医疗康复项目纳入了基本医疗保障支付范围，涵盖各类别残疾人所需的康复项目，为残疾人提供了医保报销，从制度上减轻了残疾人康复医疗的经济负担。2021年，《"十四五"残疾人保障和发展规划》提出全面落实困难残疾人生活补贴和重度残疾人护理补贴制度，普遍建立补贴标准动态调整机制，有条件的地方可按规定扩大对象范围。中国残联联合多部门分别于2021年和2022年出台了《关于进一步完善困难残疾人生活补贴和重度残疾人护理补贴制度的意见》[2] 和《关于加强残疾人两项补贴精准管理的意见》[3]，完善了补贴自愿申请、审核权限下放、"跨省通办"、主动服务等便民利民服务措施，提出了加强数据共享和比对、生存验证、残疾人证管理等精准管理和动态监管要求，进一步提高困难残疾人生活补贴和重度残疾人护理补贴制度实施的精准性、科学性、规范性。

针对残疾儿童的社会保障措施不断加强。"十三五"时期，国务院于2018年出台《关于建立残疾儿童康复救助制度的意见》[4]，明确"到2025年，残疾儿童康复救助制度体系更加健全完善，残疾儿童康复服务供给能力

---

① 陶慧芬、江传曾、唐利娟：《中国特色残疾人康复事业发展道路探析》，《残疾人研究》2018年第2期，第21~29页。

② 民政部、财政部、中国残联：《关于进一步完善困难残疾人生活补贴和重度残疾人护理补贴制度的意见》（民发〔2021〕70号），2021年8月24日。

③ 民政部、财政部、中国残联：《关于加强残疾人两项补贴精准管理的意见》（民发〔2022〕79号），2022年10月18日。

④ 国务院：《国务院关于建立残疾儿童康复救助制度的意见》，2018年6月21日。

显著增强，残疾儿童普遍享有基本康复服务"的目标，为 0~6 岁的残疾儿童康复救助提供了制度化保障。2021 年 6 月 11 日，中国残联办公厅发布《关于进一步做好残疾儿童康复救助经办服务工作的通知》①，要求各地残联及时受理审批残疾儿童康复救助申请，努力为残疾儿童异地康复提供便利，对符合条件的残疾儿童做到"应救尽救"。同年，中国残联、民政部、国家卫生健康委联合发布《关于印发〈残疾儿童康复救助定点服务机构协议管理实施办法（试行）〉的通知》②，明确定点服务机构应按照公益属性、合理布局、保障残疾儿童安全及康复服务效果以及合理控制康复服务成本的原则来建立。

经过 30 多年对残疾预防与康复工作的探索与实践，尤其是在党的十八大以来国家层面的高度重视下，我国残疾预防和康复工作的顶层设计已经基本成熟，残疾预防与康复工作也被纳入各地各级政府经济和社会发展规划，残疾预防与康复事业的制度化建设不断完善。

2. 残疾预防与康复事业的组织化建设

我国残疾人的组织建设不断完善，为残疾预防与康复事业提供了有力的保障。20 世纪 50 年代，中国盲人福利会、中国聋哑人福利会先后成立，1960 年两个组织合并成立中国盲人聋哑人协会。之后，中国残疾人福利基金会、中国残疾人联合会也分别在 1984 年、1988 年成立，随后大部分省、自治区、直辖市也建立起地方协会和基层组织。

随着残疾人组织建设的不断加强，以及基层残疾人组织的全面建立，残疾人组织在残疾预防与康复事业中发挥的作用也不断扩大。我国 1987 年和 2006 年开展的两次全国残疾人抽样调查就是在中国残联、中国残疾人福利基金会、中国盲人聋哑人协会等残疾人组织的配合下完成的。调查使有关部门和专家全面了解了残疾人康复需求和康复服务的利用状况，为后续残疾预防和康复政策的制定提供了科学依据。2017 年出台的《残疾预防和残疾人

---

① 中国残联办公厅：《关于进一步做好残疾儿童康复救助经办服务工作的通知》，2021 年 6 月 11 日。
② 中国残联、民政部、国家卫生健康委：《关于印发〈残疾儿童康复救助定点服务机构协议管理实施办法（试行）〉的通知》，2021 年 10 月 28 日。

康复条例》① 规定，"中国残疾人联合会及其地方组织依照法律、法规、章程或者接受政府委托，开展残疾预防和残疾人康复工作"。同年 4 月，由中国残联牵头，十七个部委共同成立残疾预防工作协调小组，组建全国残疾预防和残疾人康复专家咨询委员会，进一步完善了残疾预防协调联动机制。②

2021 年，《"十四五"残疾人保障和发展规划》强调，在残疾人事业发展的过程中，要发挥残联的组织作用，使残联履行好"代表、服务、管理"的职能，强化各级残联建设，提高残疾人工作者的专业素质。

为进一步提高残联工作人员的业务水平和服务能力，中国残联于 2021 年 11 月和 12 月分别发布了《残联系统开展法治宣传教育的第八个五年规划（2021—2025 年）》③ 和《关于做好残疾人专门协会骨干人员线上学习培训工作的通知》④，分别从残联工作人员的法治意识培养和专业技能培训两方面加强残联体制内的组织建设，为残疾人预防与康复事业的高质量发展提供组织保障和人才支撑。

截至 2022 年，全国各省、市、县、乡及相同级别地区都建立了相应的残联组织，总数共有 4 万个。基层残联体系也日渐完善，98.1%的乡镇（街道）已建立残联组织；99.1%的社区或村成立残协，共成立 58.9 万个。各级地方残联工作人员有 11.1 万人，基层残联及残协专职委员总计 55.7 万人。配备残疾人领导干部的省、地级残联占比分别超过八成和六成，县级残联占比近 50%，使相关工作的开展能够更加贴近残疾人现实需求。地方各级残疾人专门协会有 1.5 万个，其中省、地、县级各类专门协会已建比例分别为 98.8%、97.8%和 92.7%。另外，全国助残社会组织已有 3131 个，切

---

① 国务院：《残疾预防和残疾人康复条例》，2017 年 7 月 1 日施行。
② 郑功成主编《残疾人事业蓝皮书：中国残疾人事业研究报告（2018）》，社会科学文献出版社，2018，第 56 页。
③ 中国残联：《残联系统开展法治宣传教育的第八个五年规划（2021—2025 年）》，2021 年 11 月 1 日。
④ 中国残联办公厅：《关于做好残疾人专门协会骨干人员线上学习培训工作的通知》，2021 年 12 月 16 日。

实推动了我国残疾人事业的发展。[1]

3.残疾预防与康复事业的专业化建设

专业化医疗服务水平不断提高。"十二五"期间，我国医疗卫生规划强调在公立医院设立康复科，并推动部分二级及以上公立医院转型为康复医院。[2] 2021年，国家卫生健康委等多部门联合制定了《关于加快推进康复医疗工作发展的意见》[3]，重点措施为增加康复医疗机构和床位、加强康复医院和综合医院康复医学科建设，确保康复医疗服务体系的进一步健全、康复医疗服务网络的不断完善，持续完善康复医疗工作制度、服务指南和技术规范，提高康复医疗服务能力。同年，中国残联等多部门印发《"十四五"残疾人康复服务实施方案》[4]，强调加强残疾人康复服务体系建设，贯彻落实《关于加快推进康复医疗工作发展的意见》，深化残疾人社区康复，同时要进一步提升残疾人康复服务专业化水平，实施残疾人精准康复服务行动。国家卫生健康委、中国残联等多部门于2022年先后出台《关于开展社区医养结合能力提升行动的通知》[5]《关于进一步推进医养结合发展的指导意见》[6]，将残疾人作为社区医养结合重点服务人群，增强社区医养结合服务能力，加强康复医院等医疗养老资源共享。

专业化人才培养不断推进。从2009年起，以促进残联系统康复人才培养为目标，中国残联启动康复人才培养"百千万工程"。2016年，中国康复大学建设已被纳入"十三五"规划和《"十三五"加快残疾人小康进程规划纲

① 中国残疾人联合会：《2022年残疾人事业发展统计公报》，2023。
② 白宽犁：《残疾治理：残疾人事业创新与发展研究》，中国社会科学出版社，2021，第104页。
③ 国家卫生健康委、国家发展改革委、教育部、民政部、财政部、国家医保局、国家中医药局、中国残联：《关于加快推进康复医疗工作发展的意见》，2021年6月8日。
④ 中国残联、教育部、民政部、人力资源社会保障部、国家卫生健康委、国家医保局：《"十四五"残疾人康复服务实施方案》，2021年8月16日。
⑤ 国家卫生健康委、国家发展改革委、民政部、财政部、住房城乡建设部、应急管理部、国家医保局、国家中医药局、中国残联：《关于开展社区医养结合能力提升行动的通知》，2022年3月23日。
⑥ 国家卫生健康委、国家发展改革委、教育部、民政部、财政部、人力资源社会保障部、自然资源部、住房城乡建设部、应急管理部、市场监管总局、国家医保局：《关于进一步推进医养结合发展的指导意见》，2022年7月18日。

要》。为进一步加强、规范全国残联系统康复专业技术人员培训，培养建立一支适应新阶段残疾人康复事业高质量发展要求的康复专业技术人才队伍，2021年中国残联印发《全国残联系统康复专业技术人员规范化培训实施方案》①，要求建立由中国残联和各地残联统筹领导的规范化培训组织体系，将各级残联所属康复机构相关专业技术人员全部纳入规范化培训范围，分专业编写全国统一的规范化培训大纲，从规范化培训基地、师资队伍、培训教材等方面建立健全规范化培训技术支撑体系。以这一实施方案为指导，中国残联又在2021年连续推出3项有关健全规范化培训技术支撑体系的政策，明确了培训遴选的工作目标、原则、范围、条件、程序、监督管理等方面的具体实施细则。面向社会遴选了第一批全国残联系统康复专业技术人员国家级规范化培训基地，专业人员规范化培训基地的建设逐步完善。2022年编写全国残联系统康复专业技术人员规范化培训大纲23册，全年完成1.7万名康复专业技术人员的规范化培训。

专业化技术得到进一步重视。2017年，中国残疾人康复协会举办了首届"残疾预防及康复科学技术奖"评选活动，通过对科研项目和科研工作者的表彰，极大地提升了残疾人康复科研工作者的工作积极性，对残疾预防和康复专业化技术创新起到了重要的推动作用。"十四五"以来，多地残联积极探索运用"互联网+"开展残疾人辅助器具网上采购，加强残疾人康复信息化建设。2021年中国残联办公厅出台《关于推进"互联网+"辅助器具服务工作的通知》②，明确各地残联要主动开展辅助器具网上采购等工作，积极借鉴北京等地工作经验，立足实际制定"互联网+"辅助器具服务具体实施方案。

随着康复人才培养政策的逐步完善，残疾人康复服务人员不断增加。2011年，我国康复机构在岗人员总数仅为9.3万人，到2022年康复机构在岗人员已达到32.8万人，期间一直保持增长趋势，总体人数增长了2倍以

---

① 中国残联：《全国残联系统康复专业技术人员规范化培训实施方案》，2021年4月21日。
② 中国残联办公厅：《关于推进"互联网+"辅助器具服务工作的通知》，2021年4月19日。

上（见图2）。2018年，全国开设康复专业的中等、高等职业技术学校和普通本专科院校已逾600所，毕业生人数近3万人。① 各类别的残疾康复专业服务人员也储备充足，2022年，肢体残疾、精神残疾以及智力残疾康复在岗人员数量位居前三，分别有9.8万人、7.1万人以及6.1万人；另外，孤独症儿童、视力残疾、听力言语残疾以及辅助器具残疾康复在岗人员分别有4.7万人、2万人、1.7万人以及1.2万人。相比2018年，肢体残疾、智力残疾、孤独症儿童和辅助器具残疾康复在岗人员数量有较大增长（见表1）。

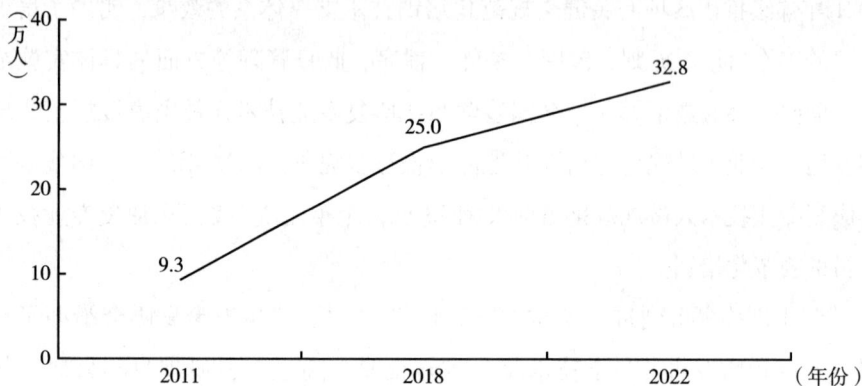

图2 不同年份康复机构在岗人员总数变化趋势

资料来源：《中国残疾人事业统计年鉴》（2012）、《中国残疾人事业统计年鉴》（2019）、《中国残疾人事业统计年鉴》（2023）。

表1 2018年、2022年各类残疾康复在岗人员总数

单位：万人

年份	肢体残疾康复在岗人员	智力残疾康复在岗人员	精神残疾康复在岗人员	视力残疾康复在岗人员	听力言语残疾康复在岗人员	孤独症儿童康复在岗人员	辅助器具残疾康复在岗人员
2018	7.0	3.9	7.2	2.1	1.6	2.2	0.8
2022	9.8	6.1	7.1	2.0	1.7	4.7	1.2

资料来源：《中国残疾人事业统计年鉴》（2019）、《中国残疾人事业统计年鉴》（2023）。

---

① 《平等、参与、共享：新中国残疾人权益保障70年》，凤凰新闻网，2019年7月25日，https://ishare.ifeng.com/c/s/7oap7c18xBQ。

4. 残疾预防与康复事业的多样化建设

我国残疾预防与康复事业得到快速发展，康复服务也从原先单一的项目转变为多样化的服务体系，包括机构康复、社区康复、家庭康复、辅助器具康复和无障碍环境建设。

康复机构成为旨在为残疾人提供康复服务的公益性事业单位或社会组织。[1] 为指导各地做好康复机构业务规范建设评估，2022 年中国残联办公厅出台了《关于印发〈残联系统康复机构业务规范建设评估指南（试行）〉的通知》[2]，制定残疾人康复机构业务规范建设评估指南和细则，主要包括综合管理、服务能力、服务提供、可持续发展能力、社会责任等 5 个方面共 16 项关键指标和 40 个评估要点，以评促建，促进康复机构内涵建设。近年来，康复机构总量不断增多，截至 2022 年底，全国有残疾人康复机构 11661 个，相比 2018 年的 9036 个增长近 30%。各类别康复机构数量均较为可观，满足了不同类别残疾人的康复需求。

社区康复立足社区，帮助所有残疾人享有康复服务，实现机会平等、全面参与的目标。2022 年，1003 个市辖区、1622 个县（市）开展社区康复服务。社区康复协调员数量从 2008 年的 13.4 万人增长到 2022 年的 48 万余人，增长超过 2 倍。社区康复由点到面、由城市到农村、由抽象的医疗康复到具体的综合性康复服务，正逐步走向成熟与完善。[3]

家庭康复以家庭为依托对残疾人进行康复训练，在专业人员的指导下由家属对残疾人实施康复训练。[4] 2017 年，中国残联康复部提出开展家庭医生签约服务，推进残疾人精准康复服务，解决基层康复力量不足

---

[1] 凌亢、白先春等：《中国残疾人事业发展报告（2006—2015）》，中国统计出版社，2017，第 13 页。

[2] 中国残联办公厅：《关于印发〈残联系统康复机构业务规范建设评估指南（试行）〉的通知》，2022 年 6 月 15 日。

[3] 凌亢、白先春等：《中国残疾人事业发展报告（2006—2015）》，中国统计出版社，2017，第 43 页。

[4] 凌亢、白先春等：《中国残疾人事业发展报告（2006—2015）》，中国统计出版社，2017，第 26 页。

的问题。① 2018 年国家卫生健康委基层卫生司、中国残联康复部发布
《残疾人家庭医生签约服务指导手册》②，这是我国首份开展残疾人家庭
医生签约服务的指导性文件。2022 年国家卫生健康委等部门出台《关于
推进家庭医生签约服务高质量发展的指导意见》③，提出积极增加家庭医
生签约服务供给，扩大签约服务覆盖面，突出全方位全周期健康管理服
务，确保发挥签约服务政策效力，并明确残疾人作为重点人群签约服务
覆盖率要在 2035 年超过 85%。

根据《康复辅助器具分类和术语》④，康复辅助器具是残疾人使用的，
对身体功能和活动起到保护、支撑、训练、测量或替代作用的产品，是残疾
人自理生活的依靠。2016 年，国务院出台《关于加快发展康复辅助器具产
业的若干意见》⑤，指出要增强辅助器具产业的自主创新能力，促进产业优
化升级。在政策的带动下，康复辅具快速普及，2017 年残疾人辅助器具适
配率为 49.4%，2020 年已超过 80%。目前，残联系统辅助器具供应服务机
构已遍布全国，形成了"省—市—县"三级辅助器具服务网络，促进了更
多的残疾人接受辅助器具服务。

无障碍环境建设作为残疾预防与康复的重要措施，在《无障碍环境建
设条例》（2012 年）和《中华人民共和国无障碍环境建设法》（2023 年）
的制度保障下，为改善民生服务提供有力支撑。

更精准地为残疾人提供形式多样、质优价廉的康复服务能够更好地满足
残疾人的康复需求，下一步要积极推动不同形式康复服务的衔接融合，持续
提升残疾人的获得感、幸福感、安全感。

---

① 郑功成主编《残疾人事业蓝皮书：中国残疾人事业研究报告（2018）》，社会科学文献出
版社，2018，第 60 页。
② 国家卫生健康委员会基层卫生司、中国残联康复部共同委托中国医师协会组织编写《残疾
人家庭医生签约服务指导手册》，2018 年 8 月 27 日。
③ 国家卫生健康委、财政部、人力资源社会保障部、国家医保局、国家中医药局、国家疾控
局：《关于推进家庭医生签约服务高质量发展的指导意见》，2022 年 3 月 3 日。
④ 国家质量监督检验检疫总局、国家标准化管理委员会：《康复辅助器具分类和术语》，2016
年 4 月 25 日发布并实施。
⑤ 国务院：《关于加快发展康复辅助器具产业的若干意见》，2016 年 10 月 27 日。

（二）残疾人医疗康复救助和服务事业发展

1. 康复需求

2006 年第二次全国残疾人抽样调查数据显示，医疗服务与救助为残疾人首要康复需求，超过 70% 的残疾人需要该服务。约 75% 的听力残疾人、约 40% 的多重残疾人、约 35% 的肢体残疾人和约 25% 的视力残疾人有辅助器具需求。言语、智力和肢体残疾人中对康复训练与服务有需求的占比较高，均超过四成（见表 2）。

表 2　2006 年不同类别残疾人中有各类康复需求的占比

单位：%

康复需求	视力残疾人占比	听力残疾人占比	言语残疾人占比	肢体残疾人占比	智力残疾人占比	精神残疾人占比	多重残疾人占比
医疗服务与救助	86.52	65.76	61.77	71.74	56.26	90.25	72.38
辅助器具	25.57	75.05	10.52	34.33	2.83	1.24	38.12
康复训练与服务	13.87	11.94	51.42	40.36	42.83	26.81	32.97

资料来源：2006 年第二次全国残疾人抽样调查数据分析资料，统计口径均包含持证和未持证残疾人。

2022 年，持证残疾人康复服务需求中过半数为支持性服务需求（含康复护理、康复知识培训、专业化心理服务），康复服务需求还包括康复训练需求和辅助器具的配备与相关服务需求。

2. 基本康复服务

2016 年 10 月，中共中央、国务院发布《"健康中国 2030"规划纲要》，提出"将残疾人康复纳入基本公共服务，实施精准康复，为城乡贫困残疾人、重度残疾人提供基本康复服务"[①]。

2019 年，中国残联、民政部等四部门联合出台《残疾人基本康复服务

[①]　中共中央、国务院：《"健康中国 2030"规划纲要》，2016 年 10 月 25 日。

目录（2019 年版）》①（以下简称《目录》）。《目录》针对不同年龄段以及不同残疾类别的残疾人确定了相应的基本康复服务，包含《0~6 岁残疾儿童基本康复服务目录（2019 年版）》和《7 岁以上残疾儿童和成年残疾人基本康复服务目录（2019 年版）》，其中包括康复医疗、康复训练、辅助器具、支持性服务等全面综合的服务项目。在《目录》的基础上，各地根据当地的情况发布了相应的基本康复目录，例如，北京市残联发布的《北京市残疾人基本康复目录（2021 年）》在明确康复服务项目的基础上，还规定了相应的补贴时间、标准和周期。

表 3 展示了 2018~2022 年不同类别残疾人中接受康复服务的人数。2018~2020 年，每年接受康复服务的人数均超过 1000 万人，残疾人康复服务业蓬勃发展。2022 年，有 856.7 万未持证残疾儿童及持证残疾人得到基本康复服务，其中 0~17 岁未持证残疾儿童有 21.7 万人，残疾人基本康复服务覆盖率在 85%以上。

表 3　2018~2022 年不同类别残疾人接受康复服务情况

单位：万人

残疾类别	2018 年	2019 年	2020 年	2021 年	2022 年
视力残疾	120.5	112.2	114.6	78.4	75.5
听力残疾	66.1	73.1	81.6	65.1	67.4
言语残疾	7.5	4.4	5.1	5.1	5.6
肢体残疾	592.3	553.5	542.8	407.0	414.3
智力残疾	83.8	82.3	86.4	68.8	65.6
精神残疾	150.8	161.5	178.4	157.6	157.0
多重残疾	48.2	46.8	54.7	49.8	49.7
0~17 岁未持证残疾儿童	—	—	—	—	21.7
接受康复服务总数	1074.7	1043.0	1077.7	850.8	856.7

资料来源：根据《残疾人事业发展统计公报》（2018~2022 年）整理得出，未特别说明的，统计口径均为持证残疾人。

---

① 中国残联、民政部、国家卫生健康委、国务院扶贫办：《残疾人基本康复服务目录（2019 年版）》，2019 年 7 月 15 日。

不同类别持证残疾人得到康复服务的比例存在差异。2018~2022年，得到康复服务的持证残疾人比例最高的是肢体残疾人，超过了50%；其次是精神残疾人和视力残疾人，分别约占15%和10%；而听力残疾人和多重残疾人的占比均约为0.05%，说明目前的康复服务更好地满足了肢体残疾人、精神残疾人和视力残疾人的康复需求，提供给听力残疾人和多重残疾人的康复服务尚不充分。目前我国残疾人康复事业仍处于起步阶段，康复服务以医疗康复为主，心理康复、教育康复、职业康复等较高层次的康复服务需求尚未得到满足。[1]

3.康复服务与利用

2006年第二次全国残疾人抽样调查数据显示，各类别残疾人对康复服务的利用率均较低，超过40%的残疾人未曾接受过任何康复服务。在接受过康复服务的残疾人中，各类别残疾人接受过无障碍设施、信息无障碍服务的比例均低于2%，说明无障碍设施的建设需求紧迫。接受过医疗服务与救助、康复训练与服务、贫困残疾人救助与扶持的残疾人比例相对较高。但是，由于需求不同，不同类别的残疾人曾接受过的康复服务存在较大差异。相比其他类别残疾人，肢体残疾人和精神残疾人接受医疗服务与救助的比例最高，肢体残疾人相比其他类别残疾人接受辅助器具类康复服务和康复训练与服务的比例更高（见表4），这两类康复服务能有效改善肢体残疾人的身体活动能力。

表4 2006年不同类别残疾人中曾接受过各类康复服务的占比

单位：%

康复服务	视力残疾人占比	听力残疾人占比	言语残疾人占比	肢体残疾人占比	智力残疾人占比	精神残疾人占比	多重残疾人占比
医疗服务与救助	37.58	23.34	26.7	46.31	21.55	47.13	34.26
辅助器具	7.63	6.87	2.45	11.14	1.11	0.81	6.78
康复训练与服务	4.59	2.68	10.32	15.11	7.78	8.03	8.93

资料来源：第二次全国残疾人抽样调查数据分析资料，统计口径均包含持证和未持证残疾人。

---

[1] 孙树菡、毛艾琳：《我国残疾人康复需求与供给研究》，《湖南师范大学社会科学学报》2009年第1期，第5~11页。

2021~2022年，全国残疾人基本康复服务覆盖率稳定在85%以上。以各类有相应需求的持证残疾人为分母来计算，2022年各类持证残疾人过去一年内接受过康复服务的比例较2006年有了大幅提升。

我国残疾人接受康复服务形式主要是机构康复（47.76%）和社区家庭服务（46.26%），延伸服务形式（5.98%）占的比例较小。[①] 2022年，接受辅助器具适配服务的残疾人有164.8万余人，残疾人康复设施建设累计已竣工项目2263个，建设面积达611万平方米，总投资超过203.9万元，使残疾人拥有了更多可利用的康复设施。

4. 主要康复项目及进展

我国从1988年开始开展一系列康复项目。1988年8月，为贯彻《中国残疾人事业五年工作纲要（1988年—1992年）》的要求，中国残联确定了三项抢救性康复工程，包括白内障复明、小儿麻痹后遗症矫治以及聋儿听力语言训练。这是我国第一个残疾人专项康复项目，得到了中央财政的大力支持。[②] 随着小儿麻痹后遗症矫治需求者数量减少，工作重点转向白内障复明、低视力康复和聋儿语训三项康复工程。[③]

从"八五"到"十四五"，陆续增加了为贫困残疾人适配辅助器具、防盲治盲、防聋治聋等重点康复项目，形成了一系列具有深远社会效益的康复项目品牌，如"白内障复明""启聪行动""社区培育""七彩梦"等，已有4000多万残疾人从康复项目中受益。[④] "十四五"期间出台的《"十四五"残疾人保障和发展规划》指出要继续开展残疾儿童康复救助项目、残疾人互助康复项目，对特殊残疾人也提供相应的康复项目，如针对特困残疾人和残疾孤儿实施"福康工程"等。康复工作内容从最初的三项抢救性康

---

① 邱卓英、李欣、李沁燚等：《中国残疾人康复需求与发展研究》，《中国康复理论与实践》2017年第8期，第869~874页。

② 陶慧芬、江传曾、唐利娟：《中国特色残疾人康复事业发展道路探析》，《残疾人研究》2018年第2期，第21~29页。

③ 白宽犁：《残疾治理：残疾人事业创新与发展研究》，中国社会科学出版社，2021，第104页。

④ 陶慧芬、江传曾、唐利娟：《中国特色残疾人康复事业发展道路探析》，《残疾人研究》2018年第2期，第21~29页。

复工程逐步发展为涵盖多学科领域、满足各类别残疾人需求、预防和康复并重的服务体系。[①]

2012 年，在《中国残疾人事业"十二五"发展纲要》的指导下，中国残联发布《残疾人事业专项彩票公益金康复项目实施方案》，由中央财政安排专项彩票公益金，各省（自治区、直辖市）制定适合本地的相关政策，使"残疾人事业专项彩票公益金康复项目"切实落地。该项目旨在为不同类别残疾人，尤其是贫困残疾人提供一定的康复服务。具体措施包括针对贫困精神病患者展开医疗救助、为贫困听力残疾人免费提供助听器、为智力残疾儿童提供康复救助、为贫困残疾人配发和适配辅助器具等。

根据《中国残疾人联合会 2022 年度中央专项彩票公益金使用情况报告》，2022 年中央专项彩票公益金通过转移支付项目为残疾预防与康复服务提供补助资金 23 万元，共为 14.73 万名 0~6 岁听力、肢体、智力残疾及孤独症儿童提供人工耳蜗及助听器验配、肢体矫治手术、功能训练等服务，为 2421 名低龄听力、肢体等残疾儿童提供以家庭为中心的早期干预康复服务。同时，公益金还支持 36.29 万名困难重度残疾人家庭实施无障碍改造，为 13.71 万名困难智力、精神和重度残疾人残疾评定提供补贴，为 327 个残疾人康复和托养机构配置康复和托养训练设备。[②]

残疾人事业专项彩票公益金的投入不仅为残疾人康复服务提供了强有力的资金支持，促使康复事业持续向好发展，还能帮助更多的贫困残疾人接受康复服务，有利于实现残疾人"人人享有康复服务"的目标。

（三）新时代我国残疾预防事业发展

1. 新时代残疾预防事业主要政策进展

我国政府高度重视残疾预防工作，将残疾预防纳入国家发展战略与规

---

① 《平等、参与、共享：新中国残疾人权益保障 70 年》，凤凰新闻网，2019 年 7 月 25 日，https://ishare.ifeng.com/c/s/7oap7c18xBQ。

② 《中国残疾人联合会 2022 年度中央专项彩票公益金使用情况报告》，2023 年 10 月 7 日，https://www.cdpf.org.cn/docs/2023-10/d0072f720aaa4ef0894eb33770c366fe.pdf。

划，并制定了一系列的法律法规和规章制度。党的十八大以来，残疾问题得到进一步的重视，残疾预防政策逐步完善成熟。

2016年，为贯彻落实"十三五"时期的总体规划要求，国务院出台了《国家残疾预防行动计划（2016—2020年）》①［以下简称《行动计划（2016—2020年）》］，明确"十三五"时期要使残疾预防工作体系和防控网络更加完善、全社会残疾预防意识与能力显著增强，并从控制出生缺陷和发育障碍致残、防控疾病致残、减少伤害致残、改善康复服务等方面入手制订了后续行动方案。北京、陕西、江西等25个省（区、市）积极贯彻落实《行动计划（2016—2020年）》，因地制宜出台了本地实施方案。②

党的十八大以来，中国特色社会主义进入了新时代；党的十九大以来，我国社会的主要矛盾发生转变。2021年底，为顺应时代发展的要求以及贯彻落实"十四五"时期总体规划的要求，国务院对残疾预防工作做出了新的规划，并发布《国家残疾预防行动计划（2021—2025年）》③［以下简称《行动计划（2021—2025年）》］。

《行动计划（2021—2025年）》肯定了"十三五"期间残疾预防工作取得的显著成效，并进一步提高了残疾预防的相关工作目标，增加了"重点人群残疾预防知识普及率"等指标。其指出，到2025年要实现残疾预防政策体系进一步完善，能够覆盖经济社会发展各领域，全人群、全生命周期的残疾预防服务网络更加健全，全民残疾预防素养显著提高，残疾预防主要指标达到中高收入国家前列水平的目标。

在中央统筹规划的基础上，中国残联制定了落实政策。2021年12月22日，中国残联进一步出台《关于贯彻落实〈国家残疾预防行动计划（2021—2025年）〉的通知》，对各地残联的工作做出部署，要求各地残联提高对残疾预防的认识，结合各地实际情况制订相应的残疾预防行动计

① 国务院办公厅：《国家残疾预防行动计划（2016—2020年）》，2016年9月6日。
② 郑功成主编《残疾人事业蓝皮书：中国残疾人事业研究报告（2018）》，社会科学文献出版社，2018，第57页。
③ 国务院办公厅：《国家残疾预防行动计划（2021—2025年）》，2022年1月5日。

划，并做好组织协调工作，同时要不断利用全国残疾预防日等节点，加强残疾预防宣传。

为落实《行动计划（2021—2025 年）》，国务院在全国范围内选取部分地区进行残疾预防的试点工作。2022 年 8 月 18 日，国务院残工委办公室发布《关于确定全国残疾预防重点联系地区的通知》，遴选确定浙江省、北京市西城区等 11 个地区为全国残疾预防重点联系地区，强调重点联系地区要率先高质量完成行动计划任务目标，形成残疾预防的可复制、可推广的成果和经验。

除对残疾预防工作做出整体战略规划之外，在其他政策文件中也有残疾预防的相关内容。例如 2018 年修订的《中华人民共和国职业病防治法》明确了预防、控制和消除职业病危害的法律责任。2022 年，国务院先后出台了《"十四五"国民健康规划》《关于儿童健康促进工作情况的报告》，其中也要求贯彻实施《行动计划（2021—2025 年）》中的相关内容。这说明我国对残疾预防工作十分重视，并在社会发展的各个领域对其做出了全局性的部署。

2. 残疾预防事业主要措施与成果

根据 1987 年和 2006 年两次全国残疾人抽样调查数据初步估算，经过我国多年来在残疾预防方面所做的努力，1987~2006 年，我国已至少减少了 1500 万残疾人的出现，残疾预防取得显著成效。[①] 经过多年残疾预防经验的积累，我国已初步建立了配套的"三级预防体系"。

（1）一级预防体系与成果

加强残疾预防宣传教育，增强预防意识。2017 年 6 月，国务院批准每年的 8 月 25 日为全国残疾预防日，此后每年在中央宣传部、中国残联等多个部门的联动下开展全国残疾预防日宣传教育活动，提高公民对残疾预防的重视程度。同时，卫生行政、交通、文旅等各部门要配合加强宣教，出台相应政策，利用全国爱耳日、全国爱眼日、全国消防日、全国交通安全日等重

[①] 崔斌、陈功、郑晓瑛：《中国残疾预防的转折机会和预期分析》，《人口与发展》2012 年第1 期，第 74~82 页。

要节点，开展多样化的残疾人文化活动和主题宣传。此外，要加强面向残疾高发地区和人群的残疾预防宣传工作。《行动计划（2021—2025年）》也首次对残疾预防知识普及行动做出规划，按照规划要求，2022年中国残联编写并发布《残疾预防核心知识（2022版）》，建设残疾预防科普知识资源库。计划到2025年，残疾预防知识普及率在80%以上。

提倡优生优育，预防出生缺陷和发育障碍。2021年，《中国儿童发展纲要（2021—2030年）》①指出，要通过加强出生缺陷综合防治进一步降低新生儿、婴儿和5岁以下儿童死亡率。2023年8月，为进一步完善出生缺陷防治网络，提升出生缺陷防治能力，促进出生缺陷防治工作高质量发展，更好地满足群众健康孕育的需求，国家卫生健康委办公厅印发《出生缺陷防治能力提升计划（2023—2027年）》②，通过构建和完善出生缺陷防治体系，进一步提高出生缺陷综合防治能力。

加强传染病防控，继续实施国民免疫规划疫苗管理和预防接种。我国1982年开始施行计划免疫，扩大儿童计划免疫覆盖面。实行计划免疫后的9年（1982~1990年）相比实行计划免疫前的9年，我国有致残作用的四种传染性疾病，即脊髓灰质炎、麻疹、白喉、百日咳的年平均患病人数减少了323万例。③目前，一些致残性传染病已经得到控制或消除，小儿麻痹症已基本被消灭，四种致残性传染病的发生率大幅下降，从而降低了这些疾病所导致的残疾在儿童中的发生率。④

（2）二级预防体系与成果

推广健康生活方式，防控慢性病致残。具体措施包括全民健身行动，规范管理高血压、糖尿病等慢性病患者，针对脑卒中等高危患病人群开展持续筛查与干预，加强防盲治盲、防聋治聋。截至2020年，我国高血压患者基

---

① 国务院：《中国儿童发展纲要（2021—2030年）》，2021年9月8日。
② 国家卫生健康委办公厅：《出生缺陷防治能力提升计划（2023—2027年）》，2023年8月26日。
③ 卓大宏主编《中国残疾预防学》，华夏出版社，1998，第28页。
④ 郑晓瑛、程凯主编《中国残疾预防对策研究》，北京大学出版社，2015，第70页。

层规范管理服务率和 2 型糖尿病患者基层规范管理服务率均在 60% 以上，每百万人中有 2000 多人接受过白内障复明手术。①

加强重大地方病监测，防控地方病致残。《健康中国行动（2019—2030年）》② 提出"到 2030 年，地方病不再成为危害人民健康的重点问题"的目标。2018~2020 年，国家十部门联合开展为期三年的地方病防治专项行动，通过改善病区群众生活条件，共同推进落实食盐加碘、防病改水、低氟砖茶、改炉改灶等防治措施，控制和消除地方病风险。③《行动计划（2021—2025 年）》指出，各地要根据本地区主要地方病状况"实行重点地方病监测全覆盖，持续消除碘缺乏病、大骨节病、氟骨症等重大地方病致残"。截至 2021 年底，全国 2799 个碘缺乏病县、379 个大骨节病病区县、330 个克山病病区县、171 个燃煤污染型氟中毒病区县、12 个燃煤污染型砷中毒病区县、122 个饮水型砷中毒病区县或高砷区县均达到控制或消除标准，达标率均为 100%。④ 为巩固防治成果、持续落实地方病综合防治措施，2023 年 4月 3 日，国家疾控局、中国残联等十七部门发布《全国地方病防治巩固提升行动方案（2023—2025 年）》⑤，对 2023~2025 年全国地方病防治做出谋划指导，结合地方病防治三年攻坚行动成果及当前不同病种的防治状况，提出到 2025 年底针对地方病的防治目标。

提高心理健康服务水平，防治社会心理和精神疾病。心理健康的二级预防重点为社会心理健康服务体系的构建，其强调重点人群心理健康服务、社会工作服务和个体危机干预，尤其重点关注受突发公共事件影响的群体心理健康支持性服务的供给。截至 2023 年 7 月底，我国共设有 2300 多个精神障

---

① 国务院办公厅：《国家残疾预防行动计划（2021—2025 年）》，2022 年 1 月 5 日。

② 《健康中国行动（2019—2030 年）》，2019 年 7 月 9 日。

③ 白剑峰：《我国地方病防治取得历史性突破》，《人民日报》2022 年 9 月 19 日。

④ 《做好"防""控""治"——十年来我国地方病防治取得历史性成效》，中国政府网，2022 年 9 月 16 日，https://www.gov.cn/xinwen/2022-09/16/content_ 5710329. htm。

⑤ 国家疾控局、国家发展改革委、教育部、科技部、工业和信息化部、国家民委、民政部、财政部、水利部、农业农村部、商务部、国家卫生健康委、市场监管总局、国家林草局、国家乡村振兴局、中国残联、供销合作总社：《关于印发全国地方病防治巩固提升行动方案（2023—2025 年）的通知》，2023 年 4 月 3 日。

碍患者社区康复服务机构，登记在册的严重精神障碍患者中，超过90%的患者接受了规范管理。①

保证工作环境安全，防控职业病致残。为预防、控制和消除职业病危害，2018年国家修订了《中华人民共和国职业病防治法》②，进一步保护了劳动者的健康和相关权益。《行动计划（2021—2025年）》提出，要加强职业健康监管体系建设，落实防尘、防毒、防噪声、防辐射等重点措施，加强重点人群劳动保护，加强严重致残职业病患者救治。2020年，90%以上接触职业病危害的劳动者在岗期间接受过职业健康检查，当前职业病预防行动已初见成效。

减少意外事故，防控伤害致残。根据《行动计划（2021—2025年）》的要求，要全面加强伤害致残防控工作，包括加强安全生产和消防安全监督管理，加强道路交通运输安全管理，加强儿童伤害和老年人跌倒致残防控，增强防灾减灾能力，加强农产品和食品药品安全监管，保障饮用水安全和加强空气、噪声污染治理。2020年，生产安全事故发生起数比2016年下降10%以上，声环境功能区夜间达标率达到80.1%。2022年，全国生产安全事故发生起数同比下降24%。计划到2025年，生产安全事故发生起数比2020年下降10%以上，声环境功能区夜间达标率进一步提高，达到85%左右。③

（3）三级预防体系与成果

三级预防是采取康复功能训练、辅助器具使用等积极措施避免残疾向残障发展。我国三级预防的实践通常与康复事业相结合。"十三五"期间，康

---

① 《关心关爱精神障碍人员，为期三年的"精康融合行动"实施得怎么样》，腾讯网，2023年8月23日，https：//view.inews.qq.com/k/20230823A09PHF00? no-redirect=1&web_channel=wap&openApp=false。

② 《中华人民共和国职业病防治法》，根据2018年12月29日第十三届全国人民代表大会常务委员会第七次会议《关于修改〈中华人民共和国劳动法〉等七部法律的决定》修正。

③ 《增强全社会残疾预防意识 第七个残疾预防日新闻发布会在京召开》，"人民资讯"百家号，2023年8月24日，https：//baijiahao.baidu.com/s? id=1775084736208136113&wfr=spider&for=pc。

复事业取得了重大进展。截至 2020 年，65 岁以上失能老人健康服务率、残疾人基本康复服务覆盖率以及辅助器具适配率均超过 80%，大部分残疾人的基本康复服务需求得到满足。《"十四五"残疾人保障和发展规划》强调，进一步提升残疾人康复服务质量，继续实施精准康复服务行动，广泛开展精神障碍社区康复，健全三级康复医疗服务体系。针对精神障碍残疾人，民政部、中国残联等部门于 2022 年联合发布《关于开展"精康融合行动"的通知》①，计划用三年时间建立健全精神障碍社区康复服务体系，基本做到布局合理、服务主体多元、形式方法多样、转诊流程顺畅、管理机制规范。我国计划到 2025 年，每 10 万人中康复医师数量达到 8 人，超过 80% 的 65 岁以上失能老人能得到健康服务，80% 以上的县（市、区、旗）开展精神障碍社区康复服务，社区居家患者接受社区康复服务的比例达到 60%，残疾人基本康复服务覆盖率和辅助器具适配率均超过 80%，公共建筑无障碍设施建设率达到 100%。②

（四）残疾预防与康复事业面临的主要问题及改革建议

1. 主要问题

我国残疾预防和康复事业尽管已取得了巨大的成就，不断向着制度化、组织化、专业化和多样化方向发展，但由于我国残疾问题的特殊性、复杂性和重要性，仍面临以下几个方面的问题。

（1）全社会残疾预防意识有待增强

残疾预防是残疾防控的第一步，也是十分重要的残疾防控环节。利用现有科学技术，残疾是可以预防和控制的，至少 50% 的残疾可以得到控制或延迟发生。③长期以来，我国重视残疾人的康复工作，但残疾康复通常是在残疾发生后采取积极措施限制残疾恶化，具有一定的被动应急性。政府部门

---

① 民政部、财政部、国家卫生健康委、中国残联：《关于开展"精康融合行动"的通知》，2022 年 12 月 29 日。

② 国务院办公厅：《国家残疾预防行动计划（2021—2025 年）》，2022 年 1 月 5 日。

③ 郑晓瑛、程凯主编《中国残疾预防对策研究》，北京大学出版社，2015，第 96 页。

对残疾预防相关知识宣传教育的重视程度大大提高，但在社会层面的宣传教育力度和效果仍显不足，在《行动计划（2021—2025年）》中才首次将残疾预防知识普及行动纳入五年规划。目前大众对残疾预防的认识还不够全面，因此，需在政府部门联动部署下，通过传统媒体和新媒体利用多种形式增强全社会残疾预防意识。

（2）残疾预防与康复工作机制尚需完善

残疾预防与康复涉及多专业、多领域，需要各地各级政府、残联组织等加强协作，共同推进相关工作。但是目前的工作机制存在职责不清、缺少联动等问题。上级政府对残疾人政策落地缺乏强有力的监督，残疾人政策的可持续性受到挑战。基层残联治理能力仍有较大的优化和提升空间，还需因地制宜充分发挥组织和协调的作用。

（3）康复服务供给与需求尚有差距

由于我国残疾人数量庞大，未得到康复服务的持证残疾人和康复服务需求满足程度底数不清，非持证残疾人绝对规模庞大，需要进一步摸清目前康复服务供给与需求之间的缺口。随着老龄化程度不断加深，老年残疾人会进一步增多，康复服务需求会持续扩大，届时康复服务的供给压力将会更大。

（4）康复资源可及性有待提高

康复资源虽然正在加速供给，但可及性仍然有所欠缺，主要有以下两方面原因：一是康复资源的空间分布不均衡，康复资源主要集中在城市地区以及经济发达的东部地区，但在农村地区和欠发达地区分布较少；二是康复资源实用性不佳，虽然现有康复机构规模大、功能全，但缺乏规范性管理，康复资源的质量无法得到保障。

（5）康复服务专业性不足

目前我国康复人才队伍存在总量不足和结构失衡的问题，基层社区或乡村中的专业人才匮乏，且多数康复机构在岗人员的康复培训周期较短，缺乏高素质的康复护理人才。另外，预防与康复科学研究机构数量有限，相关研究缺乏深度，在辅助器具开发等技术上缺乏创新性。康复服务的专业性仍需提高，以适应我国残疾人的康复需求。

2.改革建议

针对上述问题，今后我国残疾预防和康复事业需要进一步加强以下几个方面的工作。

一是加强残疾预防宣传教育。国家要对残疾预防知识普及做出整体规划；各个政府部门要认识到面向全民开展残疾预防宣传教育的重要性，积极联动其他部门结合各自特点开展宣传教育，认真落实相关规划的要求。要充分利用社交传媒、科普读物等多种渠道进行宣传教育，加强对重点人群的宣传教育，使全社会共同参与到残疾预防工作中。

二是完善残疾预防与康复工作协同机制。中央统一对残疾预防与康复工作做出整体规划和部署。构建残疾预防与康复的政策运行机制，明确各部门、地方的职责，并使其发挥各自优势，完善由残联和人社、卫生健康等部门组成的残疾预防协同机制。[①] 政府还需通过法律等手段建立对残疾人政策执行情况的监督机制，充分调动基层组织的积极性，重视政策落地的最后一个环节。

三是促进康复服务多元化供给。明确政府在康复服务中的主导地位，出台政策带动社会企业、残疾人组织等社会力量参与到康复服务中，引入社会资本，为康复服务市场注入活力，推动康复服务形式的多元化。同时，促进康复资源的整合利用，使资源得到合理配置。

四是残疾预防与康复事业的区域协调化发展。出台针对不发达地区和农村地区预防与康复事业的重点支持政策，督促各级单位协调落实。完善农村残疾预防与康复服务体系，加大对农村地区残疾人接受康复服务的社会保障力度。建立东、中、西部协作机制，促进交流与定点帮扶。加大对农村地区和不发达地区的财政支持力度。

五是康复服务规范化管理。完善康复服务规范和标准的具体条目，加强对康复服务过程的监管，提升康复服务管理水平。明确康复机构市场准入标准，保证康复服务人员资质清晰透明，进一步提高康复服务的专业性。

---

① 白宽犁：《残疾治理：残疾人事业创新与发展研究》，中国社会科学出版社，2021，第17页。

六是重视康复人才的培养。出台人才培养与交流的具体政策，重点加强基层地区康复人才的政策支持，建立人才交流渠道。加快建设高起点、高水平、国际化的康复大学，加快培养一批高素质且专业化的康复人才。不断完善康复人才职称评定办法，制定人才激励政策。

七是加强残疾预防与康复技术创新。加强残疾预防的先进技术研发，提高新生儿疾病筛查、传染病防控、慢性病防控、地方病防控等方面的技术水平。加强康复学科建设和科学技术研究，提高康复医疗与训练的专业化水平。促进辅助器具的产品创新。出台技术专利等激励制度，同时为技术创新提供一定的资金支持。

三　中国残疾预防与康复事业发展前景

（一）残疾预防与康复事业组织保障体系化发展

经过努力，我国残疾预防与康复事业的组织保障建立并逐步完善。随着组织保障的体系化发展，我国残疾预防与康复工作快速推进，与国际先进理念与技术接轨，取得了一系列卓越成果，大大提升了残疾人的生活质量，保障了残疾人平等参与社会生活的权利，充分发扬了人道主义精神。

在制度建设方面，下一步要完善残疾预防与康复的法律体系，针对高致残率疾病、高风险人群制定相应的法律法规，将残疾预防与康复理念纳入卫生、文化、教育等多领域的法律法规制定中，从全方位、高站位、多角度进行法制建设。同时，要不断完善制度建设，围绕残疾预防与康复的顶层设计，各级政府根据地区的情况制定配套政策，明确各级、各部门政府责任，加强对政策落地的监督与考核。在社会保障上，不断扩大纳入社会保障体系的康复服务的范围，着重加大对残疾儿童、重度残疾人等特定重点人群的保障力度，使残疾人可以无后顾之忧地接受康复服务。

在组织建设方面，未来要充分发挥残联等残疾人组织在残疾预防与康复工作中的协调作用，使相关工作可以顺利推进，并使其在政策制定时代表残疾人充分表达意见与需求。重点加强基层残联的建设，提高基层残联的治理能力，进一步提升残疾康复服务的可及性。

（二）由残疾康复向残疾预防与康复发展

随着残疾人事业的国际化，残疾预防理念逐渐得到重视，当前我国残疾预防工作已初步取得成效。未来我国将进一步确立相关政策法规并出台五年发展规划，残疾预防事业的发展脉络逐步清晰。

为了进一步完善残疾预防事业，保障全民健康，还需继续完善我国分级预防体系。一级预防是三级预防体系中最重要的一环，政府、社会组织等各方要格外重视，做好全民残疾预防宣传教育工作和优生优育工作。二级预防中要有组织地开展残疾防控工作，致力于减少传染病、职业病、慢性病、心理疾病、精神病、意外伤害等致残因素所造成的负面影响。同时，三级预防工作中要不断提高残疾人基本康复服务的接受率和辅助器具适配率，满足残疾人的康复需求。另外，对不同生命周期的残疾预防工作做出针对性规划，尤其是未来我国老龄化程度将进一步加深，要重点预防老年群体的主要致残因素，降低老年人因病致残的发生率。推进大数据技术在残疾预防工作中的应用，通过先进技术加强对致残因素的数据监测、动态更新、信息化管理等，提高残疾预防的专业性。

在残疾预防规划作为顶层设计的统一指导下，各级政府部门因地制宜制定实施细则，社会大众积极配合并监督落实，共同打造健康的社会环境，减少残疾的发生与次生影响，提高人民的生活质量，推动健康中国的建设。

（三）由补救式康复向综合性康复转变

改革开放初期，由于残疾人健康救济的需求较为迫切，相关措施以补救式康复为主，如1988年确定的抢救性康复工程。现阶段，残疾人康复事业不断进行多元化建设，包含机构康复、社区康复、家庭康复等多种康复资源，康复服务的可及性和专业性不断提高，城乡间康复服务能力的差距也在缩小，多主体、多层次、全方位的综合性康复模式逐步形成。

下一步，我国要继续做好以下四点。一是加强康复服务多元化供给，鼓励社会力量参与到康复事业的建设与发展中，保证康复事业的长久活力。二是加强康复资源协调利用，更好地满足残疾人的康复需求。充分发挥不同康复资源的优势和特点，机构康复主要提供专业性强的康复服务，社区康复和家庭康复提供需求较大但专业性不强的康复服务，做好各环节的服务衔接，促进资源的合理配置。三是提高康复服务的专业化程度，对康复服务要加强规范监管，对康复服务人员要加强专业培养。四是促进各地区康复事业的协调与合作，加大对农村地区、中西部地区的补贴力度，建立城乡、地区间联动机制，缩小地区之间的差距。

（四）无障碍环境理念的确立与发展

无障碍环境理念在我国的发展时间较短，要进一步通过新闻媒体、宣传教育、社交网络等渠道宣传无障碍环境理念，促进无障碍环境理念被全社会所接纳，推动无障碍设施的建设，保障残疾人平等参与社会生活的权利，满足残疾人对美好生活的向往。

我国无障碍环境的建设起步较晚，目前尚处于初级阶段。应根据《无障碍环境建设条例》的要求，进一步加强我国无障碍设施的建设与改造，提高无障碍信息交流的能力，增加无障碍社区服务的供给，明确规定关于无障碍环境建设措施的法律责任。加强针对重点人群的家庭无障碍环境建设，提高失能老年残疾人、贫困残疾人等特殊残疾群体的独立生活能力。同时，注重无障碍环境建设的城乡和区域协调化发展，加大对农村地区、中西部地区等经济发展落后地区的政策与资金倾斜力度，推动无障碍设施建设领域的跨区域合作。

分 报 告

B.3

中国残疾预防与康复政策
发展报告（2023~2024）

摘 要： 残疾预防与康复是残疾人事业的重要主题。近年来，我国关于残疾预防与康复的认知不断增强，相关需求也显著提升，残疾预防与康复事业蓬勃发展。本报告梳理了国际残疾预防与康复政策的发展历程，分析了我国残疾预防与康复政策的发展历程和阶段性特点，发现我国残疾预防与康复政策体系逐步完善、政策受惠面不断扩大、政策执行途径多样化、残疾预防涉及全流程和全生命周期。针对政策中存在的地区发展不均衡、政策执行部门联动不足等问题，需要从加强政策效果评估、加强相关政策制定、提供政策保障等方面进一步构建完善的残疾预防与康复政策体系。

---

* 张蕾，博士，副教授，博士生导师，北京大学人口研究所副所长，研究领域为人口、健康与可持续发展，老龄与残疾，家庭与社会政策评估；王珊珊，北京大学人口研究所社会工作专业硕士研究生，研究领域为老龄服务与管理。

关键词： 残疾预防 残疾人康复服务 政策体系建设

一 概述

（一）国际残疾预防与康复政策的发展

1. 指导性文件

残疾的预防与康复问题是国际社会始终关注的重要问题之一，国际上有关残疾预防与康复的指导性文件也十分丰富。

1982 年，联合国大会第 37 届会议通过了《关于残疾人的世界行动纲领》（以下简称《行动纲领》），其宗旨是推行残疾预防和康复的有效措施，强调了残疾人对于预防与康复服务的重要需求，并对相关措施进行了概述。[①]《行动纲领》不仅确定了残疾预防与康复问题的基础理念，也为后续的发展规划了行动蓝图。《残疾人机会均等标准规则》（以下简称《标准规则》）是 1993 年在联合国大会第 48 届会议上通过的决议，它在《行动纲领》的基础上，针对新问题提出了一些新的倡议，其中的规则 2（医疗护理）和规则 3（康复）为残疾预防与康复工作提供了重要指导。[②]

2006 年颁布的联合国《残疾人权利公约》（以下简称《公约》）强调残疾人享有的平等权利以及对残疾人的尊重，是对各缔约国具有约束力的法律文件。《公约》的第二十五条和第二十六条提出了对残疾预防与康复工作的要求，以确保残疾人能够获得相关服务。同时，《公约》也提到了对康复人才的培养和辅助器具与技术的提供。[③]

[①] 《关于残疾人的世界行动纲领》，联合国大会第 37 届会议第 37/52 号决议，1982 年 12 月 3 日，https：//www.un.org/zh/documents/treaty/A-RES-37-52。

[②] 《残疾人机会均等标准规则》，联合国大会第 48 届会议第 48/96 号决议，1993 年 12 月 20 日，https：//www.un.org/zh/documents/treaty/A-RES-48-96。

[③] 《残疾人权利公约》，联合国大会第 61 届会议第 61/106 号决议，2006 年 12 月 13 日，https：//www.un.org/zh/documents/treaty/A-RES-61-106。

《残疾，包括预防、管理和康复》这一决议由 2005 年的第 58 届世界卫生大会审议通过，主要是敦促各会员国落实《标准规则》，加强对残疾人权利与尊严的保护。决议提出了对残疾要进行早期干预和确定，敦促各国加强以社区为基础的康复规划，并将其纳入初级卫生保健系统中，为 21 世纪残疾预防与康复事业确定了发展方向。①

2012 年联合国大会第 67 届会议通过了关于全球卫生与外交政策的决议，首次提出全民健康覆盖的目标，2015 年提出的 2030 年可持续发展议程也再次强调了这一点。2019 年联合国大会第 74 届会议通过了关于全民健康覆盖问题的政治宣言，要求在预防与康复等方面满足基本的服务需求，国际残疾预防与康复事业开始强调全民性、普及化的目标。

2.政策制定与落实情况

在以上文件的基础上，为了促进残疾预防与康复相关措施的落实，世界卫生组织（以下简称"世卫组织"）出台了许多相关的政策与计划，其中影响较大的是《世界卫生组织残疾与康复行动计划（2006 年—2011 年）》和《世界卫生组织 2014—2021 年全球残疾问题行动计划：增进所有残疾人的健康》。

《世界卫生组织残疾与康复行动计划（2006 年—2011 年）》秉持相关指导性文件的理念，从多个角度规划了 5 年内世卫组织残疾预防与康复的发展目标和具体措施。在认识方面，要加强宣传，提高大众对残疾及其后果的认识；在技术与方法方面，继续促进社区康复方法在各国的推广和应用，促进辅助技术的发展与转化，加强对康复人才的培养；在政策制定方面，敦促各国制定有关残疾与康复的具体政策；同时，世卫组织倡导不同行业、不同主体之间开展协作，共同构建残疾与康复事业体系。② 从整体内容上来看，

---

① 《残疾，包括预防、管理和康复》，第 58 届世界卫生大会第 58.23 号决议，2005 年 5 月 25 日，https://apps.who.int/iris/handle/10665/24988。

② 世界卫生组织非传染性疾病与精神卫生署损伤与暴力预防部残疾与康复小组：《世界卫生组织残疾与康复行动计划（2006 年—2011 年）》，邱卓英、荀芳、张爱民译，《中国康复理论与实践》2007 年第 2 期，第 109～110 页。

康复服务问题是计划的核心，残疾的预防其中较少涉及。

2014年世卫组织通过了《世界卫生组织2014—2021年全球残疾问题行动计划：增进所有残疾人的健康》。该行动计划共有三项主要目标，其中第二项就是加强和推广康复服务，足见康复问题在残疾问题中的重要地位。在该行动计划中，世卫组织提出了更具体的目标，从政策管理、资金、人力资源、康复及预防服务的提供、辅助技术、残疾人的社会融合等方面构建了全方位的行动指导体系。在该行动计划中，世卫组织还提出了执行效果的成就指标以及政策评估方法，以对各国康复政策的实施进行审查。[①] 在该行动计划中，康复仍然是核心内容，残疾预防则融入了康复服务的具体措施。

2017年召开的"康复2030"国际大会强调，康复是适用于全人群、全生命周期的，并提出将康复服务纳入各级卫生保健[②]，这些理念对中国残疾预防与康复政策的发展也产生了一定的影响。此后，世卫组织又陆续出台了《健康服务体系中的康复》《健康服务体系中的康复：行动指南》，为"康复2030"国际大会目标的实现提出了更详细的执行措施。

3. 发展特点

（1）地域覆盖面逐步扩大

国际残疾预防与康复政策实施之初，各国对预防与康复的重要性还没有清晰认知，相关政策只在各主要发达国家得到落实。此后随着"亚太残疾人十年""非洲残疾人十年"等地区性项目的开展，残疾预防与康复政策的覆盖面也不断扩大，受益群体逐步增多。

（2）政策体系不断拓展

国际残疾预防与康复相关政策呈现从理念制定到措施落地、从单方面到多层次的发展过程。在《残疾人机会均等标准规则》《残疾人权利公约》这两个核心文件的基础上，建立起了一整套包括理论指导、行动目标、实施指

---

① 世界卫生组织：《世界卫生组织2014—2021年全球残疾问题行动计划：增进所有残疾人的健康》，《中国康复理论与实践》2014年第7期，第601~610页。

② 世界卫生组织：《康复2030：行动呼吁》，2017，https：//www.who.int/initiatives/rehabilitation-2030。

南和政策评估的残疾预防与康复政策体系，为各国相关政策和规划的制定与执行提供了依据。

（3）核心理念逐步完善

随着国际社会对残疾预防与康复事业的认识不断深入，相关政策的核心理念也不断完善。最初，将残疾预防与康复视作残疾人的重要需求，并提出要通过相关措施满足这一需求；此后，国际社会逐渐认识到残疾预防与康复服务是残疾人的重要权利，要保证所有残疾人都可以获取相关的服务；随着理念的进一步发展，残疾预防与康复逐步拓展到全人群范围，成为全民健康覆盖的重要目标之一。对残疾预防与康复服务的认识从残疾人的需求到不可忽视的权利，再到覆盖全人群的重要目标，残疾预防与康复的相关理念逐步完善。

（二）我国残疾预防与康复工作指导性文件

我国残疾预防与康复工作最核心的指导性文件是 1990 年制定、2008 年和 2018 年修改的《中华人民共和国残疾人保障法》（以下简称《残疾人保障法》），其中的第一章第十一条和第二章分别对残疾预防工作的开展和康复服务的提供做出了规定。法规对康复服务提供、康复机构建立、康复人才培养提出了各项要求，对此后康复事业的发展、康复政策的制定具有重要的指导性作用。

2017 年，我国根据《残疾人保障法》制定了《残疾预防和残疾人康复条例》，将残疾预防与康复工作相结合，并对工作的实施做出了更加详细和切实的规定，为此后一段时间我国残疾预防与康复工作的开展提供了详细的指导，我国的残疾预防与康复政策目标人群不断扩大，覆盖内容更加多元。

二 我国残疾预防与康复法律和政策发展进程

（一）起始阶段（1949~1984 年）

20 世纪 80 年代以前，我国的残疾人法律与政策发展整体上处于起始阶段，并没有对于残疾预防与康复的系统性规定。我国 1954 年颁布的宪法提到了公民享有物质帮助权，1982年宪法在此基础上更加详细地阐明了国家对残疾工作的责任和义务，是后续法律和政策出台的重要基础。

在残疾人社会工作方面，新中国成立后，国家就施行了各种措施来保障残疾人的生活、教育、就业及医疗，残疾人生活状况得到初步改善。为进一步发展残疾人事业，1984年，残疾人福利基金会成立。

整体来看，1984年及以前的残疾人法律与政策和残疾人社会工作均处于起步阶段，残疾人事业也刚刚起步，预防与康复的概念还没有得到广泛重视。

（二）初步发展阶段（1985~2007年）

1. 政策发展脉络

我国有组织、有计划、大规模的残疾预防与康复工作开始于20世纪80年代后期。1987年，我国开展了第一次全国残疾人抽样调查，对残疾人的基本状况有了清晰的了解。1988年，中国残疾人联合会成立，在中国的残疾人事业发展历程上具有里程碑的意义，中国的残疾预防与康复工作也逐步走上正轨。

1988年，《中国残疾人事业五年工作纲要（1988年—1992年）》出台，首次提出了残疾预防与康复的政策要求，并将其纳入国家规划中。在其指导下，白内障复明、小儿麻痹后遗症矫治和聋儿听力语言训练三项针对亟待解决问题的康复工作稳步开展。1990年《残疾人保障法》出台，这是我国第一部有关残疾人权利保障的专门性法律，其中提到了残疾预防工作的部署要求，并将"康复"单列为一章，这标志着我国的残疾预防和康复工作进入了法治化轨道。1991年，《中国残疾人事业"八五"计划纲要》发布，其中肯定了此前康复工作的重大成绩，对三项康复工作做出了更详细的规定。

1996年，《中国残疾人事业"九五"计划纲要》发布，其中康复服务的范围扩大，除三项康复工作之外，也开始重视肢体残疾者、智力残疾者和精神病患者的康复需求。纲要提出要完善社会化的康复服务体系，以社区和家庭为重点开展康复训练，同时也要注重辅助器具的提供。2001年，《中国残疾人事业"十五"计划纲要》颁布，"十五"计划在"九五"计划康复任务的基础上，强调了加强社区康复工作的具体措施，以及建立社区、家庭、医疗机构等主体相结合的康复训练服务网络。此外，"十五"计划也单独强调了对残疾的预防措施，尤其注意对出生缺陷的预防和残疾儿童的早期干预。

2002 年，国务院办公厅转发了《关于进一步加强残疾人康复工作的意见》，其中明确提出残疾人"人人享有康复服务"总体目标，并从管理、资金、人才建设、宣传等方面提出了加强残疾人康复工作的具体措施。同时，关于残疾预防的措施也更加全面。2006 年，《中国残疾人事业"十一五"发展纲要》出台，其以"人人享有康复服务"为目标，"开展残疾预防"成为这一纲要中三项主要任务之一。我国的残疾预防与康复政策继续关注康复服务范围的扩大、康复人数的增长和康复质量的提高。

2. 政策发展阶段特点

（1）政策范围不断扩大

从覆盖范围上来看，残疾预防与康复政策所包含的康复服务内容不断丰富，所构建的残疾预防与康复体系不断完善，涵盖的需求人群不断扩大，实现了从局部到全面的过渡。

（2）政策主体逐步增加

在这一阶段，康复服务多由社区提供，社区康复也是康复政策发展的核心。同时在此基础上，将提供康复服务的主体拓展到更为专业的医院和更便捷的家庭，构建起了社区、家庭和医疗机构相结合的多主体参与的康复服务体系。

（3）预防与康复政策同步发展

在这一阶段，我国逐渐建立了残疾康复工作的政策体系，同时预防与康复相关政策中对预防工作的重视程度逐步提升，残疾预防政策措施不断增加，残疾预防与康复政策实现同步协调发展。

（三）加速发展阶段（2008年至今）

1. 政策发展脉络

在 2008 年《关于促进残疾人事业发展的意见》出台之后，我国的残疾预防与康复政策进入了加速发展阶段。

在"人人享有康复服务"的理念指导下,《关于促进残疾人事业发展的意见》提出,健全残疾人康复服务保障措施和残疾预防体系,以社区为基础实施国家重点康复工程,形成综合性、社会化的残疾预防机制。其中着重强调了针对贫困残疾人康复需求的补贴和救助措施。2008年,《残疾人保障法》进行了修订,对残疾预防和康复事业提出了更高的要求。2010年,《关于加快推进残疾人社会保障体系和服务体系建设的指导意见》出台,提出建立残疾人"两个体系"的基本框架。该意见着重强调康复服务的供给和康复机构的建设。

相比残疾康复事业,残疾预防事业起步较晚,发展水平较低,此前的法律与政策中,残疾预防一般被列在残疾康复之下。2011年出台的《中国残疾人事业"十二五"发展纲要》将残疾预防单列出来,从建立残疾预防机制、实施重点预防工程、普及预防知识和加强有关残疾预防法律法规建设四个方面为今后的残疾预防工作指明了方向。在残疾康复方面,强调在五年规划期内初步实现"人人享有康复服务"的目标,政策方向上延续了2008年以来对于康复工作的要求,此外,进一步强调了康复机构的规范化建设、康复医学的发展和康复人才的培养。我国的康复事业在保证全民性的同时,逐步向规范化、专业化方向发展。

2016年,《"健康中国2030"规划纲要》出台,全方位、多角度地构建了健康中国建设的蓝图,从覆盖全人群与全生命周期的角度为残疾预防和康复事业的发展做出了总体规划。同年颁布了《残疾人精准康复服务行动实施方案》,着力提高康复服务的针对性和有效性。2017年《残疾预防和残疾人康复条例》出台。作为新阶段残疾预防与康复事业发展的纲领性文件,条例提出了残疾预防与康复工作理念、对各级各单位的工作要求。自此,多主体、全方位的残疾预防与康复政策体系得到了进一步完善。

2021~2022年,一系列关于残疾预防与康复的政策陆续出台:《"十四五"残疾人康复服务实施方案》要求,着力构建"与经济社会发展相协调、与残疾人康复需求相适应"的康复制度与康复服务体系,增强残疾康复服务的专业性,提高残疾康复服务质量;《关于加快推进康复医疗工作发展的意见》则从医疗服务角度促进残疾康复工作的发展；《国家残疾预防行动计划（2021—2025 年）》同样强调了残疾预防工作要与经济社会发展同步，并且分类别、分层次、分阶段介绍了残疾预防工作的要点。

2. 政策发展阶段特点

2008 年至今是我国残疾预防与康复政策的加速发展阶段，这一阶段政策的发展呈现以下特点。

（1）残疾预防与康复政策同步发展

在政策的初步发展阶段，残疾预防的相关法律与政策并不如残疾康复全面，而在这一阶段，对残疾预防的重视程度大大提升，预防与康复成为残疾事业发展中同等重要的两项工作。2022 年出台了针对残疾预防工作的《国家残疾预防行动计划（2021—2025 年）》，预防与康复政策逐步发展到了同一水平。

（2）残疾预防与康复政策在保证全民性的同时，更加强调规范性与专业性

在这一阶段，残疾预防与康复政策仍旧坚持"人人享有康复服务"的发展目标，始终关注残疾人的基本需求。在此基础上，这一阶段的政策也更加强调康复服务的规范性，并出台了相关文件对康复服务的开展进行指导，如 2020 年出台的《精神障碍社区康复服务工作规范》及 2021 年的《全国残联系统康复专业技术人员规范化培训实施方案》等。政策中对康复医疗的重视、对残疾预防与康复人才的培养则体现了专业化的特点。

（3）政策体系逐渐完善

经过 2008 年以来多项法律与政策的出台，在残疾预防与康复事业的各主体、各阶段、各领域都形成了详细的发展规划与工作要求，我国逐步构建起了多层次、全方位的残疾预防与康复体系。

3. 地区残疾预防与康复政策发展现状

在中央各项法律与政策的指导和要求下，各地贯彻落实残疾预防与康复政策的具体要求，并根据当地具体情况进行调整。如北京市出台《北京市实施〈中华人民共和国残疾人保障法〉办法》，将康复服务纳入医疗保险体

系，并建立相应的补贴制度；浙江省 2016 年出台《关于全面建立困难残疾人生活补贴和重度残疾人护理补贴制度的实施意见》，针对残疾康复服务提高补助标准、扩大补助范围；天津以政府购买服务的形式促进康复服务的社会力量参与，保障了对于康复服务的供给；陕西、福建、甘肃等地区则着力于对残疾人的扶贫开发，以保障困难人群享有康复服务的权利。

各地区残疾预防与康复政策的发展水平并不一致，东部地区发展水平处于全国前列。北京师范大学中国公益研究院发布的 2016 年和 2018 年《中国社会政策进步指数报告》数据显示，上海率先建立了关于残疾儿童康复救助补贴的地方标准政策，康复服务、补贴政策和融合教育三项指标均居于全国首位；北京、天津两地社区康复服务覆盖率已达 80%，残疾人康复服务处于较高水平。此外，浙江、江苏等东部省份康复服务政策水平也处于全国前列。在残疾预防方面，上海、江苏、重庆三地的县级儿童筛查工作基本实现全覆盖。而甘肃、青海、四川等西部地区残疾人政策发展速度显著快于经济发展速度。[①]

整体来看，各地残疾预防与康复政策均取得了长足发展，除统一政策要求外，也纷纷颁布了符合中央政策要求、具有地方特色的相关政策。但值得注意的是，残疾预防与康复政策的发展情况和经济与社会发展水平相对应，经济欠发达地区是此后政策制定过程中需要着力关注的地方。

三　中国残疾预防与康复政策发展现状

（一）多层次、全方位残疾预防与康复政策体系逐步完善

1. 政策目标：保障残疾人的全面发展

残疾预防与康复是残疾人事业的重要主题。随着中国残疾人事业的不断

---

① 王振耀主编《中国社会政策进步指数报告（2018）》，社会科学文献出版社，2018，第162~190页。

发展，我国也逐渐建立了以《残疾人保障法》为核心，以相关法规、政策、规划为基础的多层次残疾预防与康复政策体系。残疾预防与康复不仅能够帮助残疾人"预防残疾发生、降低残疾程度，帮助残疾人恢复或补偿功能，促进残疾人平等"，还是保障残疾人平等地享有生存权、发展权和受教育权的前提，因此保障残疾人的全面发展是我国残疾预防与康复政策的重要目标。

2. 政策领域

随着残疾预防与康复事业内容不断丰富，纳入残疾早期诊断与干预体制、康复训练、医疗康复服务、辅助器具、心理支持、教育宣传、经济补贴等多种措施，政策体系涉及的领域也不断扩大，包括经济发展、社会保障、医疗、教育、科技、就业等，分别为残疾预防与康复事业的发展提供资金、医疗服务、宣传教育、人才建设、现代化技术等方面的支持。多元化的政策领域全方位促进了残疾预防与康复事业的发展。

3. 政策层次

从整体上看，我国的残疾预防与康复政策体系包括目标政策、战略政策、战术政策、具体政策，呈现多层次的特点。目标政策包括《关于进一步加强残疾人康复工作的意见》《"健康中国2030"规划纲要》等，分别提出了"人人享有康复服务""开展全人群、全生命周期残疾预防"的目标；基于以上目标，以残疾人事业五年发展纲要为基础的战略政策陆续出台，指明了阶段内的战略努力方向；在战略政策之下制定了关于不同目标、不同主题的战术政策，如《残疾人精准康复服务行动实施方案》《关于加快推进康复医疗工作发展的意见》等；最基础的是规定最为详细、操作性最强的具体政策，如《"残疾孤儿手术康复明天计划"实施方案》《精神障碍社区康复服务工作规范》等。以上各层次的政策层层深入，构建起了完整的残疾预防与康复政策体系。

从发展过程来看，政策体系所呈现的多层次特点是在发展过程中逐渐形成的。在残疾预防与康复政策发展之初，在残疾人事业五年发展纲要的指导下，残疾预防与康复事业逐步发展，但缺少统一的发展目标，也没有纲领性的目标政策。2008 年《关于促进残疾人事业发展的意见》出台后,"人人享有康复服务"的纲领性目标被提出,多层次的政策体系逐步构建完成。

4. 政策成果

残疾预防与康复政策在我国实施以来,取得了显著的成果。在残疾预防方面,首先,通过围绕"残疾预防日""爱耳日""爱眼日""预防出生缺陷日"等开展的活动和残疾预防相关知识的普及,全社会的残疾预防意识得到了增强;其次,孕产妇的产前诊断、新生儿和儿童残疾的"早筛查、早诊断、早治疗"以及传染病、地方病、慢性病的疾病防治和预防工程均取得了一定进展[1];最后,随着各项政策的出台和完善,逐步构建了预防残疾发生、发展和变化的三级预防体制。

在残疾康复方面,从残疾康复事业的硬件设施来看,残疾人康复机构逐步建立,康复基础设施覆盖面也逐步扩大。截至 2021 年,我国已有 831.8 万残疾人接受了精准康复服务,占总残疾人人口的 21.9%,残疾人辅助器具覆盖人数达 177 万人;全国有残疾人康复机构 11260 个,2686 个县(市、区)开展社区康复服务;全国有已竣工的各级残疾人综合服务设施 2290 个,总建设规模达 612.9 万平方米,总投资达 197.6 亿元。从软实力来看,康复服务专业队伍建设不断加强,截至 2021 年,康复机构在岗人员达到 31.8 万人,对康复专业人才的培养和教育的重视程度也不断提高。[2]

与此同时,残疾预防与康复政策的发展对科技创新也起到了重要的推动作用。在残疾预防与康复事业的发展过程中,十分注重高新技术的开发和应用,如 2017 年出台的《残疾预防和残疾人康复条例》就强调了对科学技术的研究和应用。同时,政策体系也强调对专业技术人员的培养和技术应用指导的提供,以保证科学技术从创新到应用的全过程的顺利。

---

[1] 《平等、参与、共享:新中国残疾人权益保障 70 年》,中国政府网,2019 年 7 月 25 日,https://www.gov.cn/xinwen/2019-07/25/content_5414945.htm。

[2] 中国残疾人联合会编《中国残疾人事业统计年鉴(2022)》,中国统计出版社,2022,第 2、13、28、41 页。

（二）政策受惠面不断扩大

1.目标人群：由残疾人向一般人群扩展

随着残疾预防与康复政策的发展，政策的目标人群也不断扩大。在20世纪80年代，三项康复工作（白内障复明、小儿麻痹后遗症矫治、聋儿听力语言训练）是预防与康复政策的核心内容，政策目标人群较小。此后康复服务目标增加了肢体残疾、精神残疾、智力残疾等群体，直到面向所有残疾人群体，并格外关注贫困残疾人群体，以保障"人人享有康复服务"目标的实现。同时，随着残疾预防工作的开展，残疾预防与康复政策的覆盖面由残疾人扩展到一般人群，通过广泛的宣传教育活动和全国性的残疾筛查、地方病防治等措施形成覆盖全国的残疾预防机制。

2.政策目标：提供精准康复服务

提供精准康复服务行动符合我国政策发展阶段，是当前残疾预防与康复政策的核心目标。2002年，《关于进一步加强残疾人康复工作的意见》提出"人人享有康复服务"的目标，此后一段时间政策的着力点在于加强康复服务的供给，建立以社区为基础的康复服务体系，以保障残疾人享有康复服务的权利。随着"健康中国2030"规划的提出，提高康复服务的质量成为康复工作开展的新重点，提供精准康复服务也成为新阶段的政策目标。2016年出台的《"健康中国2030"规划纲要》强调了"实施精准康复"的政策目标，同年出台的《残疾人精准康复服务行动实施方案》也为开展精准康复服务提供了具体的行动措施。

3.政策模式："家庭责任式"向"国家主导式"转变

在残疾预防与康复政策体系建立之初，家庭是康复服务开展的基础。残疾人事业"九五""十五"计划中均强调要以社区和家庭为康复服务开展的重点，通过培训社区康复骨干为家庭开展康复训练提供指导。《关于进一步加强残疾人康复工作的意见》提出要"做好与专业康复机构的转诊工作，逐步将康复服务引入家庭"。

此后，我国开始逐渐重视政府在康复服务中的主导作用，将残疾人康复纳入国家基本医疗卫生制度和基层医疗卫生服务内容，着重提高康复服务的普及程度，建立由政府统筹的综合性残疾预防和控制网络。同时，支持社会力量开展残疾预防与康复工作，构建政府主导、多元主体参与的残疾预防与康复事业体系。

（三）政策执行途径多样化

1. 机构康复

机构康复指的是一般在专门的康复机构或综合医院的康复科进行，利用专业技术对残疾人开展"身体功能、心理疏导、社会适应"等多方面的康复治疗。[①] 康复机构作为我国康复服务体系的重要一环，其建设与发展始终受到政策的重视。在我国，中国残疾人联合会是康复机构建立的主导力量，与各政府部门共同负责康复机构的资源整合和合理布局、康复机构相关标准的制定以及对康复机构服务质量的监督。

随着残疾康复政策的发展，我国的康复机构服务水平不断提高，康复机构数量也稳步增长，逐步形成了包括省、市、县三级，覆盖城市和农村的康复机构体系。2010年以来，我国更加注意康复机构的规范化建设，提出了一系列建设标准和技术标准，以保障康复机构的专业性，提高康复服务的针对性和有效性。

2. 社区康复

社区康复是以社区为基础开展的一项康复服务，社区康复服务覆盖范围广，康复训练地点离家较近，相比机构康复投资更少，有利于"人人享受康复服务"目标的实现。社区康复的概念最早由世卫组织提出并在全球范围内进行倡导。不同于国际社区康复采用自下而上模式，且包含健康、教育、就业、社会参与等多方面的内容，我国的社区康复由政府主导实施，且集中在医疗康复领域。同时，通过相关政策的推动，我国的社区康复逐渐融合于社区建设和基层卫生服务中，在一定程度上更

---

① 张金福、范莉莉主编《残疾人事业概论》，南京大学出版社，2019，第93页。

有利于在全国范围内进行推广和普及，社区康复服务也逐步成为我国康复体系的基础。

3.家庭康复

家庭康复即在残疾人家庭内开展的康复服务。家庭康复有两种形式，一种是由康复机构或社区康复工作者为家庭照护者提供培训和指导，由家庭照护者在家庭内进行相应的康复训练；另一种是由专业康复工作者进入残疾人家庭进行专业的康复训练。家庭康复相较于机构康复和社区康复成本更低，因此在康复政策发展初期，我国十分重视家庭康复的重要作用。但家庭康复的康复内容十分有限，因此随着我国康复服务的发展，家庭康复逐渐成为机构康复和社区康复的补充，从而满足残疾人不同层次的康复需求。

（四）全流程、全生命周期残疾预防

1.政府主导

残疾预防工作是覆盖全人群、全生命周期的健康事业，其中政府始终发挥着重要的主导作用。近年来，随着残疾预防与康复政策的发展，我国逐渐建立了综合性、社会化的预防和控制网络，开展了一批重点预防工程，残疾预防知识也得到了普及，形成了"政府主导、多部门协调联动、社会共同参与的残疾预防工作格局"。

2.多方参与

残疾预防工作涉及面广、覆盖范围大，需要各政府部门协调联动、社会各方和个人的共同参与。残疾预防工作内容除了基础的医疗诊断与治疗外，也包括宣传教育、职业安全、环境治理等不同方面，涉及经济、教育、医疗、社会保障、生态环境等不同的主体部门，需要各有关部门按照职责分工开展残疾预防工作，政策的落实也需要社会各方的共同努力。

3.强化监测

对残疾预防工作的监测和评估是保障相关任务落实的重要途径，也是衡量残疾预防政策效果的重要手段。《国家残疾预防行动计划（2021—2025

年）》强调了各有关部门要积极开展监测评估的工作，以及时掌握该行动计划的实施情况，总结经验做法，为后续政策的制定与实施提供宝贵经验。北京市在此基础上制定了《北京市残疾预防行动计划（2022—2025年）》，采用定期监测评估、工作总结、年度工作报告及社会监督等方式加强对各部门落实情况的监测。

4. 增强意识

宣传教育一直是残疾预防工作的重点，增强公民的残疾预防意识是残疾预防工作的基础。《中国残疾人事业"十五"计划纲要》就提出了要加强预防残疾的宣传教育工作，并广泛开展了"残疾预防日""爱耳日""爱眼日""精神卫生日"等相关活动，依托社区进行相关的宣传工作，以增强公民的残疾预防意识。例如，北京市采取动漫、短视频等多样化的宣传方式，在重要节点广泛开展残疾预防宣传教育活动；注意专业化科普读物的出版发行以及相关课程和教材的开发，用多元化的宣传方式增强公民的残疾预防意识。

四　残疾预防与康复政策发展中存在的问题

（一）政策发展工作机制

残疾预防与康复政策的制定应该始终以宏观政策背景为基础，建立符合时代导向的政策制度，因此政策发展工作机制要以时代背景为依托。在我国的宏观政策背景下，"健康中国2030"、"共同富裕"和"积极应对人口老龄化"是核心战略目标，残疾人事业是其中的重中之重。

《"健康中国2030"规划纲要》提出了立足全人群和全生命周期的全民健康目标。康复和预防是健康事业的重要组成部分，相关政策的研制与开发应该突出普及性和全面性。共同富裕是中国特色社会主义的本质要求，因此残疾预防与康复政策的制定也应该考虑到共同富裕这一目标的实现，注重对低收入群体的帮扶以及基本预防与康复服务资源的倾斜。此外，我国的老龄化程度不断加深，老年残疾的预防与康复是老龄化社会的重要问题之一。在积极应对人口老龄化的背景下，残疾预防与康复政策也应该注意到老年残疾人的不同需求，开发制定符合需求的政策制度。

（二）政策盲点

第一，政策开发的证据支持不够。我国分别在1987年和2006年进行了第一次和第二次全国残疾人抽样调查，在调查结果公布后，又制定了大量残疾预防与康复政策，这些政策目标性更强，也更契合残疾人的需求，保障了残疾人相关权利的落实。但2006年之后，一直到目前为止还没有进行新一轮的全国残疾人抽样调查，因此政策的制定缺乏全国性的证据支持，政策的科学性和准确性有待提高。

第二，残疾预防与康复政策在覆盖人群、覆盖内容方面以及政策执行中存在的累积性政策盲点问题解决不够充分。目前，我国的政策覆盖人群不全面、政策内容以医疗服务为主、政策落实力度不够等问题仍然存在，还需要继续关注。

第三，残疾预防与康复政策发展存在地区不均衡问题。政策的发展以经济、社会的发展为基础，目前东部地区政策体系完善、政策发展水平较高，而中西部地区则有所不足。此后政策的研制需要更加重视发展较为薄弱的中西部地区，颁布精准化、差异化政策，推动残疾预防与康复政策均衡发展。

（三）政策执行：部门联动与网络节点

残疾预防与康复政策的制定与落实涉及中国残联、国家卫生健康委、教育部、民政部、司法部、中央宣传部等多个部门，政策的执行也需要从中央到地方各节点的共同努力，多部门、各层级联动有助于政策的全面推进，是保证政策落实的重要举措。但是，具体的政策在实施过程中存在各部门之间、中央与地方之间的断层，尚未建立良好的协调机制，导致各部门在政策执行过程中无法联动形成合力，进而造成了政策效果的相互抵消。

五 残疾预防与康复政策发展的对策建议

（一）将残疾预防与康复政策纳入国民经济和社会发展规划政策框架

为了提高对残疾预防与康复工作的重视程度，根据需求的变化及时调整工作重点，2017年，《残疾预防和残疾人康复条例》提出"将残疾预防和残疾人康复工作纳入国民经济和社会发展规划"。因此，残疾预防与康复政策应该与国民经济和社会发展目标保持一致，实现全人群与全生命周期的全民健康，对低收入残疾人群体给予适当帮扶，防止出现因病返贫现象，重视老年残疾群体对残疾预防与康复的不同需求，以促进"健康中国2030"、"共同富裕"以及"积极应对人口老龄化"等相关政策目标的实现，构建以经济和社会发展为导向的残疾预防与康复政策体系。

（二）加强政策效果评估，及时做出政策稳定与调整的预判

建立残疾预防与康复政策的评估框架，包括一系列相关指标、基线和政策目标①，其中指标可以根据政策侧重方面的不同灵活决定。在政策执行过程中进行定期的、持续性的测量以评估政策执行的进度，在政策计划完成时进行期末审核，以评估结果为依据及时进行政策的调整，同时为下阶段政策的制定提供方向。建议由第三方科研机构来进行政策效果评估，由残疾人工作委员会及第三方进行监督，以保证政策评估的科学性与准确性。

（三）加强预防残疾人"健康贫困"和因病返贫的政策研究与制定

目前，我国扶贫重心已经由绝对贫困转向相对贫困，而"健康贫困"和"因病致贫"是导致残疾人相对贫困的重要原因，但目前并没有出台具有针对性的政策和文件。对此，要加强相关政策的研究与制定，从"健康

---

① 《健康服务体系中的康复：行动指南》，李伦、陈迪、李安巧等主译，香港复康会，2020，第10页。

中国 2030"和"共同富裕"的战略目标出发，通过将残疾人康复服务需求纳入基础医疗保险制度、健全残疾人补贴制度、加强农村地区医疗服务基础设施建设等方式解决政策依赖性较强的、具有波动性的贫困问题。在此基础上，针对重点疾病、重点人群精准施策。通过对刚脱贫人口的重点疾病进行重点监测、精准识别低收入人群健康风险、高额医疗费用支出预警等措施维持政策的精准性和稳定性，避免新增贫困和再度返贫的发生。[①]

（四）系统加强残疾预防与康复人力资源、人力资本开发的政策保障

残疾预防与康复是一个涉及"医学、工程学、心理学、社会学"[②] 等多专业的综合性学科，需要大量接受过专业训练的复合型人才，而我国康复人才的数量、结构和素质还远不够。对此，今后一段时间尤其要注意加强对残疾预防与康复人力资源开发相关政策的制定与完善，从学校教育和专业培训两方面加强人才队伍的建设，满足残疾预防与康复多学科、多层次的专业化需求。同时，在相对贫困地区，要提高相关专业人才的待遇水平、根据地区实际情况设立"紧缺人才"专项引进项目，以吸引人才、留住人才，提升残疾预防与康复医疗服务能力。[③]

（五）为残疾预防与康复的科技创新提供制度保障

残疾预防与康复事业的发展需要科技创新的大力推动，2017 年颁布的《残疾预防和残疾人康复条例》提到"国家鼓励开展残疾预防和残疾人康复的科学研究和应用，提高残疾预防和残疾人康复的科学技术水平"，在此之前和之后的政策文件也都对科技的研发和创新持鼓励态度。例如，浙江省高度重视科技创

[①] 张蕾、崔牛牛、陈佳鹏：《中国农村贫困人口重点疾病直接经济负担研究》，《人口与发展》2022 年第 2 期，第 2~19 页。

[②] 张金福、范莉莉主编《残疾人事业概论》，南京大学出版社，2019，第 93 页。

[③] 张蕾、崔牛牛、陈佳鹏：《中国农村贫困人口重点疾病直接经济负担研究》，《人口与发展》2022 年第 2 期，第 2~19 页。

新对残疾事业的推动作用，提出"智慧助残"的新概念，实施高科技企业助残、康养结合高质量助残、残疾预防数字化改革等措施，具有一定的借鉴意义。在今后的政策制定中，要继续发挥科技创新的作用，推动人工智能、"物联网+"在残疾康复领域的应用，通过数字化改革构建残疾预防与康复创新服务平台，通过云端人才流动提高人力资源配置效率，健全科技创新制度保障体系。

参考文献

邱卓英、李建军：《国际社会有关残疾与康复的理念和发展战略的研究》，《中国康复理论与实践》2007 年第 2 期。

邱卓英、李欣、李沁燚、郭键勋、吴弦光、陈迪、李伦、刘冯铂：《中国残疾人康复需求与发展研究》，《中国康复理论与实践》2017 年第 8 期。

汤修齐、邱服冰、邱卓英、吕军、周晓英、邱芬、刘静、李安巧、陈迪、张爱民：《国际康复政策架构与核心内容研究：基于世界卫生组织康复政策文件的内容分析》，《中国康复理论与实践》2021 年第 9 期。

陶慧芬、江传曾、唐利娟：《中国特色残疾人康复事业发展道路探析》，《残疾人研究》2018 年第 2 期。

附录

政策文件梳理

1. 全国性政策文件

发布时间	政策文件	发布（转发）机构
1954 年	《中华人民共和国宪法》	全国人民代表大会
1982 年	《中华人民共和国宪法》	全国人民代表大会
1988 年	《中国残疾人事业五年工作纲要（1988 年—1992 年）》	国务院
1990 年	《中华人民共和国残疾人保障法》	全国人民代表大会常务委员会

续表

发布时间	政策文件	发布（转发）机构
1991 年	《中国残疾人事业"八五"计划纲要》	国务院
1996 年	《中国残疾人事业"九五"计划纲要》	国务院
2001 年	《中国残疾人事业"十五"计划纲要》	国务院
2002 年	《关于进一步加强残疾人康复工作的意见》	国务院办公厅
2006 年	《中国残疾人事业"十一五"发展纲要》	国务院
2008 年	《关于促进残疾人事业发展的意见》	中共中央、国务院
2008 年	《中华人民共和国残疾人保障法》修订版	全国人民代表大会常务委员会
2010 年	《关于加快推进残疾人社会保障体系和服务体系建设的指导意见》	国务院办公厅
2011 年	《中国残疾人事业"十二五"发展纲要》	国务院
2016 年	《"健康中国 2030"规划纲要》	中共中央、国务院
2016 年	《残疾人精准康复服务行动实施方案》	中国残联、国家卫生计生委、国务院扶贫办
2017 年	《残疾预防和残疾人康复条例》	国务院
2020 年	《精神障碍社区康复服务工作规范》	民政部、国家卫生健康委、中国残联
2021 年	《"十四五"残疾人康复服务实施方案》	中国残联、教育部、民政部、人力资源社会保障部、国家卫生健康委、国家医保局
2021 年	《关于加快推进康复医疗工作发展的意见》	国家卫生健康委、国家发展改革委、教育部、民政部、财政部、国家医保局、国家中医药局、中国残联
2021 年	《全国残联系统康复专业技术人员规范化培训实施方案》	中国残联
2022 年	《国家残疾预防行动计划(2021—2025 年)》	国务院办公厅

2. 地方政策文件（部分）

发布时间	地区	政策文件	发布机构
2011 年	北京市	《北京市实施〈中华人民共和国残疾人保障法〉办法》修订版	北京市人民代表大会常务委员会
2021 年	浙江省	《浙江省困难残疾人生活补贴和重度残疾人护理补贴实施办法》	浙江省民政厅、浙江省财政厅、浙江省残联

发布时间	地区	政策文件	发布机构
2022 年	北京市	《北京市残疾预防行动计划（2022—2025 年）》	北京市残联
2022 年	浙江省	《浙江省贯彻〈国家残疾预防行动计划（2021—2025 年）〉实施方案》	浙江省政府办公厅

B.4
中国残疾人康复人才培养
和发展报告（2023~2024）

陈文华*

摘　要： 人才是中国残疾人康复事业发展的根本动力。本报告通过深入探讨医疗康复、教育康复、职业康复、社区康复中残疾人康复人才培养与发展的现状，发现目前我国残疾人康复人才存在供需不平衡、教育和培训体系不健全、人才结构与职业路径不清、人才管理体制不完善等问题，进而提出进一步发展的思路与政策建议，包括加强关于紧缺人才需求的实证研究、加快康复大学建设以发挥其人才培养集成作用、健全康复治疗师法律法规体系与执业准入制度等，以期为中国残疾人康复人才的培养和发展提供明确的方向与可行路径。

关键词： 残疾人康复　人才管理　康复人才

党的二十大报告提出，要深入实施科教兴国战略、人才强国战略、创新驱动发展战略。人才不仅是创新的第一要素，是全面建设社会主义现代化国家的重要支撑，还是推动中国残疾人康复事业高质量发展的根本动力。为努力实现残疾人"人人享有康复服务"的宏伟目标，应当加快建设高水平专业化康复人才队伍。在巨大的社会需求的推动下，我国残疾人康复人才近年来在数量上呈现蓬勃增长之势，但在人才质量、人才结构、人才输出以及区域、群体、层次、生态等方面仍存在着一些不平衡、不协调、不公平等现实

* 陈文华，主任医师，教授，博士生导师，上海市第一人民医院览海康复医院医疗院长，研究领域为神经、肌骨、心肺康复及贴扎、肉毒素注射等治疗技术。

矛盾。由此，中国残疾人康复人才队伍正面临从人员数量增长到人才质量提升与体制机制完善的关键过渡时期，迫切需要以顶层设计的视角展开系统策划与研究。本报告基于中国残疾人康复人才培养与发展现状，通过问题分析提出相应的对策建议，以期为相关政策完善提供参考与借鉴。

一 中国残疾人康复人才培养和发展状况

（一）医疗康复人才的培养和发展

1. 我国医疗康复人才的院校教育

我国康复高等教育起步较晚，自 1982 年引入"康复医学"概念至今，国内医疗康复人才培养经历了多年发展。2000 年以来，我国医疗康复人才培养已逐步形成了包括康复医学专业教育和康复（治疗）技术专业教育在内的双轨培养模式。[①] 在我国康复医学高等教育起步阶段，为快速弥补康复人才缺口，许多学校在原有临床医学专业教育基础上，以照搬临床医学教学内容为主，再辅以一些康复知识即开办康复教育，学生毕业后再根据情况选定专业，可能成为康复医师、临床医师，也可能成为康复治疗师，这种大学专业教育的定位和培养目标不够明确，教学质量也偏低劣。此后，康复教育界及医疗界逐渐认识到明确的职业定位和清晰的培养目标对医疗康复人才培养的重要性，遂区分了康复医学专业教育（以培养康复医师为主）和康复（治疗）技术专业教育（以培养康复治疗师为主）。

20 世纪中后期，康复医学作为一门功能医学日益受到重视，尤其在西方国家已经得到了较为广泛的应用和发展，而在我国则发展相对滞后。为了尽快缩小这一差距，1984 年卫生部要求医学院校临床医学专业开设康复医学课程，此政策的实施标志着我国康复医学专业教育正式启航。1997 年，

---

① 张凤仁：《康复医学人才培养模式的探讨》，《中国康复理论与实践》2002 年第 3 期，第184~185 页。

随着国务院学位委员会在学科专业调整期间正式将该学科命名为康复医学与理疗学，并归入医学学科门类，[①] 康复医学的专业学术地位得以进一步确立。截至 2022 年，我国有康复医学与理疗学硕士点 62 个、博士点 54 个。

1989 年，康复（治疗）技术专业初现于我国职业院校。康复技术专业（代码 0812）于 2000 年加入《中等职业学校专业目录》。在高等职业教育层面，2004 年的《普通高等学校高职高专教育指导性专业目录（试行）》纳入医学技术类新增专业——康复治疗技术（代码 630405）和呼吸治疗技术（代码 630409）。2015 年，高等职业教育专业目录调整后康复相关专业包含康复治疗技术（代码 620501）、言语听觉康复技术（代码 620502）、中医康复技术（代码 620503）以及原有的呼吸治疗技术（代码 620409）。截至2022 年，我国康复高等职业教育专业点已达 713 个，其中康复治疗类专业点（康复治疗技术、言语听觉康复技术、中医康复技术）有 406 个。

2000 年，教育部允许部分大学开办康复治疗学本科专业。2012 年，将康复治疗学（代码 101005）正式纳入普通本科专业目录（医学技术类），同年纳入的还有听力与言语康复学（代码 101008T）。2016 年，康复治疗类专业目录进一步扩展，新增康复物理治疗（代码 101009T）和康复作业治疗（代码 101010T），以满足细分领域康复治疗人才培养的需要。截至 2022 年，以上普通本科康复治疗类专业点达 244 个。

2. 我国医疗康复人才的毕业后教育

随着毕业后医学教育的发展及全国住院医师规范化培训的推进，目前我国康复医学专业教育已进一步在毕业后继续教育阶段得到了延伸和拓展。完成大学本科阶段教育的康复医师，在正式从事康复医学工作前，都必须在拥有康复医学培训基地资格的医院进行完整的涵盖相关科室及本科室的轮转培训，进一步巩固理论知识、丰富实践经验，并接受医师规范化训练，从而为走上工作岗位打下扎实基础。

[①] 燕铁斌、敖丽娟：《中国康复医学教育体系的构建与发展历程》，《中国康复医学杂志》2019 年第 8 期，第 4 页。

相比之下，康复（治疗）技术专业教育的规范化培训则刚刚起步。2022 年 9 月，为加强康复治疗师队伍建设，中国康复医学会遴选上海市第一人民医院、南昌大学第一附属医院、中国科学技术大学附属第一医院3 家医疗机构作为首批康复治疗师规范化培训试点单位，经过一年实践取得了成功经验。2023 年 12 月，为进一步扩大康复治疗师规范化培训试点范围，中国康复医学会发布了《关于开展康复治疗师规范化培训试点工作的通知》，提出将组织遴选第二批康复治疗师规范化培训试点单位，同时鼓励有条件的医疗机构自行组织开展康复治疗师规范化培训试点工作。与康复医师规范化培训不同，康复治疗师规范化培训属于行业先行的探索性工作，必须清醒地意识到，在现阶段这项工作不能也不宜作为强制推行的措施，而应作为探索康复治疗师岗位能力标准内涵与能力培养路径的手段——从战术层面上看，治疗师规培是提高岗位胜任能力的重要路径；从战略层面上看，治疗师规培具有更为深远的意义，即能够更有力地推动康复治疗师的职业化与执业化。

3. 我国残疾人医疗康复人才现状

医疗康复人才仍是国内残疾人康复服务主力军。[1] 在人才总体结构层面，医疗康复领域对专业技术人才的虹吸现象较为明显，相较之下，涉及教育、就业和社会服务的康复人才"小众"且短缺。在能力结构层面，专业技术人才也存在"重技术、轻理念"现象，即重视一招一式的技术而对"围绕患者诉求""考虑环境""以重塑生活为本"等康复医学重要理念认识与实践不足。此外，康复机构在制定评估标准和康复计划方面也还需进一步规范化和科学化。

近年来，我国残疾人医疗康复服务人才数量呈现持续增加趋势。2011年，医疗康复领域的在职人员共 93890 名，其中专业人员有 64954 名，占到了总人数的 69.18%。2019 年，在职人员增至 262796 名，比 2011 年增长约

---

[1] 张立松、何侃:《ICF 理念下残疾人康复服务人才队伍建设新探》,《煤炭高等教育》2011年第 6 期，第 101 页。

179.90%，专业人员数量也上升到 188435 名，增长率为 190.11%，占比提升至 71.70%。增长最显著的为西部地区，在职医疗康复人员从 18893 名增加到 67273 名，增长率为 256.07%，专业人员的比例亦提高了 8.53 个百分点。除了康复服务一向较为发达、人才较为饱和的东部地区，国内其他各地区的医疗康复人员总数、专业人员数量及其占比都实现了显著提升。[①] 东部地区较之西部和中部地区，其医疗康复人力资源按人口配置的基数更大，配比更高。

（二）教育康复人才培养和发展

教育康复（Educational Rehabilitation，ER）是全面康复的关键组成部分，对于残疾人尤其是残疾儿童的社会适应和个人发展具有重大意义。通过专业的教育和训练手段，教育康复旨在改善或恢复受损害的机体功能，帮助残疾人群体重返社会并更好地适应社会生活。

教育康复不仅关注残疾人的身体康复，还涵盖了心理、社交和教育等多方面的支持。它通过为残疾人提供必要的教育资源和技能训练，帮助他们克服残疾带来的障碍、实现自我价值和融入社会。对于残疾儿童而言，及时有效的教育康复可以在关键时期促进其身心发展，为其未来的学习和生活打下坚实的基础。

教育康复通过多种形式进行，包括在特殊教育机构如学校、康复中心开展的教育活动，以及在家庭、社区层面的个别化教育和训练。这些方法既包括通用的教育理念和技巧，也涉及根据残疾人特定需要设计的特殊教育策略。例如，对于听力障碍儿童，教育康复可能包括听力矫治和特殊的语言教学；对于智力障碍儿童，则可能涉及特殊的认知发展课程和生活技能训练。

随着社会的发展，残疾类型和康复需求的多样化趋势日益明显。这要求教育康复领域不断创新和发展，以适应这些变化。高等教育机构在教育康复

---

① 冯振宁、黄琦瑜、魏翻等：《我国残疾人康复机构与人力资源现况及配置公平性研究》，《中国社会医学杂志》2022 年第 2 期，第 222 页。

人才的培养上扮演着重要角色。通过开设教育康复学专业，这些院校为市场输送了具有专业知识和技能的人才。这些专业不仅包括特殊教育学、康复治疗学等传统课程，还涉及心理学、社会工作学等相关领域，以培养能够综合应对各类挑战的复合型人才。

在中国，教育康复近年来取得了显著成效。多所院校如华东师范大学、重庆师范大学等开设了教育康复学专业，培养出一批又一批的专业人才。这些专业人才在特殊教育学校、康复中心、医院等机构发挥着重要作用，为残疾人提供专业的康复服务。

此外，政府和社会各界对教育康复的重视程度也在不断提升。通过制定相关政策和提供资金支持，推动了教育康复资源的扩充和服务质量的提升。例如，政府推动落实的特殊教育"全覆盖、零拒绝"政策，确保了所有残疾儿童都能接受适当的教育和康复服务。

尽管如此，时至今日，教育康复领域仍面临诸多挑战和机遇。随着科技的发展，如数字技术和人工智能的应用，教育康复有望提供更加个性化和高效的服务。同时，跨学科的合作，如医学、心理学、社会工作等领域专家的共同参与，将为教育康复带来更多创新和突破。

（三）职业康复人才培养和发展

作为"全面康复"的重要组成部分，职业康复在促进伤残人士社会融入方面发挥着至关重要的作用。职业康复不仅有助于残疾人和工伤人员恢复工作能力，还对其心理健康和社会融入产生积极影响。通过提供职业指导、技能培训和工作适应训练，职业康复使这些群体能够更好地应对工作中的挑战，增强自信心，提升生活质量。

职业康复服务可以根据服务对象的不同分为残疾人职业康复和工伤康复两大类。前者主要由民政及残联系统组织，提供职业培训、职业咨询和就业指导等服务，以促进社会残疾人如聋哑人、盲人等的职业技能提升和就业。后者由人力资源与社会保障系统组织，为工伤人员提供职业评定、技能再培训和工作安置等服务。

此外，职业康复服务还可分为医疗性和社会性两类。医疗性职业康复服务侧重于工作能力评估和强化训练，通常由康复医院或工伤康复中心提供。社会性职业康复服务则由劳动就业和社会保障服务机构提供，提供服务的具体人员以职业技能培训专业人员和社会工作者为主，采用生物-心理-社交职业模型进行综合评估和个性化康复设计。

职业康复人才培养在中国经历了多个阶段的发展。20世纪50~80年代，职业康复人才主要由其他专业人员转岗或进修而来，缺乏专业化教育和培训。20世纪90年代至21世纪初，职业康复人才培养开始规范化和制度化，但在数量和质量上仍有不足。2010年至今，职业康复人才培养走向多元化和国际化，但仍面临结构和层次上的挑战。

面对这些挑战，加强职业康复人才培养、设立职业康复专业教育、建立和发展理论体系成为提升我国职业康复服务质量的关键。目前，我国职业康复人才培养主要依托于福建中医药大学、南方医科大学等开设康复作业治疗专业的高校。这些高校为职业康复领域输送了大量专业人才。

随着社会的发展和技术的进步，职业康复领域面临着新的挑战和机遇。未来，职业康复服务将更加侧重于技术的运用，如数字化工具和人工智能技术的运用，以提供更加精准和个性化的康复方案。跨学科合作也将成为职业康复发展的重要趋势，通过整合医学、心理学、社会工作等多个领域的知识和技能，为残疾人与工伤人员提供更全面和有效的支持。

（四）社区康复人才培养和发展

社区康复是在社区和家庭层面为残疾人提供的康复服务，具有覆盖面广、方便、经济等优点。[①] 我国残疾人人口基数大、各地区康复资源不均衡等国情决定了社区康复的重要性和紧迫性。发展有中国特色的社区康复、加快社区康复人才的培养是中国残疾人康复事业发展不可或缺的一环。

---

① 李令岭、刘垚、敖丽娟：《我国残疾人社区康复存在问题与发展探讨》，《中国康复医学杂志》2017年第2期，第213~216页。

1. 我国社区康复发展历程

自 1986 年正式开始兴办以来，中国的社区康复（Community-Based Rehabilitation，CBR）不断发展。[①] 自 1991 年起，社区康复多次成为中国残疾人事业五年发展纲要（计划纲要）的重大议题之一。2002 年，社区康复在实现"人人享有康复服务"中的关键性角色和战略意义得到明确。2008 年，中共中央、国务院印发《关于促进残疾人事业发展的意见》，再次要求"大力开展社区康复"。2010 年，国务院办公厅转发中国残联等部门和单位《关于加快推进残疾人社会保障体系和服务体系建设的指导意见》，进一步提出对完善社会化康复服务网络的建议。近年来，社区康复作为社区卫生服务"六位一体"之一的重要政策地位，亦极大地促进了社区康复发展。[②]

2. 我国社区康复人才现状

经过多年不断努力，我国残疾人社区康复工作体系初步建立，受益残疾人范围与数量逐年扩大和增多；然而，社区康复人才面临的诸多挑战仍然是制约社区康复发展的重要因素。2016 年，一项在广州市开展的关于社区康复人才与大学就业意愿的调查[③]显示，社区康复人才存在薪资待遇不高、工作环境与设备简陋等问题，且大多数社区康复科与中医科并无明确界限，存在人员融合、专业康复人才匮乏等问题。受访人员普遍认为阻碍社区康复发展的主要因素有社区发展资金不足、医疗体制缺陷、宣传力度不足、发展空间受限等。同地区康复治疗专业大学生就业意向的调查也显示，59.22% 的大学生认为最理想的就业单位为综合性医院，社区医疗机构目前仍很难作为相关专业毕业生的期望就业之处。

社区康复是一项社会事业，因此相关人才培养或培训不能只着眼于康复

---

① 张金明、赵悌尊：《国际社区康复发展趋势及对我国社区康复工作的思考》，《中国康复理论与实践》2011 年第 2 期，第 3 页。

② 李艳、史玎莉、张长杰等：《社区康复在残疾人康复体系中的意义及发展现状》，《中国康复理论与实践》2012 年第 2 期，第 190~192 页。

③ 丁丽娟、周吉平、郑华杰等：《关于康复治疗人才从事社区康复工作的意愿调查与分析——以广州市为例》，《按摩与康复医学》2016 年第 5 期，第 78 页。

专业技术人员，社区康复的协力承担者也同样重要。我国社区康复的协力承担者是由政府部门、社群团体和残疾人及其家属组成的复合型团队，他们在各个层次（包括社区当地）承担相关责任，协力支持残疾人社区康复，保证多层面共同介入。[①]

二　中国残疾人康复人才培养和发展问题分析

（一）医疗康复人才培养和发展中存在的问题

我国目前有20多个康复专业职称（或职种）涉及残疾人康复服务，但医疗康复人才方面仍存在医疗康复人才数量与康复需求有较大差距、康复治疗师的"分合"趋势复杂多元、康复治疗师准入管理制度缺位等问题。

1. 康复人才数量与康复需求存在较大差距

根据国际准则，平均每10万人应配备不少于15名物理治疗师和8~10名作业治疗师。然而直至2022年，我国每10万人中的康复医师和康复治疗师数量分别仅为3.2人和4.2人。依据第七次全国人口普查的数据，我国总人口达到14亿人，应配备32万~35万名治疗师。[②] 根据《柳叶刀》2022年发布的统计结果，作为人口大国，中国是有康复需求人口数量最多的国家，达4.6亿人。每年毕业或转岗而来的康复人员数量无法满足增加的社会需求。2016年中国残联委托开展的"康复人才培养状况及发展研究"专项课题研究、2020年中国康复研究中心承担的国家社科基金项目"康复机构人才培养现状调查"的调查结果都显示出我国专业康复人才总量不足与质量不高并存的突出问题。

2. 康复治疗师的"分合"趋势复杂多元

在北美、欧洲、澳大利亚及中国香港、台湾等地区，物理治疗师（PT）、

---

① 张金明、赵悌尊：《中国残疾人社区康复30年回顾与展望》，《中国康复理论与实践》2017年第11期，第1360页。

② 李博杨、吴惠群、卢守四等：《我国康复机构人才培养现状调查与分析》，《中国医院》2021年第8期，第12~13页。

作业治疗师（OT）、言语语言治疗师（ST）均是独立的职业，各有教育认证体系、执业认证体系和学术团体。（综合的）康复治疗师这一职业是我国康复医学特有发展轨迹与环境的产物，广泛存在于各类各级康复医疗机构或部门中。根据中国康复医学会 2019～2020 年组织的中国康复医疗资源调查，全国各级综合医院康复医学科中 42.15%、各级康复医院中 38.3%、各级康复医疗中心中 46.71% 的康复治疗师采取综合的工作模式，即在实际工作中未区分 PT、OT、ST 等岗位。结合康复治疗人才规模不足的现状，（综合的）康复治疗师因适应我国现阶段康复需求而具有内在合理性。

除（综合的）康复治疗师外，目前我国康复治疗专业人员呈现多元化的分化趋势：①亚专业分化，分化为物理治疗师、作业治疗师、言语语言治疗师、假肢矫形师等（与国际相同）；②亚专科分化，分化为神经康复治疗师、肌骨康复治疗师、心肺康复治疗师、老年康复治疗师、儿童康复治疗师、中医康复治疗师等；③专项技术分化，如分化出手法治疗师等。亚专业分化与亚专科分化较为常见，但两个层次时常交叉或融合，轮岗现象也较为普遍。

3. 康复治疗师准入管理制度缺位

现代康复医学于 20 世纪 80 年代被引入我国，从那时起康复治疗师作为一个全新角色进入了医疗行业，并逐渐为医学与健康行业所认识，但迄今为止，此职业仍是卫生系统内极少还未建立执业资格制度的职业。这也意味着，作为与人民健康水平、康复医疗质量密切相关的职业工种，康复治疗师在毕业后、入岗前尚未建立国家统一的筛选管理机制。目前每年大量的毕业生、转岗人员从学校或其他岗位进入康复医疗市场，该群体内部教育背景、教育经历和职业水平差距较大，未经统一标准考核认证直接流向市场，难以保障临床康复工作质量，从而影响康复行业规范化发展。这不仅是学科发展的重大障碍，也将成为一个凸显的社会问题，因此亟须设立准入的抓手并将其作为教育出口把控和岗位入口人才质量把控的标杆。

（二）教育康复人才培养和发展中存在的问题

教育康复人才的培养和发展是教育康复事业的重要保障，也是提高残疾人生活质量和社会参与的关键因素。然而，目前我国的教育康复人才培养和发展还存在一些问题。

1. 教育康复人才的需求与供给不平衡

我国有近 8000 万残疾人，其中有康复需求的约有 5000 万人，而目前从事教育康复工作的专业人员不足 2 万人，明显满足不了社会需求。尤其是在农村、边远地区、民族地区等地，教育康复人才的缺口更大，导致很多残疾儿童无法及时获得有效的教育康复服务，影响了他们的生活质量和社会参与。

2. 教育康复人才的培养质量和水平不高

目前，我国开设教育康复学专业的高校不到 20 所，每年培养的本科生不到 1000 人，硕士和博士更少。教育康复人才的培养模式、课程设置、教学内容、实习基地等方面缺乏统一的标准和规范，存在标准杂、资源散、层次低等问题。教育康复人才的专业知识和技能往往不够系统、全面、深入，难以适应不同类型、不同残疾程度、不同阶段的残疾儿童的教育康复需求。

3. 教育康复人才的职业发展和保障机制不完善

目前，我国还没有建立教育康复人才的职业资格认证和评价体系，教育康复人才的职称系列、职业标准、职业道德等方面也缺乏明确的规定和指导。教育康复人才工作压力大，工作环境、工作待遇等也不理想，缺乏有效的激励和保障机制，导致教育康复人才的流失率高、职业稳定性低。

4. 教育康复人才的继续教育和专业发展机会不足

教育康复是一个涉及多学科、多领域、多层次的综合性学科，需要教育康复人才不断更新知识、提高技能、开阔视野，以适应社会发展和科技进步的要求。然而，目前我国对教育康复人才的继续教育和专业发展的重视程度不够，缺乏有效的组织和支持，教育康复人才的继续教育和专业发展机会与资源有限，难以满足教育康复人才自我提升和职业发展的需求。

（三）职业康复人才培养和发展中存在的问题

目前我国职业康复人才培养主要依托于设立有康复作业治疗专业的高校，而鉴于我国职业康复人才培养和发展现状，职业康复人才培养目前存在的问题主要有以下几个方面。

1. 职业康复人才总量不足

我国职业康复发展较晚,职业康复人才与国际标准和社会需求相比有较大的缺口。每 10 万人口需要的职业康复人才远远超过目前的供给。

2. 职业康复人才质量不高

高水平的职业康复人才尤为缺乏,职业能力评估和执业资格管理体系不健全。职业康复人才的培养层次低,研究生教育仍在起步阶段。职业康复人才的职业认同和社会地位不高,缺乏职业保障和发展空间。

3. 职业康复人才培养体系不完善

职业康复学科地位不高,其教育准入标准、专科培训标准、质量监管标准等尚未形成统一规范。职业康复学科专业与计算机、微电子、人工智能等前沿专业领域交叉融合不足,创新能力不强。

4. 职业康复人才培养路径不畅通

相较于医疗康复,目前我国职业康复领军人才缺乏。职业康复人才的培养方式单一,缺乏多层次、多形式、多渠道的培养模式。职业康复人才的国际交流和合作不足,缺乏国际视野和竞争力。

(四)社区康复人才培养和发展中存在的问题

社区康复的发展仍然面临社会化工作方式运用不充分、社区康复人才技术力量薄弱、康复服务质量有待提高、地域发展不平衡等诸多问题。下面着重探讨其中的两个问题。

1. 社区康复人才技术力量薄弱

随着对社区康复的政策支持不断加强,目前大多数社区机构的康复硬件正在逐步改善,如治疗大厅康复相关设备不断更新迭代,但社区康复人才的技术力量薄弱仍是较突出的问题,这主要表现在两方面。一方面,社区康复人才专业技能不够扎实,使得社区就诊的患者往往限于被动接受理疗、按摩、针灸等治疗,而有效的强调主动运动的康复训练则较少,日常生活能力的训练也匮乏,这与社区康复人才本身的专业技术能力有限密不可分。另一方面，社区康复人才服务不够全面，社区康复不同于综合医疗机构的康复，需要康复工作者有更全面的视角，将患者功能的全方位改善作为服务宗旨，从这个角度看，社区康复人才的康复服务水平仍有待提高。

2.地域发展不平衡

2011~2019 年，我国得到康复的残疾人口从 631.8 万人增长至 1077.7 万人。2011 年不同地区残疾人康复机构人员与残疾人口比值的总排名中，广东、江苏、山西居于前三，而安徽、四川及广西排名靠后。2019 年的总排名中，广东、上海和山西分居前三，排名靠后的为宁夏、青海和西藏。2011~2021 年，各地区康复人员配置有了不同程度的提高，东部和沿海地区康复人员配置较为完善。这可能与东部经济较发达、地域面积小以及政府政策引导作用强等多因素有关。但我国各省之间社区康复人员配置的公平性仍有待进一步提高，在完善东部地区社区康复机构的器材供给和高学历康复人才培养的同时，给予西部地区社区更大的政策倾斜，投入更多的资金用于建立残疾人康复机构和培养人才，并通过政策补贴等方式提高西部地区社区康复人才的待遇，让更多的残疾人康复专业人才愿意留在西部，或许是解决社区康复人才地域发展不平衡问题的方法。

三 中国残疾人康复人才培养和发展对策建议

（一）总体发展思路

《"健康中国 2030"规划纲要》带来了我国康复医学大发展的历史性机遇，也成为康复人才队伍发展的核心政策保障。在多学科合作背景下，"临床康复一体化"理念逐渐深入人心。在社区和家庭层面，老年病治疗与康复的整合有极大需求空间。"互联网+"时代下科技进步成为康复医学发展新的时代拐点，也将对残疾人康复专业人员的工作模式和工作内容产生革命性的影响。

1.康复人才发展战略需与康复医学发展战略相适应

对行业的管理最终是对人的管理，确保通过人的因素使行业获得发展是政策制定的基石。康复人才规划应与大健康策略、分级诊疗、医疗卫生重心下沉、早期康复、医疗和健康保险体制改革等总体发展规划协调共进。

2.康复人才发展战略需兼顾匹配与弹性,坚持灵活方针

基于市场供需关系分析的人才匹配逻辑有助于提高人力资源管理效率,但不可忽略的是,匹配逻辑所基于的核心假设为行业的"内外部环境是稳定可预测的",这一假设与康复行业实际并不完全相符,且过度专业化会导致本位主义盛行,对行业发展战略的支撑性不足,人才价值创造不足。因此,发展规划需兼顾着眼于未来的人才弹性因素,包括人才来源弹性化、人才功能弹性化、数量弹性化等。

3.以岗位标准化建设为核心,构建医教联动、多方参与的系统管理体系

以标准化建设为抓手,围绕抓手充分行使政府的管理引导职能与行业学会的协调整合职能,形成集人员管理、教育培训管理、医疗质量管理于一体的系统管理体系。

(二)加快推进康复大学建设工作

康复大学担负着为健康中国服务的光荣使命,建设康复大学是积极应对人口老龄化的有效举措。中国残联于2015年提出建设康复大学,此后,建设康复大学分别被纳入国家"十三五"规划和"十四五"规划。康复大学建设要坚持学科交叉融合,积极构建以康复学科为特色,医学、理学、工学、管理学、教育学、社会学等多学科交叉融合的学科专业体系,逐步提高康复人才培养的层次,培养有理论素养和实际工作技能的复合应用型人才与创新型人才。

(三)完善康复治疗师人才管理体制

1.调整康复治疗师职业分类

康复治疗师的职业分类界定问题,关系到其是否能由"医技"人员向与人民群众健康密切相关的卫生专业人员转变,将康复治疗师归入卫生专业技术人员,不仅能够解决康复治疗从业者的职业管理难题,还有利于增强该群体的职业认同感,促进其职业发展,同时代表了社会层面对康复医学更广泛、更普遍的认可。在条件成熟时，应在《国家职业分类大典》中的大类"专业技术人员"下属的中类"卫生专业技术人员"里，设置小类"康复治疗师"，下设细类。可先设置"物理治疗师""作业治疗师""言语治疗师""儿童康复治疗师"等，细类设置可根据我国治疗师分合发展趋势进行调整。

2. 推动康复治疗师法律法规建设，建立康复治疗师执业资格制度

依据国家卫生法律和行政法规，结合康复治疗师行业履职特点，推动有关法律法规建设，建立完善的康复治疗师法律法规体系，建立康复治疗人员职业准入考核制度，规范康复治疗人员执业管理，为康复人才评价和激励提供政策扶持，形成人才培养、执业认证、职称晋升、职业成长方面的系列政策和制度。

（四）开展康复领域紧缺人才需求相关实证研究

从人才供需总量看，我国康复人才数量总体存在供需不平衡、需大于供的短板；从输出领域看，社区康复、教育康复、职业康复领域中这一短板则更加明显；而从专科划分视角看，随着社会老龄化和三孩政策的开放，儿童康复、老年康复专业人才也必将出现更大的缺口。尽管最近几年对残疾人康复人才的研究日益受到重视，但我国究竟需要什么层次结构的康复紧缺人才、各个层次的人才数量比例如何才能更加合理尚无定论：首先，现有关于康复人才的研究多关注某个（亚）学科的某类人才的培养现状；其次，研究方法通常是由相关领域的专家或学者根据其对专业领域的了解和经验做出主观判断，缺乏定量分析的支持；最后，已有研究成果对康复领域紧缺人才的现实内涵、培养现状、问题与体系构建还未聚焦探讨。因此，从供给视角出发分析残疾人康复领域紧缺人才的类型结构，从需求视角出发分析紧缺人才的职业结构、专业结构、学历结构与能力结构是首要任务，亟须开展大量实证研究，以期为明确人才培养目标、界定人才培养标准、实施人才评估选拔、开展系统人才培养、检验人才培养效果提供更有价值的依据。

B.5
中国残疾人康复机构
发展报告（2023~2024）

郭德华*

摘　要： 中国残疾人康复机构起步较晚，发展迅速，内涵与外延在不断变化，经过近40年的快速发展，逐渐成为具有中国特色康复服务体系的重要组成部分，承载着实现"人人享有康复服务"的历史使命。从不同维度看残疾人康复机构类别较多，本报告聚焦于残联系统的残疾人康复机构，通过文献综述、调查研究、历史比较和政策分析等方法，从纵横双向对中国残疾人康复机构发展经纬进行解构与整合，明确残疾人康复机构类型、性质、特征和发展成效。目前，中国残疾人康复机构还存在保障水平有待提高，资金投入不足，发展不平衡、不充分，高层次康复专业人才匮乏等问题，面对"健康中国"等国家战略的实施、现代残疾人观的普及与广受认可、人工智能的广泛应用等机遇，应融入发展大局、完善保障体系、加大人才培养力度、加强标准规范建设、加快科技赋能。

关键词： 康复服务　残疾人康复机构　康复专业人才

残疾人康复机构是我国残疾人事业的重要组成部分和发展成果，肩负着实现"人人享有康复服务"的重要使命，致力于通过康复干预，促进残疾人平等、全面、充分地参与和融入社会生活，成为自身和社会价值的创造者。在高质量发展的大背景下，有必要全面、客观地呈现中国残疾人康复机

---

* 郭德华，博士，教授，广西幼儿师范高等专科学校特殊教育学院院长，研究领域为孤独症教育康复、特殊儿童及青少年心理干预。

构的发展历程与现状，分析机遇与挑战，提出科学合理的发展建议，为政府决策和行业发展提供参考。

一 概述

（一）残疾人康复机构的界定

残疾人康复机构目前没有统一定义，根据功能和主体的不同，不同学者或文件对其有不同的表述。卓大宏对残疾人康复机构的界定是：残疾人康复机构是指针对各类残疾人，为其进行临床诊断、功能测评，制订康复计划，实施康复治疗和必要的临床治疗，提供医疗、教育、职业、社会等全面康复服务，使残疾人身心功能、职业能力和社会生活能力等得到补偿及改善，促进残疾人融入社会的场所[①]。根据 2017 年国务院发布的《残疾预防和残疾人康复条例》对残疾人康复的描述，可以将残疾人康复机构界定为在残疾发生后综合运用医学、教育、职业、社会、心理、辅助技术等措施，为帮助残疾人恢复或者补偿功能、减轻功能障碍、增强生活自理和社会参与能力提供专业服务的场所。[②]

从操作性定义看，《残疾预防和残疾人康复条例》对康复机构做出以下要求。

第一，康复机构应当具有符合无障碍环境建设要求的服务场所以及与所提供康复服务相适应的专业技术人员、设施设备等条件，建立完善的康复服务管理制度。

第二，康复机构应当依照有关法律、法规和标准、规范的规定，为残疾人提供安全、有效的康复服务。鼓励康复机构为所在区域的社区、学校、家庭提供康复业务指导和技术支持。

[①] 卓大宏主编《中国康复医学》，华夏出版社，2003，第 3~42 页。

[②] 《残疾预防和残疾人康复条例》，中国残疾人联合会网站，2021 年 2 月 22 日，https://www.cdpf.org.cn/ywpd/kf/zcwj2/5cad7b9113f34defb323ac1f4bfa919c.htm。

第三，康复机构的建设标准、服务规范、管理办法由国务院有关部门商中国残疾人联合会制定。

第四，康复机构应当对其工作人员开展在岗培训，组织学习康复专业知识和技能，提高业务水平和服务能力。

（二）残疾人康复机构的性质

康复机构的发展与康复服务的发展是同步的。我国康复服务起步相对较晚，是在国外先进经验和模式的基础上，不断进行自我探索，逐渐形成适合我国国情、具有中国特色的康复服务体系的。在发展初期，各级各类康复机构缺乏现成的模式可供借鉴，在具体建设及运营管理的过程中，机构性质定位不准，较为多样化，导致康复机构的投资方式、运营模式、康复范式等都会有所不同。[①] 对于康复机构的性质，一般根据主体设置不同，总体上可以分为公益性和民办非营利性两种性质的残疾人康复机构，前者是指公益性全额拨款、公益性差额拨款或自收自支的康复机构，后者是指企事业单位、社会团体、其他社会力量以及公民个人利用非国有资产举办的，从事非营利性社会服务活动的康复机构。两种性质的康复机构共存，共同为社会提供康复服务，形成我国残疾人康复机构网状结构体系。

（三）残疾人康复机构的类型

我国残疾人康复机构类型较为复杂，基于创办主体、功能、服务对象、机构性质和康复侧重点的不同，可以分为不同类型。

1. 不同创办主体

从社会领域的创办主体来看，中国残疾人康复机构可以分为残联系统、卫生系统、民政系统、教育系统等组织下的康复机构，以及各企事业单位、社会团体和其他社会力量、公民个人依法举办的康复机构。

---

① 程军、密忠祥、崔志茹等：《我国残疾人康复机构建设现状及对策》，《中国医院》2021年第6期，第5~8页。

2. 不同功能

根据功能的不同，可分为综合性康复机构、专项性康复机构和社区康复机构。[①]

（1）综合性康复机构

主要为各类残疾人提供全方位的康复服务以及开展康复服务领域的各种科研、教学等活动，如省级以上的康复机构或者部分规模较大的地级市康复机构。

（2）专项性康复机构

专门针对某一类残疾进行康复服务，通常拥有特定的设备和技术治疗手段，能够提供更加专业的康复服务，如听力康复机构、视力康复机构、孤独症儿童康复机构等。

（3）社区康复机构

主要是以基层社区为基础，通过自下而上的社区服务网络为康复对象提供康复服务的机构，能够为残疾人提供就近的康复服务和日常护理，对促进残疾人回归社会具有重要作用。

3. 不同服务对象

根据服务对象（残疾类别）的不同，残疾人康复机构可分为肢体残疾康复机构、视力残疾康复机构、听力言语残疾康复机构、智力残疾康复机构、精神残疾康复机构、孤独症儿童康复机构和辅助器具服务机构。

4. 不同机构性质

根据机构性质的不同，可分为公办残疾人康复机构与民办残疾人康复机构[②]，公办残疾人康复机构主要由不同的政府部门主体举办，如教育部门、残联部门、卫生部门等；民办残疾人康复机构主要由企事业单位、社会团体和其他社会力量以及公民个人依法举办，其中相当一部分为行业资深从业人员或残疾人家属。

① 苏鹏、刘刚、彭丽苹等：《湖南省残疾人康复服务现状及纾困策略》，《体育科技》2023年第3期，第69~74页。

② C. Shaughnessy, *Rehabilitation Act : Summary of 1998 Reauthorization Legislation* (Library of Congress & Congressional Research Service, 2002).

5. 不同康复侧重点

根据康复侧重点的不同，可分为残疾人教育康复机构、残疾人医疗康复机构、残疾人职业康复机构。

（1）残疾人教育康复机构

主要侧重于为适龄残疾儿童提供学前教育、中等教育、高等教育服务，2016年8月国务院颁布的《"十三五"加快残疾人小康进程规划纲要》（以下简称《纲要》）明确提出"鼓励特殊教育学校实施学前教育。鼓励残疾儿童康复机构取得办园许可，为残疾儿童提供学前教育"①。教育康复机构实施康教结合，对增加残疾人接受教育机会具有重要作用。各级特殊教育学校、民办学前康复教育机构等就是残疾人教育康复机构。

（2）残疾人医疗康复机构

主要侧重于残疾预防和康复，由专业的康复医师、康复技师以及康复治疗师为残疾人提供医疗康复服务，如各类康复门诊、康复医院、康复治疗中心等。

（3）残疾人职业康复机构

主要侧重于为残疾人提供职业康复服务，如职业培训、职业评定、职业辅导、服务转介、就业支持等，残疾人职业康复机构需求越来越大，在解决残疾人发展"最后一公里"方面发挥着重要作用。一方面，从个体角度看，能够帮助残疾人建立信心与自尊，更好地融入社会，在就业中获取经济回报，满足独立生活需求；另一方面，从社会角度看，在一定程度上减少了社会资源的浪费，使社会资源得到最大化利用②，减轻了社会和家庭负担。例如，各省（区、市）残疾人职业康复培训中心等就是这类机构。

（四）残疾人康复机构的分级

在我国残疾人康复机构进入规范建设期后，相关部门根据服务人口数、职

---

① 吴春容、姚志贤、赵悌尊：《加强省级残联康复中心的建设与管理》，《中国康复理论与实践》2004年第8期，第508~509页。
② 叶梦娇、张宇迪：《残疾人职业康复的国外经验研究》，《社会福利》（理论版）2022年第11期，第3~13页。

责功能和规模的不同，对残疾人康复机构进行分级建设，采用以下两类分级方式。

1. 根据服务人口数

根据服务人口数，可分为一级、二级、三级三个级别[1]，具体标准如下。一级康复机构：辖区残疾人人口数≤4.4万人或辖区常住人口数≤70万人。二级康复机构：4.4万人<辖区残疾人人口数≤50万人，70万人<辖区常住人口数≤800万人。三级康复机构：辖区残疾人人口数>50万人或辖区常住人口数>800万人。

2. 根据级别规模

根据级别规模，可分为三级（省级）康复机构、二级（地市级）康复机构、一级（区县级）康复机构。[2] 三级（省级）康复机构：床位不少于500张，建设面积在6万平方米以上，为综合性残疾人康复机构，业务内容涵盖广泛。二级（地市级）康复机构：床位有300张左右，建设面积在3万平方米以上，在注重残疾人康复的同时开展一些课题研究、教学等活动，业务内容较广泛。一级（区县级）康复机构：床位有50~100张，建设面积一般不少于5000平方米，主要为当地残疾人提供康复服务，业务内容相对较少。

（五）本报告所指残疾人康复机构

本报告所指的残疾人康复机构，是指残联系统的残疾人康复机构，即按照相应的准入标准，经县级及以上残联（主管部门）认定，并与县级及以上残联签订协议，为残疾儿童和持证残疾人提供各类康复服务的机构或社会组织。目前，我国残疾人康复机构已经形成了较为健全的网状体系，形成了以国家级康复机构为龙头、省级康复机构为骨干、地市级康复机构为支撑、基层康复机构为基础，残疾人社区康复站紧密联系的康复机构网络。[3]

---

[1] 姚志贤：《残疾人康复机构建设的回顾与探讨》，《残疾人研究》2013年第1期，第64~68页。

[2] 中华人民共和国住房和城乡建设部、中华人民共和国国家发展和改革委员会：《残疾人康复机构建设标准（建标165—2013）》，中国计划出版社，2013。

[3] 湖北省残疾人事业发展研究会编《湖北省残疾人事业发展蓝皮书》，华夏出版社，2021。

二 中国残疾人康复机构的发展历程

我国残疾人康复机构伴随着残疾人事业与康复服务的发展而发展，作为康复服务的提供者，在残疾人事业体系中具有重要的地位。康复机构发展可以划分为萌芽期、初创期、规范发展期、高质量发展期四个阶段。

（一）萌芽期

自中华人民共和国成立到 20 世纪 80 年代初，从早期残疾人康复服务主要由慈善机构提供到个别医疗机构提供医疗康复，这是中国残疾人康复机构漫长的萌芽期。在这个阶段，社会对残疾人的关注度相对较低，缺乏系统性和有组织的康复服务。这一阶段，政府建立了一些残疾人康复医院和学校，但整体规模和水平相对有限，康复服务以医疗为主。同时，康复范式从个体向医疗过渡，康复机构主要提供基本的生活照料和物理治疗服务，康复服务相对有限，主要目的是满足残疾人最基本的生活功能需求。改革开放初期，中国社会经历了一系列重要的政策调整，残疾人康复服务也开始受到更多的关注。

（二）初创期

20 世纪 80 年代中后期到 20 世纪末，随着残疾人康复需求的增加和残疾人权益保障的加强，康复服务逐渐成为社会关注的民生事项，我国残疾人康复机构发展开始进入初创期。1983 年中国听力语言康复研究中心的前身中华聋儿语言听力康复中心的成立、1984 年中国康复研究中心的开工与建设，标志着我国残疾人康复机构的建设正式开始[1]，这两个事件拉开了我国残疾人康复机构发展的帷幕，成为我国残疾人康复机构发展进程中的重要里

---

[1] 中华人民共和国住房和城乡建设部、中华人民共和国国家发展和改革委员会：《残疾人康复机构建设标准（建标 165—2013）》，中国计划出版社，2013。

程碑。1988 年中国残疾人联合会成立，同年 10 月，中国康复研究中心建设完成，成为我国第一个综合性现代康复机构，承担康复医疗、康复研究、人才培养、社区指导、国际交流等多领域的康复工作，而中国残联的成立，为残疾人事业和机构的发展提供了组织保障。

自 1988 年以来，我国将残疾人康复工作纳入国民经济和社会发展计划（规划）。康复机构从无到有，专业队伍由小到大，社区康复稳步推进。尽管存在发展不平衡和专业技术人才匮乏等问题，但国家陆续出台了相关政策，鼓励和支持残疾人康复机构的发展。

"八五"期间（1991~1995 年）国家对各省康复机构、聋儿康复机构、残疾人用品用具供应机构三类康复机构的建设提出了明确的要求，全国多数省级残疾人综合服务设施都在此阶段建设完成。[①] 此后，全国各地残疾人康复机构数量快速上升，到 2022 年底，残疾人康复机构数量达 11661 个[②]，其中以残联康复机构为主，康复范式以医学范式为主，逐渐过渡到社会范式，初创期的康复机构成为国家康复服务网络的中坚力量，为我国康复机构发展打下了坚实基础。

（三）规范发展期

21 世纪初到"十三五"结束，随着残疾人事业发展形成新格局，国家陆续出台相关法律法规，开始重视标准规范的建立，我国残疾人康复机构进入了规范发展期。2002 年，我国提出"人人享有康复服务"的目标，残疾人康复机构快速发展，各级政府、残联加大对康复机构的支持力度，提高康复设施和设备水平，同时开始建立学术团体、成立协会，重视标准规范的建立，加强专业人才培养，开展国际交流活动，确立康复的社会范式，康复机构呈现多元、专业、规范发展的新格局。

---

① 中华人民共和国住房和城乡建设部、中华人民共和国国家发展和改革委员会：《残疾人康复机构建设标准（建标 165—2013）》，中国计划出版社，2013。

② 《中国残疾人事业统计年鉴》（2023），中国残疾人联合会网站，https://www.cdpf.org.cn/zwgk/zccx/ndsj/kf1/2022kf/2599f615cbb7443db552f2f9510e974e.htm。

在此期间，以加强残疾人"两个体系"建设为契机，国家逐渐完善了有关残疾人康复服务的法律法规和政策，促使相关部门更好地履行康复服务职责，这一阶段康复机构数量和质量都呈快速提升态势，全国20余个省（区、市）先后成立残疾人康复服务机构①，并推动康复服务社会化，将康复资源输送到社区，使残疾人能够在社区得到更加便捷的康复服务，康复服务逐步向城市社区扩展，服务形式也逐渐多样化。

这一阶段国家密集发布一系列重要法律法规、标准规范。2013年1月，中国残联办公厅、卫生部办公厅共同发布《关于共同推动残疾人康复机构与医疗机构加强合作的通知》（残联厅发〔2013〕1号）；2016年，中国残联、国家卫生计生委、国务院扶贫办共同制定了《残疾人精准康复服务行动实施方案》，同年，国务院办公厅发布《国家残疾预防行动计划（2016—2020年）》；2017年5月，新修订的《残疾人教育条例》（中华人民共和国国务院令第674号）正式实施；2018年，国务院《关于建立残疾儿童康复救助制度的意见》（国发〔2018〕20号）发布；2019年，国家卫生健康委、中国残联等发布《残疾人社区康复工作标准》。此外，《残疾人康复机构建设标准（建标165—2013）》等规范标准陆续发布。在这些法律法规和文件政策引导下，康复机构建立了规范的运行机制，逐渐形成了中国特色的康复服务体系。

（四）高质量发展期

"十四五"时期我国残疾人康复机构进入了高质量发展期。2021年，国务院印发《"十四五"残疾人保障和发展规划》，明确指出要加强残疾人康复机构建设，完善全面康复业务布局，充实职业康复、社会康复、心理康复等功能，各地方可对新建民办残疾人康复机构和托养机构给予支持，支持儿童福利机构增加和完善康复功能，配备相应的康复设备和专业技术人员，与

---

① 焦佳凌：《编牢织密兜底保障网 助推残疾人事业高质量发展——解读〈"十四五"残疾人保障和发展规划〉（基于民政视角）》，《社会福利》2021年第8期，第16~18页。

医疗机构加强合作，提高康复医疗服务能力[①]；2021年，中国残联等部门发布《"十四五"残疾人康复服务实施方案》，明确提出"完善标准、规范，组织开展评估，推动残疾人专业康复机构贯彻全面康复理念，完善服务功能，提升规范建设和服务水平"；2022年，党的二十大报告提出"完善残疾人社会保障制度和关爱服务体系，促进残疾人事业全面发展"。这些政策必将继续加快构建残疾人康复机构发展新格局，推动残疾人康复机构和残疾人事业高质量发展。

高质量发展期的康复机构，承载着巩固小康成果、实现共同富裕的历史责任，在服务范畴方面要提质扩面，在专业方面要以残疾人为中心，采用循证支持的方法，多学科跨专业合作，医康教结合，建立完善的保障机制，实现质量评价与控制、个体功能提升与环境支持相结合，形成良好的康复机构支持体系。

三 中国残疾人康复机构的发展现状

从发展规模、特征、成效三个方面概括中国残疾人康复机构发展现状。

（一）发展规模

随着我国残疾人事业的快速发展，残疾人康复机构的数量不断增长、服务规模不断扩大。《2022年残疾人事业发展统计公报》显示，到2022年全国共有残疾人康复机构11661个，比2017年增长了3327个，并且在2017~2022年一直呈稳步增长状态（见图1）。[②] 从服务类别角度分析各类别残疾人康复机构，其中，2022年，数量最多的肢体残疾康复机构数量为5512个，其次是智力残疾康复机构4661个、孤独症儿童康复机构3634个（见图2）；从地区

---

① 中国残疾人联合会：《残疾人事业发展统计公报》（2017~2022年），中国残疾人联合会网站，http：//www.cdpf.org.cn/zwgk/zccx/index.htm。

② 中国残疾人联合会：《2022年残疾人事业发展统计公报》，中国残疾人联合会网站，https：//www.cdpf.org.cn/zwgk/zccx/tjgb/4d0dbde4ece7414f95e5dfa4873f3cb9.htm。

分布情况分析，2022 年，数量最多的是东部地区残疾人康复机构，共有 6036 个，其次是中部地区 2741 个、西部地区 2849 个（见图 3）。

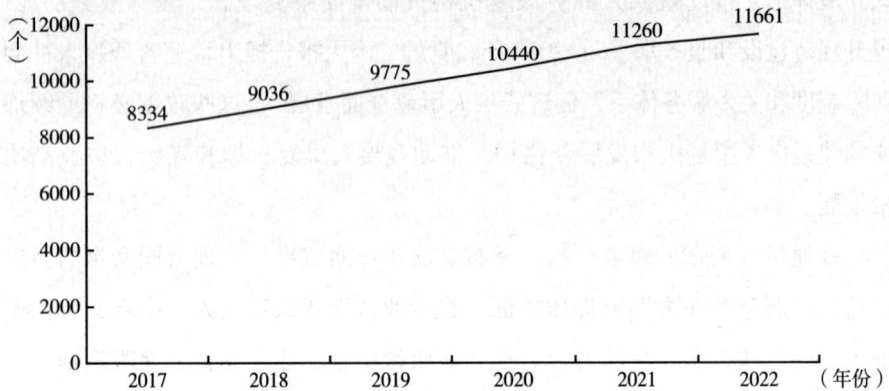

图 1　2017~2022 年全国残疾人康复机构数量

资料来源：笔者根据中国残联发布的《残疾人事业发展统计公报》（2017~2022 年）数据统计而成。

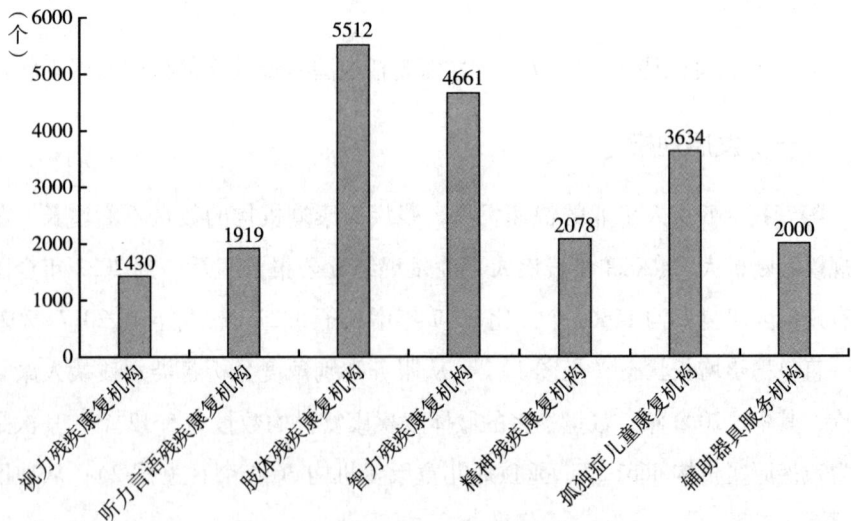

图 2　2022 年各类残疾人康复机构数量

资料来源：笔者根据中国残联年度数据整理得到。数据网址为：https://www.cdpf.org.cn/zwgk/zccx/ndsj/kf1/2022kf/2599f615cbb7443db552f2f9510e974e.htm。

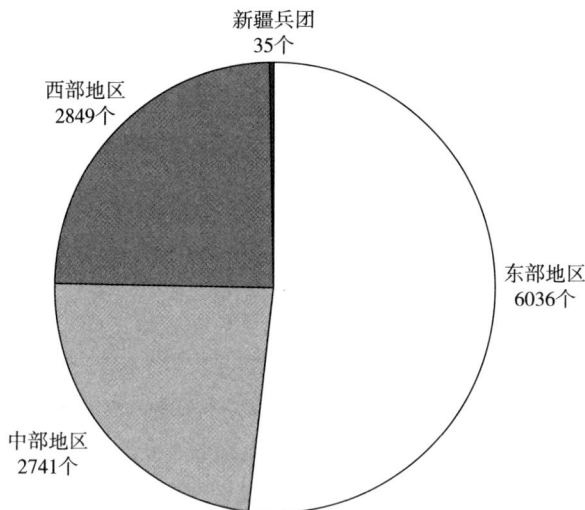

图3　2022年各地区残疾人康复机构数量

资料来源：笔者根据中国残联年度数据整理得到。数据网址为：https：//www. cdpf. org. cn/zwgk/zccx/ndsj/kf1/2022kf/2599f615cbb7443db552f2f9510e974e. htm。

从人员规模看，2017~2022 年，康复机构在岗人员数量也由 24.6 万人增长至 32.8 万人（见图4）。截至 2022 年底，全国有已竣工的各级残疾人综合服务设施 2263 个，总建设规模 611.1 万平方米，总投资 203.8 亿元；已竣工各级残疾人康复设施 1200 个，总建设规模 606.9 万平方米，总投资 197.8 亿元；已竣工的各级残疾人托养服务设施 1076 个，总建设规模 318.0 万平方米，总投资 87.8 亿元。[①]

（二）发展特征

中国残疾人康复机构是中国特色社会主义残疾人事业的有机组成部分，具有鲜明的时代特征。

1. 多重功能

残疾人康复机构不仅直接承接康复服务功能，还承载着党和政府对残疾

[①] 中国残疾人联合会：《残疾人事业发展统计公报》（2017~2022 年），中国残疾人联合会网站，http：//www. cdpf. org. cn/zwgk/zccx/tjgb/index. htm。

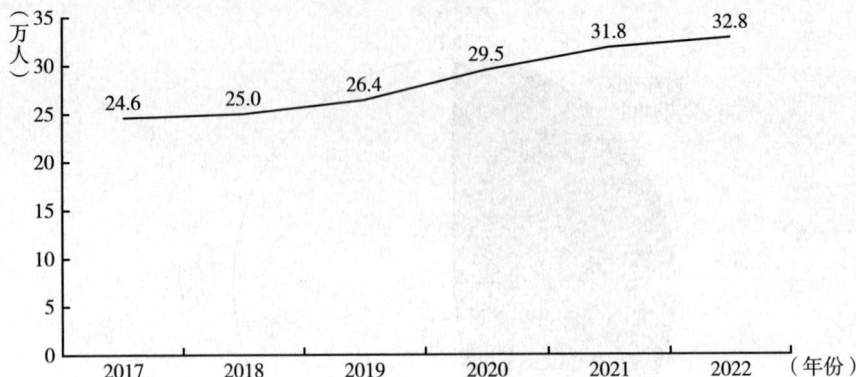

图4　2017～2022年全国康复机构在岗人员数量

说明：本报告所说的东、中、西部划分，根据国家发展改革委的解释，是政策上的划分，不是行政区划，也不是地理概念上的划分，且未包括港、澳、台地区。

人的关怀和康复工作特有的历史使命，一方面，通过康复服务使残疾人身心发展、功能恢复，更好地融入社会；另一方面，通过政策法规的引导与支持，传递党和政府对残疾人的关爱，使残疾人权益全面得到保障，实现平等、参与、共享的目标。

2. 多元服务

残疾人康复需求的多元化，决定了现代残疾人康复机构服务的多元化，残疾人康复机构不仅提供传统的康复治疗服务，还提供康复辅助器具配备、职业康复培训、心理治疗以及特殊教育等多种形式的服务，不仅关注残疾人的身体健康，还关注其心理健康和社会适应能力，通过综合性的康复治疗，满足不同残疾人的需求，帮助残疾人实现全面的健康和自我价值的提升。

3. 多学科融合

随着现代文明残疾人观的发展，多学科跨专业融合成为康复服务机构发展的重要策略，推动医康教结合，遵循社会模式和ICF理念，重视残疾人个性化发展需要，整合医学、康复、心理、特殊教育和社会学等相关专业，社会康复范式成为主流，从不同层面满足残疾人康复服务需求。

4. 公益性占主导

我国残疾人康复机构从初创期就带有明显的公益特性，经过多年发展，逐步建立了以政府为主导、社会资源参与的投入与运行机制，公益性占主导、市场与公益互补的发展格局，同时具有卫生医疗和残疾人民生事业的双重属性。

5.精准化服务

2016 年发布的《残疾人精准康复服务行动实施方案》明确提出，我国应将残疾人精准康复服务行动纳入经济社会发展总体规划。同时，现代残疾人康复机构建立了"系统化评估—个别化康复方案—系统康复干预—科学评价"的专业运行体系，康复服务的内涵与外延不断拓展，使服务更精准有效。基于系统性评估，使康复服务更专业；基于社区，使康复服务更便捷；基于政策导向，使农村、偏远地区、欠发达地区残疾人逐渐得到康复服务；基于科技发展，使康复服务更高质高效。

（三）发展成效

我国残疾人康复机构一直保持快速发展，特别是党的十八大以来，在党和政府对残疾人事业的高度重视下，残疾人事业在各方面有了非常大的进步，康复机构也取得了巨大的发展成效。

1.构建了完善的康复服务网络，使"人人享有康复服务"有了坚实基础

我国残疾人康复机构肩负着实现"人人享有康复服务"的特殊使命，通过康复提高残疾人的生活质量，促进其社会融合。其形成了国家级康复机构为龙头、省级康复机构为骨干、地市级康复机构为支撑、县级康复机构为基础，与社区康复紧密衔接的康复服务网络。2017~2022 年，每年均有 850万以上的残疾人得到基本康复服务（见图 5），160 万以上的残疾人得到基本辅助器具适配服务（见图 6），得到康复服务的持证残疾人中，包括视力残疾人、听力残疾人、言语残疾人、肢体残疾人、智力残疾人、精神残疾人、孤独症患者、多重残疾人，服务覆盖全面、成效显著，康复机构在确保残疾人平等享有康复服务方面发挥着关键作用。[1]

---

[1] 《中国残疾人事业统计年鉴》（2023），中国残疾人联合会网站，https：//www. cdpf. org. cn/zwgk/zccx/ndsj/zhsjtj/2022zh/8a6c50f56bae42d9b4cad0440ce01931. htm。

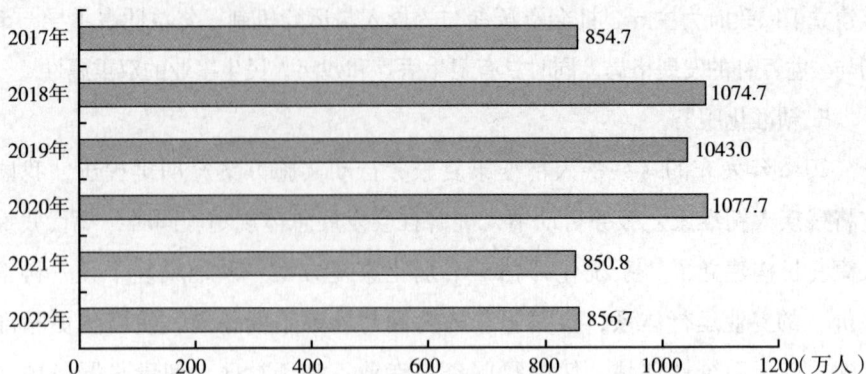

图 5　2017~2022 年得到基本康复服务的残疾人数量

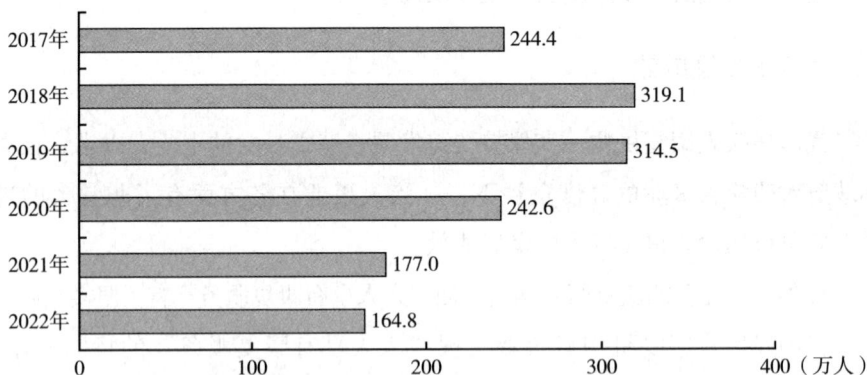

图 6　2017~2022 年得到基本辅助器具适配服务的残疾人数量

2. 形成了规范的建设与运行机制，为社会提供高质量的康复服务

2011 年 4 月，中国残联办公厅转发了《残联系统康复机构建设规范（试行）》，为康复机构的编制、评估、审批、规划、管理提供了指导。康复机构规范化管理包括在人员、财务、设备设施、诊疗规范、服务标准、信息化管理等方面建立标准和流程，建立健全相关管理制度。《"十四五"残疾人康复服务实施方案》提出"完善标准、规范，组织开展评估，推动残疾人专业康复机构贯彻全面康复理念，完善服务功能，提升规范建设和服务水平"。2022 年，中国残联办公厅印发《残联系统康复机构业务规范建设评估指南（试行）》，为各地做好康复机构业务规范建设评估，引导、带动全国残联

系统康复机构加强业务内涵建设、实现高质量发展提供了依据。

3. 在全面建成小康社会、实现共同富裕的国家战略中发挥独特作用

党的十八大以来，残疾人康复机构始终坚持以习近平新时代中国特色社会主义思想为指导，全面贯彻落实党中央、国务院关于残疾人康复工作的决策部署，以提升残疾人康复服务质量、促进残疾人全面康复为目标，力争"康复一个人，解放全家人"，通过恢复功能、减轻障碍，实现个人和家庭创造价值的社会目标，达到减轻家庭和社会负担的目的，承载着全面建成小康社会、巩固小康成果和实现共同富裕的国家战略重任。

4. 带动残疾人教育与就业发展，满足残疾人全生涯发展需求

（1）高等教育

2017~2022 年，每年均有上万名残疾人进入普通高等院校，接受高等教育（见图 7）。[1]

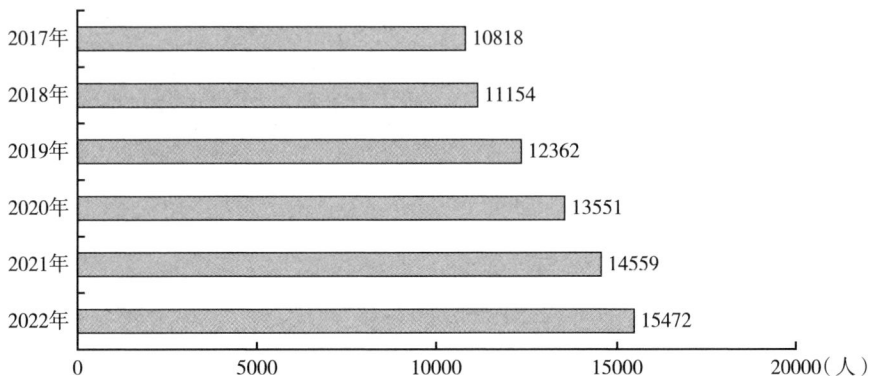

图 7 2017~2022 年进入普通高等院校的残疾人数量

（2）中等职业教育

残疾人康复服务为残疾人接受中等职业教育提供必要条件，2017~2022年残疾人中等职业学校每年有 12000 名以上在校生、3000~6000 名毕业生，其中每年有 1000 多人考取相关的职业资格证书（见图 8）。

---

[1] 《中国残疾人事业统计年鉴》（2023），中国残疾人联合会网站，https：//www.cdpf.org.cn/zwgk/zccx/ndsj/jy/2022jy/def159e240cd40509b2b7b3782529bd6.htm。

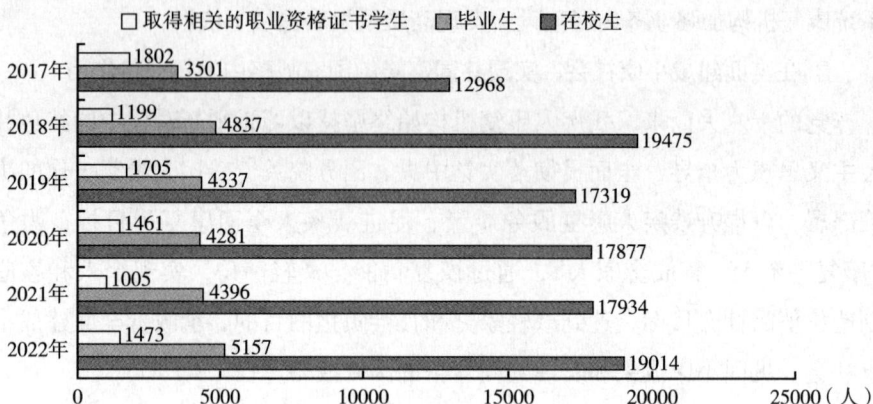

图8　2017～2022年残疾人中等职业学校学生数量

（3）残疾人就业

康复效果直接影响残疾人能否就业，而就业是民生之本，对于残疾人而言，就业能让他们融入社会，实现个人价值和社会价值。2018～2022年，我国每年残疾人就业总人数均在800万人以上（见图9），就业形式多样，包括按比例就业、集中就业、个体就业、公益性岗位就业、辅助性就业、灵活就业以及从事农村"种养加"等。

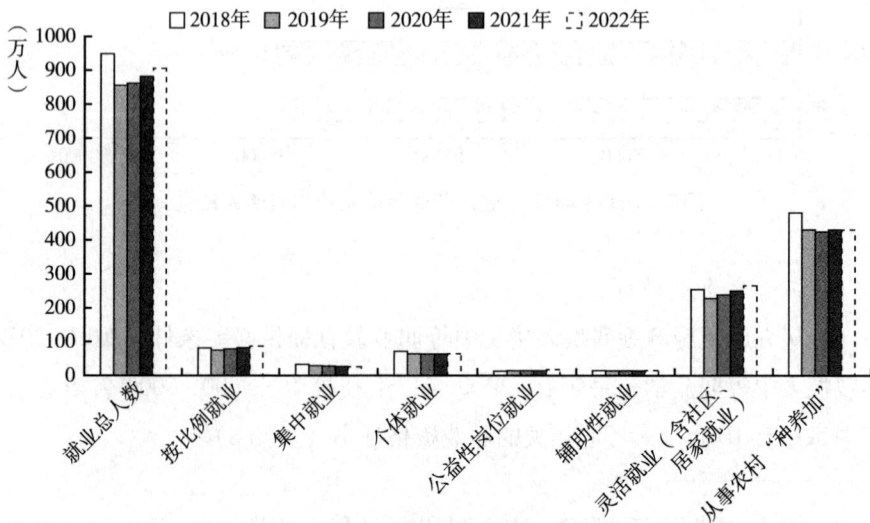

图9　2018～2022年残疾人就业情况

四　中国残疾人康复机构发展的挑战与机遇

进入新的发展时期，随着科技变革和社会观念的改变，残疾人康复机构迎来诸多挑战与机遇。

（一）挑战

1.保障水平有待提高，资金投入不足

残疾人康复机构的建设和运行需要投入大量的人力、财力、物力，目前各级财政投入不足，重投入、轻运行现象普遍存在。这种情况一方面是因为财政投入与保障机制不健全，另一方面是因为机构自身发展能力、治理能力有限，创新不够，质量偏低，服务规模不足，有相当一部分残疾人康复机构由于资金不足、场地有限等原因，在建设面积、设施方面都不符合《残疾人康复机构建设标准（建标165—2013）》的要求①，这势必会影响康复质量与机构的长远发展。近年来，新冠疫情对康复机构运营和服务提出了新的挑战，有的机构难以为继，出现生存危机，有许多机构不得不调整服务模式，采用在线咨询和远程康复等方式，以满足残疾人在疫情期间的康复需求。

2.发展不平衡、不充分

我国有8500多万各类别残疾人，90%都有康复需求，2022年有856.7万残疾人得到基本康复服务，164.8万残疾人得到基本辅助器具适配服务，康复机构的数量为11661个②，面对庞大的残疾人口基数，明显存在康复需求大、康复机构供给不足的问题，残疾人康复机构数量少、资源分散、功能不完善，远远无法满足残疾人的康复服务需求。一方面，残疾种类较多、各类别残疾人康复机构水平不一，要满足各类别残疾人的康复需求是一项

---

① 中华人民共和国住房和城乡建设部、中华人民共和国国家发展和改革委员会：《残疾人康复机构建设标准（建标165—2013）》，中国计划出版社，2013。

② 中国残疾人联合会：《2022年残疾人事业发展统计公报》，中国残疾人联合会网站，https：//www.cdpf.org.cn/zwgk/zccx/tjgb/4d0dbde4ece7414f95e5dfa4873f3cb9.htm。

重大挑战；另一方面，由于经济水平发展差异，各个地区康复机构存在发展不平衡、康复资源分配不均的问题，农村地区、偏远地区、欠发达地区残疾人难以享受基本康复服务，以孤独症为代表的心智发育障碍儿童的康复机构严重不足；东部地区的康复机构资源、人员配置都优于中西部地区，这可能与东部地区人口密度高、政府政策引导作用强等有关①。

3. 高层次康复专业人才匮乏

残疾人康复机构高质量发展离不开高层次人才，这类高层次人才主要是指高学历、高职称者，需要具有医康教专业背景，既具有较强实践能力，又具有科研能力。但是一方面，这类人才的数量有限，从高校人才培养到职后培养体系的衔接仍不完善，导致残疾人康复机构难以招聘到合适的人才，对机构的运营和服务质量造成影响；另一方面，招到一些高学历人才后，机构也缺乏合适的培养机制。由此，形成了高层次人才难进、难留的现实状态。2019年中国康复研究中心的调查显示，全国康复机构从业人员学历以中低学历为主，其中专科以下占34.2%，本科占43.8%。② 大部分康复机构的人员学历都以专科学历为主，这直接影响到康复机构的高质量发展，因此高学历与高层次人才培养问题亟待解决。另外，在残疾儿童康复机构中，康复和教育密不可分，需要做到康教结合，如何在儿童康复机构中合理地安排医疗和教育两个系统的高层次专业人员也有待进一步探讨。③

4. 行业标准规范不完善

标准规范是一个行业成熟的标志，不仅直接影响康复服务的质量水平，还影响行业可持续发展状况。近年来，各级残联及相关部门高度重视标准规范的建设，但总体上，有关康复服务的标准在数量和质量上仍远远无法满足

---

① 冯振宁、黄琦瑜、魏翻等：《我国残疾人康复机构与人力资源现况及配置公平性研究》，《中国社会医学杂志》2022年第2期，第222~225页。

② 卢迪迪：《康复机构从业人员现状及需求分析》，《中国康复理论与实践》2019年第7期，第859~864页。

③ 高少华、周静、王勇丽等：《宁波市特殊儿童康复机构现状调查》，《中国听力语言康复科学杂志》2020年第3期，第226~228页。

行业发展的实际需要，相当一部分规范被文件代替，指导性和操作性较差，残疾人康复机构的管理缺乏统一的行业管理标准，发展水平参差不齐，容易导致管理混乱、效率偏低等问题，限制了康复机构的高质量发展。此外，标准规范的质与量不足，导致机构间互动性不足，国际交流受限，这带来了残疾人康复机构内外发展的现实障碍，需要引起足够重视。

（二）发展机遇

1."健康中国"和"共同富裕"国家战略的实施

国家将残疾人康复及其机构建设纳入"健康中国"战略和国家基本公共服务规划中，"共同富裕"国家战略的实施对康复机构发展是一个重要的机遇。党和政府出台一系列政策和法规，提供经济支持和资源保障，如通过政府购买项目方式使机构业务保持稳定、免费开展人员培训、减免税收等，促进残疾人康复机构的发展。特别是进入"十四五"时期后，残疾人康复机构进入了高质量发展阶段，各项支持政策使康复机构得到支持，其规范化发展进入良性轨道。2016 年，中共中央、国务院印发的《"健康中国 2030"规划纲要》提出将残疾人康复"纳入基本公共服务，实施精准康复，为城乡贫困残疾人、重度残疾人提供基本康复服务"，从国家层面为残疾人事业发展提供了机遇。①

2.现代残疾人观的普及与广受认可

残疾人观是人们对残疾现象和残疾人问题的基本看法、态度和观点。现代残疾人观的核心理念是平等、参与、共享。随着现代残疾人观得到普及与广泛认可，残疾人权益保障水平逐渐提升，康复权被认为是重要的残疾人权益之一，残疾人康复需求和社会供给矛盾正在减少，公众意识与政策保障水平的提升成为残疾人康复事业发展的社会基础。同时，公众意识和社会意识的提升为残疾人康复机构争取更多的关注和支持提供了机会。机构可以通过

---

① 中共中央、国务院：《"健康中国 2030"规划纲要》，国家体育总局网站，https：//www.sport.gov.cn/gdnps/files/c25531179/25531211.pdf。

宣传教育活动和社会参与，深化和加大公众对残疾人康复的认知和支持力度，为残疾人康复机构提供更多的机会来扩大服务范围和提升服务质量。

3. 人工智能的广泛应用

人工智能广泛应用为残疾人康复机构发展提供了重要的时代机遇，随着科技的不断进步，特别是人工智能时代的来临，新的康复技术和设备不断涌现，为残疾人康复提供了更多的可能性。人工智能在残疾人康复领域具有广泛的应用前景，比如，语音识别和文字转换在帮助听力障碍者、计算机视觉在帮助视力障碍者上有巨大发展空间。人工智能可以直接参与残疾人康复训练，例如，通过机器人辅助康复技术，可以帮助偏瘫或截肢患者进行康复训练。VR 技术、智能假肢和辅助设备等，都能够帮助残疾人恢复功能、提高生活质量，特别是 VR 技术作为一种干预手段，目前已被广泛应用于特殊教育领域[1]，在语言训练和听障儿童干预方面有显著成效[2]，因此，残疾人康复机构可以积极采用这些新技术，为残疾人提供更有效的康复服务。

4. 国内外交流合作与康复新范式的融合

残疾人康复内涵不断深化、外延不断拓展，残疾人康复机构的功能需要不断优化，与残疾人服务相关机构和组织、社区服务组织、医疗与预防组织、志愿者组织、国际残疾人组织等的合作也是现代残疾人康复机构发展策略和重要机遇。2014 年张海迪在波兰竞选并当选康复国际主席、2023 年康复国际百年庆典活动在北京隆重举行，标志着我国残疾人康复机构与国际紧密交流合作时代的来临，通过国际、国内交流，残疾人康复机构将得到更大发展机遇。此外，随着残疾人观的演变，现代社会文明残疾人观成为主流，社会范式成为主流康复范式，残疾人权益视角、无障碍视角、环境支持视角等新视角被带到残疾人康复理论与实践中，使残疾人康复机构融合社会元素，成为社会发展有机组成部分。

---

[1] 王庭照、许琦、赵微:《虚拟现实技术在特殊儿童教学与训练中的应用研究》,《华东师范大学学报》(教育科学版) 2013 年第 3 期, 第 33~40 页。

[2] 杨雪、雷江华:《听障儿童基于虚拟现实技术的干预研究》,《昆明学院学报》2019 年第 2 期, 第 39~44 页。

（三）发展趋势

1. 规范化与专业化发展

规范化、专业化发展既是机构与行业发展的自身需要，也是残疾人康复服务高质量发展的逻辑起点。残疾人康复机构行业规范逐渐形成，适合各级各类康复机构的管理和运行标准逐渐增多，机构在法人治理、管理水平、运行机制等方面将越来越规范，如《康复机构组织建设与管理标准》的发布，从机构建设、机构组织管理、人才队伍配备及康复服务等方面对康复机构组织建设和管理进行规范[①]，具有较好的适用性、有效性和可操作性，未来将进一步促进康复机构系统化、规范化发展。同时，康复机构专业标准制定也在陆续推进，将来会在康复评估—康复方案—康复实施—康复评价—康复转衔等方面自成体系，使用具有循证支持的康复方法将形成共识，多元化康复专业体系将融合发力，满足不同层面的康复服务需求，多专业协同发展的康复专业群将使人才培养质量不断提升，基层康复人才紧缺局面将得到缓解。2022年，中国残联办公厅印发《残联系统康复机构业务规范建设评估指南（试行）》，评估内容主要包括综合管理、服务能力、服务提供、可持续发展能力、社会责任等5个方面，共有16项关键指标和40个评估要点。这一指南的应用，必将进一步促进康复机构规范化、专业化发展，使康复机构走上良性发展轨道。

2. 信息化与智能化发展

信息化与智能化将大大深化和拓展现代康复服务的内涵与外延，引领残疾人康复服务高质量发展。人工智能和大数据技术被预期将在康复医疗领域发挥重要作用，这些技术可以用于患者数据分析、康复计划的个性化设计以及远程康复服务的实施。通过信息化手段，可以实现对康复服务流程的优化和管理，提高服务效率和质量；通过智能化手段，提供高效、便捷、个性化

---

① 杨文亮、陈白、刘建忠等：《康复机构组织建设与管理标准》，《康复学报》2022年第2期，第106~110、123页。

的康复服务，可以帮助残疾人更好地融入社会，提高生活质量；康复服务信息化和智能化可以推动康复服务的创新发展，引入新的服务模式和服务内容，满足残疾人的多样化需求。比如，虚拟现实技术（VR）、增强现实技术（AR）、元宇宙技术在康复领域呈现极为广阔的应用前景，可以应用这些技术提供沉浸式的虚拟平台，模拟真实世界的场景，使患者能够在互动式的场景中进行康复训练，同时虚拟环境可根据患者实际需要定制，参数包括难度级别或所需运动类型，患者与虚拟对象互动并获得有关其表现的即时反馈①，在不久的未来，这些康复技术将加速带动残疾人康复机构朝着信息化与智能化的方向发展。

3. 高质量与普惠化发展

进入"十四五"时期，残疾人事业紧扣高质量发展主题，明确高质量发展任务清单，增进残疾人民生福祉，不断满足残疾人美好生活需要。以提升残疾人康复服务水平为主轴，以完善残疾人社会保障制度和关爱服务体系为两翼，逐渐成为促进残疾人事业全面发展的共识。残疾人康复机构高质量发展是康复工作高质量发展的前提，未来残疾人康复机构将在残疾人事业高质量发展大框架下得到快速发展，为了使康复服务提质增效扩面，使全体残疾人，特别是农村、偏远地区和欠发达地区残疾人能享受到高质量的康复服务，普惠制康复机构将成为主流，并得到政府更大力度的支持，社区康复、职业康复、残疾人自助互助等形式的多元化康复服务将得到普及，被纳入基本医疗保险支付范围的康复项目将进一步增加，发展不平衡、不充分状况将逐渐改变，康复机构将不断向高质量与高水平方向发展。

4. 服务残疾儿童和老年人的康复机构将进一步得到发展

一方面，残疾儿童康复事关千万个家庭的幸福和未来，党和政府始终对其高度重视。党的十八大以来，我国出台了多项政策对其加以保障。2017 年，国务院颁布了《残疾预防和残疾人康复条例》。2018 年 6 月，国务院又推出了

---

① 孔祥溢、姜鸿南、方仪等：《元宇宙在医学领域的应用现状与前景展望》，《医学信息学杂志》2023 年第 4 期，第 2~11 页。

残疾人康复领域的首个专项保障制度《关于建立残疾儿童康复救助制度的意见》，两个文件从国家层面加强了对残疾儿童康复的重视和支持。2022年，国家卫生健康委办公厅印发《0~6岁儿童孤独症筛查干预服务规范（试行）》，从操作层面规范孤独症儿童的康复工作。据统计，2018~2022年获得康复救助的残疾儿童有119.4万人①，而且逐年增加趋势明显，充分体现了党和政府对残疾儿童康复的重视。另一方面，我国现有残疾人8500多万，各类失能或半失能老年人4400万，截至2022年底，3768.2万持证残疾人中，60岁及以上的残疾老年人达1735.9万。② 随着国家政策扶持力度的进一步加大，服务于残疾儿童和老年人的康复机构将得到进一步发展。与之相关的康复服务、产品及技术市场缺口依然很大，这为新时代残疾人康复服务的创新与发展提供了持续推动力。

五　对策建议

未来对于残疾人康复机构的发展，要坚持以习近平新时代中国特色社会主义思想为指导，坚持党对残疾人事业的全面领导，对残疾人格外关心、格外关注，巩固拓展残疾人脱贫攻坚成果，紧紧围绕康复机构高质量发展的主题，提升残疾人康复服务水平，使残疾人更有获得感、幸福感、安全感。

（一）融入发展大局

残疾人事业是中国特色社会主义事业的重要组成部分，党的二十大明确提出"完善残疾人社会保障制度和关爱服务体系，促进残疾人事业全面发展"，这是新时代推进残疾人事业高质量发展的根本遵循和行动指南。将残疾人康复机构的发展纳入中国特色残疾人事业发展大局和"健康中国2030"

---

① 《中国残疾人事业统计年鉴》（2019~2023），中国残疾人联合会网站，https：//www.cdpf.org.cn/zwgk/zccx/ndsj/kf1/2018tj/f609745421e146b2bf4258f74c8cf7a5.htm。

② 《中国残疾人事业统计年鉴》（2023），中国残疾人联合会网站，https：//www.cdpf.org.cn/zwgk/zccx/ndsj/zhsjtj/2022zh/294e679cc9e345388d8496c2dce046ff.htm。

规划总体布局，是实现残疾人康复机构可持续发展的基本策略和基本要求。进一步加大力度开展防止返贫致贫监测，确保不因为康复服务不到位而发生残疾人规模性返贫，加大对农村残疾人康复网络扶持力度。

（二）完善保障体系

完善法律法规和政策机制，加强或优化残疾人康复机构资金投入、资源分配、运行管理、评估监督和补贴扶持，扩大康复救助面，不断完善残疾儿童康复救助制度，开展学龄前残疾儿童融合教育，扩大残疾儿童康复救助年龄范围至未满 18 周岁；加大力度落实残疾人精准康复、辅具适配、困难家庭无障碍改造等补贴制度，构建良好的康复社区环境；引导布局和资源调配，加强康复服务机构建设，进一步提高残疾人精准康复服务和自助互助水平，实现康复服务专业化、规范化。统筹推进残疾人机构康复、社区康复、家庭康复协同发展，确保残疾人高质量地实现"人人享有康复服务"。康复机构的发展离不开资金支持，一方面，应当加大政府投入力度，从中央到地方建立与经济社会发展同步的康复事业经费投入机制，并根据事业需要建立重点项目经费投入制度[1]，康复机构可以通过政府购买服务的方式获取资金支持；另一方面，各康复机构应当拓宽资金获取渠道，加强项目合作。

（三）加大人才培养力度

要促进残疾人康复机构的高质量发展，必须建设多学科、高层次的康复人才队伍。发展康复事业，逐步满足残疾人的康复需求，学科是基础，人才是关键。按照国际康复治疗师配备标准（30 人/10 万人）推算，全国需康复治疗师 40 余万人，还有 30 万人以上缺口。加大康复人才培养力度是一项社会重要工程。一方面，鼓励各个高校建立和发展康复治疗、儿童康复、社区康复、特殊教育等专业，完善康复教育体系，培养康复专业人才；另一方

---

[1] 焦佳凌：《编牢织密兜底保障网 助推残疾人事业高质量发展——解读〈"十四五"残疾人保障和发展规划〉（基于民政视角）》，《社会福利》2021 年第 8 期，第 16~18 页。

面，加强与医疗、教育机构的合作，促进不同学科之间的交流，给予中西部地区康复人才和康复机构更多的鼓励和支持政策。[①] 2017年2月，国务院颁布《残疾预防和残疾人康复条例》，明确要求"加强残疾预防和残疾人康复专业人才的培养；鼓励和支持高等学校、职业学校设置残疾预防和残疾人康复相关专业或者开设相关课程，培养专业技术人员"。加大康复人才培养力度需要采用的措施包括：加快建设中国康复大学，培养高素质、复合型的康复专业人才；统筹康复行业发展和人才培养总体规划；构建教育层次标准和康复教育标准体系，构建质量监管标准；形成分层的康复服务人才培养模式，培养残疾人康复领军人才；加强国际交流与合作，加强国际水平的学科前沿人才引进与培养，尽快培养一批站在康复行业前沿、具有国际视野的领军人物，充分发挥其骨干引领和示范带动作用。

（四）加强标准规范建设

对现有法规、制度、政策、文件进行梳理，组织力量加强标准规范建设，尽快建立适合我国国情的康复机构标准规范体系。针对我国残疾人康复机构种类较多，在发展、建设、运营管理等方面水平不一的现状，一方面，要明确各级各类康复机构的建设标准、服务模式、建设规模等，细化行业标准和统一的建设规范[②]，保证康复机构的规范化、专业化发展；另一方面，要进一步完善政府购买服务规范，加大对康复机构的扶持力度，在残疾人康复机构的准入、监管、评估与服务等方面建立操作性强的标准规范，将残疾人康复机构规范发展纳入政府有关部门考评体系。

（五）加快科技赋能

随着科技发展，智能康复相较于传统康复，有着客观、量化、高效、高

---

① 冯振宁、黄琦瑜、魏翻等：《我国残疾人康复机构与人力资源现况及配置公平性研究》，《中国社会医学杂志》2022年第2期，第222~225页。

② 中华人民共和国住房和城乡建设部、中华人民共和国国家发展和改革委员会：《残疾人康复机构建设标准（建标165—2013）》，中国计划出版社，2013。

质等诸多优势。信息化、智能化使残疾人康复机构迎来前所未有的创新发展机遇，例如，以康复机器人为代表的智能康复服务产业近年来得到了巨大的发展。政府要在布局规划和促进康复机构信息化与智能化建设中发挥引导和支持作用，加强组织实施残疾领域科研课题研究和科技攻关项目，加大智能化辅助器具、康复设备、无障碍终端设备等领域技术研发和推广应用支持力度。政府推动康复辅助器具产业集聚发展，增强优质康复辅具供给能力，全面提高残疾人康复服务领域科技含量和智能化水平。

专题篇 ⟨⟨

B.6
中国听力残疾预防与康复工作发展报告

刘巧云　赵　航　胡伟斌　张云舒　许金霞*

摘　要：　　在党和国家的关心、支持下，我国听力残疾预防与康复工作开展了大量的系统性工作。本报告梳理了听力残疾的基本概念，介绍了我国听力残疾预防与康复工作的发展历程，以及"爱耳日"听力残疾预防宣传，听力残疾儿童、老年性聋、噪声性聋的预防与康复，听力学相关专业人才培养等工作的现状。本报告还进一步分析了当前工作面临的问题：社会大众对全生命周期的听力健康服务理念的认识不足；听力健康服务专业人员数量不足，专业素养有待进一步提升；听力学的跨学科研究有待深化，成果转化效率有待提升。在此基础上，本报告提出了加强经济欠发达地区新生儿听力筛查、增强青少年听力障碍预防与康复意识、提高对噪声性听力损失的认知

* 刘巧云，博士，教授，博士生导师，华东师范大学教育学部康复科学系主任，研究领域为听觉、语言康复与促进等；赵航，博士，华东师范大学教育学部康复科学系工程师，研究领域为临床听力学；胡伟斌，华东师范大学教育学部康复科学系在读博士，研究领域为教育康复；张云舒，博士，滨州医学院特殊教育与康复学院讲师，研究领域为语言听觉康复；许金霞，山东第二医科大学康复医学院讲师，研究领域为语言言语康复。

度、积极关注老年人的听力健康、加强听力学相关专业建设、加强听力健康服务职后师资培训、深化听力学跨学科研究、提升听力学基础研究的成果转化效率等八个方面的应对策略。

关键词： 听力残疾 残疾预防 残疾康复 听力学

一 绪论

（一）研究背景

听觉不仅是我们感知周围声音的渠道，还是我们与环境接触、与他人交流并获得教育的主要途径。听力受损如果不采取有效的方式及时应对，可能会对生命中不同阶段的语言发展、心理健康、社会交往、接受教育和就业等产生不利影响。

据世界卫生组织2021年发布的《世界听力报告》预测，到2050年全球将有15亿以上的人（每4人中有1人）经历不同程度的听力下降，且其中至少有4.3亿人（每14人中有1人）较好耳听力损失程度在中度及以上。[①]该报告希望通过多方努力，创建一个理想的听力友好型世界：没有一个人因可预防的原因而遭受听力损失，而那些已经患有听力损失的人也可以通过康复、教育和赋权来充分发挥其潜力。中国是人口大国，按照每14人中有1人听力损失在中度及以上，我国将有超1亿人患有中度及以上听力损失。

作为公共卫生的重要任务，我们国家目前的耳和听力保健工作在党和国家的关心、支持下，开展了大量的系统性工作。本报告将梳理听力残疾的概念和标准，在此基础上重点梳理新中国成立以来我国听力残疾预防和康复工作的发展。

---

① World Health Organization, "World Report on Hearing," https：//www.who.int/publications/i/item/9789240020481.

（二）核心概念

1. 听力残疾的定义、诊断标准及分类

听力残疾是指人由于各种原因双耳患不同程度的永久性听力障碍，听不到或听不清周围环境声及言语声，以致影响日常生活和社会参与。随着社会的发展和技术的进步，听力残疾的评定标准也处在发展变化中。我国于1987年和2006年开展了全国残疾人抽样调查工作，听力残疾的标准也在相关工作中进行了修订。目前使用的听力残疾标准为第二次全国残疾人抽样调查时所确定的标准，该标准结合《国际功能、残疾和健康分类》（International Classification of Functioning，Disability and Health，ICF）标准的要求，从身体结构和功能、活动和参与等方面综合考虑听力残疾的情况。听力损失分级如表1所示。

表1 听力损失分级

级别	听力损失情况（好耳听损）	身体结构和功能（损伤）	无助听设备下的理解和交流活动（局限）	参与社会生活（障碍）
一级	大于90 dB HL	极严重损伤	极重度受限	极严重障碍
二级	81~90 dB HL	重度损伤	重度受限	严重障碍
三级	61~80 dB HL	中重度损伤	中度受限	中度障碍
四级	41~60 dB HL	中度损伤	轻度受限	轻度障碍

资料来源：孙喜斌、刘志敏：《残疾人残疾分类和分级〈听力残疾标准〉解读》，《听力学及言语疾病杂志》2015年第2期，第105~108页。

2021年，《世界听力报告》给出了新的标准，听力损失分级及其对应的听觉体验如表2所示。

表2 听力损失分级及其对应的听觉体验

分级	好耳听阈（dB）	多数成年人在安静环境下的听觉体验	多数成年人在噪声环境下的听觉体验
正常听力	<20	听声音无困难	听声音无困难或轻度困难
轻度听力损失	20~35	交谈无困难	交谈可能有困难
中度听力损失	35~50	交谈可能有困难	聆听或参与交谈有困难

续表

分级	好耳听阈(dB)	多数成年人在安静环境下的听觉体验	多数成年人在噪声环境下的听觉体验
中重度听力损失	50~65	交谈有困难,提高音量后没有困难	多数情况下聆听或参与交谈有困难
重度听力损失	65~80	大部分交谈内容听不到,提高音量后也有困难	聆听或参与交谈特别困难
极重度听力损失	80~95	提高音量后也特别困难	听不到交谈声
完全听力损失	≥95	听不到言语声和大部分环境声	听不到言语声和大部分环境声
单侧听力损失	好耳<20 差耳≥35	可能没有困难,除非声音靠近差耳;声源定位可能有困难	聆听或参与交谈可能有问题;声源定位可能有困难

资料来源:World Health Organization,"World Report on Hearing,"https://www.who.int/publications/i/item/9789240020481。

结合听力损失的部位,听力损失的类型可以分为传导性听力损失、感音神经性听力损失和混合性听力损失。当听力损失是由于外耳道或中耳问题而难以将声音传到内耳时,称为"传导性听力损失"。当听力损失是由耳蜗损伤所致时,称为"感音性听力损失";由听神经损伤所致时,称为"神经性听力损失",两者兼有时,称为"感音神经性听力损失"。当同一只耳同时出现传导性听力损失和感音神经性听力损失时,称为"混合性听力损失"。

2. 听力损失的患病率

受听力残疾标准、调查方法和社会整体发展的影响,听力损失的患病率报告存在较大差异。1987 年第一次全国残疾人抽样调查中听力残疾的患病率为 2.0%,2006 年第二次全国残疾人抽样调查中患病率为 2.2%。第二次全国残疾人抽样调查的结果为我国单纯的听力残疾人数有 2004 万人,加上其他多重残疾伴有听力残疾的合计为 2780 万人。其中单纯听力损失中,0~14 岁的现残率为 0.06%,15~59 岁的现残率为 0.51%,60 岁及以上的现残率为 1.52%。卜行宽等采用世界卫生组织调查方案,发现听力障碍和听力残疾患病率分别为 11.7% 和 4.4%,比两次全国残疾人抽样调查的结果均有所上升。2014~2015 年,中国听力语言康复研究中心牵头 14 家单位对 4 个项目省进行抽样调查,总体听力障碍的患病率为 16.49%,致残性听力障碍的患病率为 5.19%。

3. 听力损失的病因

听力损失的病因多样，包括遗传、母亲孕期病毒感染、传染性疾病、自身免疫缺陷性疾病、全身性疾病、中耳炎、听觉系统神经退行性病变（老年性聋）、早产和低体重、新生儿窒息、高胆红素血症、药物中毒、创伤或意外伤害、噪声或爆震、其他和原因不明。听力损失的危险因素在全生命周期的各个阶段均有可能存在，每个阶段的主要致聋因素可能不同。根据 2006 年第二次全国残疾人抽样调查结果，我国各年龄段听力损失排前三位的病因不同。0~6 岁：原因不明（34.70%）、遗传（19.40%）和其他（7.84%）；7~12 岁：原因不明（30.42%）、遗传（18.40%）、中耳炎（14.62%）；13~18 岁：原因不明（30.42%）、药物中毒（18.72%）、中耳炎（17.66%）；19~59 岁：原因不明（26.59%）、药物中毒（9.83%）、听觉系统神经退行性病变（8.32%）；60 岁及以上：听觉系统神经退行性病变（66.87%）、原因不明（8.91%）、中耳炎（8.62%）。从该数据中可以看出，除 60 岁及以上组排第一位的是听觉系统神经退行性病变（老年性聋），其他年龄段的听力损失原因排第一位的是原因不明，中耳炎和药物中毒占有较高的比例。

二　中国听力残疾预防与康复工作的发展历程

我国一直重视听力残疾的预防与康复工作，回顾新中国成立 70 多年的发展历程，大致可以分为以下四个阶段。

（一）起步阶段（1949~1978年）

我国具有现代意义的听觉研究始于新中国成立以后。1955 年，北京医院耳鼻咽喉科的王一首先对言语和听觉之间的关系进行了研究，提出了中国的"语言检查听力的语汇"。1956 年起，我国学者开始对噪声性聋进行研究。1962 年，天津助听器厂开启了我国国产助听器生产的先河。1963 年，蔡宣猷提出"言语测听法",这是新中国成立以后最早报道的汉语言语测听规范。1964年何永照主编的《听力学概论》是我国第一部听力学专著。同一时期,梁之安在上海生理研究所组建了国内第一家听觉研究室。该研究室长期从事听觉心理物理学和听觉生理学研究,并组织制定了多项生物声学的国家标准。①

(二)探索阶段(1979~1998年)

改革开放伊始,助听器门诊及专门的康复机构开始逐步设立,我国的听力残疾预防与康复工作进入探索阶段。1979年,邓元诚教授在北京同仁医院开设了首家助听器门诊;1982年,金济霖教授在中国医科大学附属第一医院正式开设听力门诊并采用行为测听法为聋儿验配助听器。1983年,中华聋儿语言康复中心成立,1986年该中心更名为中国聋儿康复研究中心,2016年更名为中国听力语言康复研究中心。该中心作为我国唯一一所国家级听力语言康复机构,同时承担全国聋儿康复工作的技术支持和业务管理的任务。1998年,我国启动新生儿听力筛查项目,并在《中国残疾人事业五年工作纲要(1988年—1992年)》中提出了聋儿听力语言训练大纲和教材的编写、各省听力语言康复训练中心骨干地位的确立、各类康复人才的培养等多种形式的预防与康复工作措施。

(三)规范阶段(1999~2018年)

1999年,中国残联等10个部门发布的《关于确定"爱耳日"的通知》将听力筛查纳入妇幼保健的常规检查项目中,促进了听力残疾预防与康复工作的发展。2001年,《中国残疾人事业"十五"计划纲要(2001年—2005年)》对听力残疾人群的预防及干预提出了更明确的目标,如新生儿听力筛查及早期干预项目的开展、聋儿语训师及聋儿家长的培训、聋儿入普幼普小率的提升等。这标志着我国听力残疾预防与康

---

① 王坚主编《听觉科学概论》,中国科学技术出版社,2005。

复工作步入规范阶段。

在听力残疾预防方面，2004 年卫生部颁布的《新生儿听力筛查技术规范》明确提出了听力筛查的对象、技术、流程等内容。2009 年，卫生部出台《新生儿疾病筛查管理办法》，明确听力障碍为新生儿疾病筛查的病种之一，在全国全面启动新生儿听力筛查工作。2006 年，《聋儿早期康复教育指导纲要（试行）》的颁布标志着我国小儿听力语言康复教育全面纳入科学、规范的专业化发展轨道。2007 年，北京启动了中国新生儿聋病基因筛查项目。同年，中国残联、卫生部等 8 个部门联合印发了《全国听力障碍预防与康复规划（2007—2015 年）》。2009 年，由中国就业培训技术指导中心组织编写的《助听器验配师（国家职业资格四级）》出版。同年，国家卫生和计划生育委员会组织专家编写了《新生儿及婴幼儿早期听力检测及干预指南（草案）》。2010 年，卫生部重新修订《新生儿听力筛查技术规范》，进一步对筛查工作进行了规范。2016 年，我国出台了《国家残疾预防行动计划（2016—2020 年）》[①]，对婚前/孕前健康检查、产前检查、新生儿筛查的检查率做了明确要求。2018 年，《婴幼儿听力损失诊断与干预指南》正式出台，该指南明确了诊断与干预的具体实施环节。在听力残疾康复方面，国家较有代表性的救助项目有 2004～2006 年的"听力助残"项目、2009～2011 年的"贫困聋儿抢救性康复项目"、2012～2015 年的"七彩梦行动计划"及 2016～2020 年的"'十三五'残疾人精准康复服务"；与此同时，国家及行业制定和实施了一系列的规范性法规、纲要及方案。2013 年，中国残联印发了《关于进一步加强听力语言康复工作的意见》，至此，全国的听力语言康复形成了较为系统的干预模式。2018 年，国务院出台的《关于建立残疾儿童康复救助制度的意见》为我国听力残疾康复工作提供了制度化保障，基本实现了 0～6 岁有康复需求的听障儿童的全覆盖，并向学龄儿童、成人发展。

---

① 《国务院办公厅关于印发国家残疾预防行动计划（2016—2020 年）的通知》，2016 年 8 月 25 日，http：//www.gov.cn/zhengce/content/2016-09/06/content_ 5105757. htm。

（四）提升阶段（2019年至今）

当前，我国听力残疾预防与康复工作重点已由儿童康复为主扩展至全年龄段的听力残疾预防与康复工作。儿童进一步通过基因检测、新生儿听力筛查、免疫接种、改善产妇和新生儿护理、早期干预、早期管理等措施的完善进行预防与康复。成人通过不同级别的听力保健、重点人员的筛查、特殊工作环境下人员的降噪、社会层面的科普宣传等手段进行科学管理与预防；通过助听器和人工耳蜗植入、药物治疗、康复疗法及字幕服务等手段进行康复服务。2020年12月23日，《0—6岁听力残疾儿童康复服务规范》团体标准由中国残疾人康复协会发布。

2021年颁布的《中华人民共和国国家经济和社会发展第十四个五年规划和2035年远景目标纲要》明确提出，加强预防、治疗、护理、康复有机衔接。国务院印发的《"十四五"残疾人保障和发展规划》提出，提升残疾人康复服务质量和强化残疾预防，以建成高起点、高水平、国际化的康复大学，加快培养高素质、专业化康复人才为目标。通过专业人才的培养、社会层面的参与、多方面的协作、政府系统的总协调，建立生命全过程中以人为本的覆盖全民的耳部和听力保健。2021年，我国还通过了《中华人民共和国噪声污染防治法》，动员并要求全社会参与噪声的防治工作。

2021年12月17日，《7岁及以上听力残疾人康复服务规范》团体标准由中国残疾人康复协会发布。该标准规定了7岁及以上听力残疾人的康复服务原则、服务流程、服务内容、服务质量和服务资源。该标准是为了解决当前听障儿童康复机构建设与机构康复服务效能质量提升依据的短板问题。该标准于2022年1月1日起实施。2022年11月7日，《0~6岁听障儿童居家康复服务指南》和《老年听障者居家康复服务指南》两项团体标准由中国残疾人康复协会发布，两项标准的建立，完善了0~6岁听障儿童和老年听障者居家康复服务体系。两项标准于2022年12月7日起实施。

三　中国听力残疾预防与康复工作的现状

中国听力残疾预防与康复工作经过几代人的努力，通过建立全国性的听力障碍儿童康复网络、"全国爱耳日"的科普宣传工作、助听器验配师的培养、人工耳蜗植入工作、各类公益项目等，取得了卓越成效。

（一）"爱耳日"听力残疾预防宣传工作

在 1998 年 3 月召开的中国人民政治协商会议第九届全国委员会第一次会议上，社会福利组 15 名委员提出了《关于建议确立爱耳日宣传活动》的提案。次年，卫生部、教育部、民政部等 10 个部门共同发布了《关于确定"爱耳日"的通知》，确定了自 2000 年起，每年 3 月 3 日为"全国爱耳日"。该通知同时明确了各相关单位的职责，确保工作能够有效开展。例如，残联应该组织和协调有关部门开展宣传教育活动。卫生部门的任务是把新生儿听力筛查纳入妇幼保健的常规检查项目，做到早期发现，早期干预；此外，还应组织医务工作者积极参与有关活动。教育部门的任务是在学校及家长中宣传普及耳聋预防知识等。

迄今为止，"全国爱耳日"活动已经开展了 24 期。每年的"爱耳日"，全社会利用电视节目、公益广告、宣传画报、微信推文等多种形式使广大人民了解致聋原因、危害及预防和康复方法。

爱耳日不仅在国内产生了巨大影响，还走向了世界。在世界卫生组织听力预防与康复合作中心的持续推动下，自 2013 年起每年的 3 月 3 日被确立为"世界听力日"（World Hearing Day）。

（二）听力残疾儿童的预防与康复工作

1. 听力残疾儿童的预防工作

听力残疾儿童的预防从出生前即开始，包括婚育人群检查、新生儿听力筛查、学前及学龄期儿童听力筛查及后续的健康体检、疫苗接种等工作。

（1）婚育人群检查工作

1994 年 10 月 27 日，中华人民共和国第八届全国人民代表大会常务委员会第十次会议通过《中华人民共和国母婴保健法》。该法令要求婚前医学检查包括对准备结婚的男女双方可能影响结婚和生育的疾病进行医学检查。

（2）新生儿听力筛查工作

新生儿听力筛查是及时发现先天性聋的最有效手段。2000 年，新生儿听力筛查首次被纳入我国妇幼保健常规检查项目中。2002 年，上海正式出台了《上海市新生儿听力筛查和诊治方案》①，文件明确了筛查对象、筛查方法和要求、筛查和确诊程序、治疗和干预、职责分工等五个方面。2004 年，卫生部印发了首版《新生儿疾病筛查技术规范》②，提出有条件的地方应进行普遍性筛查，不具备条件的地方应根据当地情况，至少进行听力障碍高危新生儿筛查。2010 年，卫生部印发了《新生儿疾病筛查技术规范（2010 年版）》③。听力筛查的普及率在多方努力下逐步提升，2011 年听力筛查普及率不足 25%，到 2018 年已超过 80%。

（3）学前及学龄期儿童听力筛查工作

《儿童耳及听力保健技术规范》由国家卫生和计划生育委员会于 2013 年 4 月 9 日印发。④ 新生儿期听力筛查之后儿童的听力筛查工作则进入 0~6 岁儿童保健管理体系，在健康检查项目中开展耳及听力保健，听力筛查的重点年龄为 6、12、24 和 36 月龄。

近年来，国家虽然陆续出台了包含听力残疾儿童在内的相关政策，但

---

① 《关于在全市开展新生儿听力筛查工作的通知》，2002 年 1 月 11 日，http：//service. shanghai. gov. cn/XingZhengWenDangKuJyh/XZGFDetails. aspx？docid=RE PORT_ NDOC_ 000614。

② 《卫生部关于印发〈新生儿疾病筛查技术规范〉的通知》，2004 年 12 月 27 日，http：//www. nhc. gov. cn/zwgk/wtwj/201304/3314d7c0cb74432ea ffc71ca9560e681. shtml。

③ 《卫生部关于印发〈新生儿疾病筛查技术规范（2010 年版）〉的通知》，2010 年 11 月 10 日，http：//www. nhc. gov. cn/zwgk/wtwj/201304/e6215 cd2b1c541c6914aefeb542e3467. shtml。

④ 《关于印发儿童眼及视力保健等儿童保健相关技术规范的通知》，2013 年 4 月 9 日，http：//www. nhc. gov. cn/wjw/gfxwj/201304/bfb996a2b8b34 56da76d6ad6edb39d76. shtml。

对学龄段儿童的听力筛查工作较少直接提出。2017 年，教育部等七部门联合印发的《第二期特殊教育提升计划（2017—2020 年）》提出坚持统筹推进、普特结合。到 2020 年，各级各类特殊教育普及水平全面提高，残疾儿童少年义务教育入学率达到 95% 以上，非义务教育阶段特殊教育规模显著扩大。2020 年 6 月，教育部印发《教育部关于加强残疾儿童少年义务教育阶段随班就读工作的指导意见》①，对进一步提升随班就读工作水平做出部署。根据教育部发布的统计数据，2021 年九年义务教育阶段适龄残疾儿童随班就读人数大约为 46 万人，其中听力残疾儿童是接受融合教育的主力军。②

2. 听力残疾儿童的康复工作

经诊断确诊为听力障碍且治疗无效后，最常见的干预方法是先验配助听器、植入人工耳蜗和佩戴相关的辅听设备，然后进行相关的听觉语言干预。

由于助听器、人工耳蜗等费用较高，贫困家庭的听力残疾儿童容易错过最佳治疗时机而终身聋哑，为此国家、政府和社会开展了大量抢救性康复项目。我国于 2004~2006 年启动的"听力助残"项目为 6 岁前的听障儿童免费提供助听器及电池，5625 名儿童获益，同时该项目补贴了 4.8 万名贫困听障儿童的部分训练费。2007~2008 年共为 1.2 万名听障儿童配发助听器，补贴部分训练费。2009~2011 年中央财政专项启动"贫困聋儿抢救性康复项目"，为 1974 名听障儿童免费植入人工耳蜗，并补贴手术费及术后一学年的康复训练费，为 9000 名听障儿童免费配发双耳佩戴全数字助听器。2012~2015 年继续实施"贫困听障儿童康复救助项目"，并更名为"七彩梦行动计划"，四年共为 20137 名听障儿童免费植入人工耳蜗，为 18000 名听障儿童免费配发双耳助听器，并补贴手术费和术后一年康复训练费，首次为 61700 名贫困成年听力残疾人免费配发一只全数字助

① 《教育部关于加强残疾儿童少年义务教育阶段随班就读工作的指导意见》，2020 年 6 月 17 日，http：//www.gov.cn/zhengce/zhengceku/2020-06/28/content_ 5522396.htm。
② 《特殊教育基本情况》，http：//www.moe.gov.cn/jyb_ sjzl/moe_ 560/2021/quanguo/202301/t20230103_ 1037868.html。

听器。2016~2020 年，实施"'十三五'残疾人精准康复服务"。2018年，国务院出台了《国务院关于建立残疾儿童康复救助制度的意见》（国发〔2018〕20 号)①，提出了包括 0~6 岁听力残疾儿童的救助要求，基本实现残疾儿童"应救尽救"。该文件要求县级以上地方人民政府根据本地实际确定残疾儿童康复救助基本服务项目和内容。为此，全国各地建立了各自的救助政策。例如，《北京市关于完善残疾儿童康复服务制度的意见》规定加强 0~15 岁残疾儿童康复服务衔接，提供手术康复、康复训练和辅助器具配置等一体化康复服务。② 北京市残联印发的《北京市残疾儿童基本康复目录（2020 年）》③ 和 2021 年《北京市残疾人辅助器具购买补贴目录》④ 分别作为康复训练补贴和辅助器具的依据。残疾儿童少年助听器补贴 6000 元/台（使用年限为 4 年），调频系统接收装置补贴 4000 元/套（使用年限为 5年）。在耳蜗方面，0~7 岁未享受过人工耳蜗补贴政策的北京市户籍听力残疾儿童可申请 15.8 万元的一次性补贴。16 岁以下自费购买耳蜗产品的北京市听力残疾儿童少年，可申请 6 万元补贴用于升级言语处理器。在康复训练方面，16 岁以下听力和言语残疾儿童每人每年最高申请 36000 元康复训练补贴。其中，集体课 30 元/40 分钟；小组课 60 元/40 分钟；个训课 120 元/40 分钟。每天补贴不超过 240 元，每月不超过 3600 元。各省份差异较大，具体政策需查询当地情况。例如，上海市残联 2023 年出台了《关于加强听障者人工耳蜗植入手术及言语处理器更新工作的通知》，对人工耳蜗及言语处理器的补贴做了规定，对符合条件的儿童给予 15 万元的补贴，另外，可申请言语处理器更新一次，补贴最高为 5.4 万元。该文件提出对成人也有 6

---

① 《国务院关于建立残疾儿童康复救助制度的意见》，2018 年 7 月 10 日，http：//www.gov.cn/zhengce/content/2018-07/10/content_ 5305296. htm。
② 《印发〈北京市关于完善残疾儿童康复服务制度的意见〉的通知（京政办发〔2018〕49 号)》，2018 年 12 月 26 日，http：//www. bdpf. org. cn/n1508/n1509/n1514/n2958/c68659/content. html。
③ 《关于印发〈北京市残疾儿童基本康复目录（2020 年）〉的通知》，2020 年 4 月 15 日，http：//www. bdpf. org. cn/n1508/n1509/n1514/n2958/c73533/content. html。
④ 《北京市残疾人联合会关于印发 2021 年〈北京市残疾人辅助器具购买补贴目录〉的通知》，2021 年 3 月 24 日，http：//fuju. bdpf. org. cn/article-589239. dhtml。

万元的人工耳蜗补贴。国家项目的实施,让成千上万名听障儿童回归正常社会生活,让社会看到人工耳蜗给重度、极重度听力残疾人带来的益处,也带动更多的企业、慈善组织为听力残疾儿童捐赠助听器和人工耳蜗,极大地推动了我国听力残疾儿童的康复工作。

王永庆先生于 2005 年向中国残疾人福利基金会捐赠人工耳蜗,启动"听力重建 启聪行动"项目。截至 2021 年 1 月,该项目共捐助 3000 多台人工耳蜗。[①]

在国家、社会和家庭的共同努力下,目前听力残疾儿童的康复成效显著。研究显示,听力残疾儿童人工耳蜗植入术后一年内入普率(普幼或普小)累计达 58.6%,术后两年入普率累计达 85.3%,三年达 93.2%。[②]

在参加学业选拔考试方面,2015 年 4 月 21 日,教育部及中国残联发布了《残疾人参加普通高等学校招生全国统一考试管理规定(暂行)》的通知[③],要求招生考试机构根据残疾考生的残疾情况以及各地实际提供合理便利。听力残疾的考生在经申请批准后可免除外语听力考试。

(三)老年性聋的预防与康复工作

随着我国及全球人口老龄化进程的加快,老年性聋成为世界范围内备受关注的问题。

1. 老年性聋的定义

老年性聋(Presbycusis)为持续多年的一种渐进性、对称性、感音神经性听力损失,也被称为年龄相关的听力损失(Age-Related Hearing Loss,ARHL)。老年性聋的特征是持续多年的渐进性、对称性高频听力损失。[④] 听

---

① 《辅具情报研究第四期 人工耳蜗救助项目》,2021 年 1 月 7 日,https://kffj.mca.gov.cn/n852/c26043/content.html。

② 龙墨、郑晓瑛、卜行宽主编《听力健康蓝皮书:中国听力健康报告(2021)》,社会科学文献出版社,2021。

③ 《教育部 中国残联关于印发〈残疾人参加普通高等学校招生全国统一考试管理规定(暂行)〉的通知》,2015 年 4 月 21 日,http://www.gov.cn/gongbao/content/2015/content_2901392.htm。

④ Gates, G. A. and Mills, J. H., "Presbycusis," *The Lancet* 2005 (366): 1111.

力损失也可伴有耳鸣、眩晕和平衡失调导致摔倒。老年性聋可极大地影响生存质量，造成自卑、孤立和抑郁。[①] 老年性聋也可伴有痴呆（Dementia）。[②]

2. 我国老年性聋流行情况分析

根据 2006 年第二次全国残疾人抽样调查所获得的基础数据进行分析[③]，全国 60 岁及以上老年人中听力残疾（含多重残疾）者约为 2046 万人。十几年来，我国的人口老龄化趋势开始加速。根据世界卫生组织 2021 年发布的《世界听力报告》[④] 给出的每个年龄段的老年性聋患病率，结合我国第七次全国人口普查的各年龄段人数进行详细估算，我国目前达到中度及以上听力损失程度的老年性聋人数为 5000 万~6000 万人。

3. 老年性聋的预防工作

老年性聋的三级预防：一级预防（病因预防），保持健康听力的生活干预；二级预防（早筛查、早诊断、早治疗），完善筛查计划；三级预防（控制并发症及致残率），并发症患者管理筛查。[⑤]

（1）加强科普宣传

"全国爱耳日"宣传活动自 2000 年开办以来，多次专门以老年性聋为主题对公众进行宣传。例如，2005 年主题为"全社会共同关爱老年人——健康听力，幸福生活"；2013 年主题为"健康听力，幸福人生——关注老年人听力健康"。

---

① Rutherford, B. R., Brewster, K., Golub, J. S., et al., "Sensation and Psychiatry: Linking Age-Related Hearing Loss to Late-Life Depression and Cognitive Decline," *The American Journal of Psychiatry* 2018, 175 (3): 215-224; Marques, T., Marques, F. D., and Miguéis, A., "Age-Related Hearing Loss, Depression and Auditory Amplification: A Randomized Clinical Trial," *European Archives of Oto-Rhino-Laryngology* 2022 (279): 1317.

② Livingston, G., Sommerlad, A., Orgeta, V., et al., "Dementia Prevention, Intervention, and Care," *The Lancet* 2017 (390): 2673.

③ 孙喜斌、于丽玫、曲成毅、梁巍、王琦、魏志云：《中国听力残疾构成特点及康复对策》，《中国听力语言康复科学杂志》2008 年第 2 期，第 21~24 页。

④ Chadha, S., Kamenov, K., and Cieza, A., "The World Report on Hearing, 2021," *Bulletin of the World Health Organization* 2021, 99 (4): 2242-242A.

⑤ 葛剑力、耿莎莎、段吉茸、李青青、孙晓明、江华：《老年听力损失筛查模式研究进展》，《中国初级卫生保健》2022 年第 11 期，第 34~38 页。

随着人口老龄化问题越来越受到关注，针对老年群体的听力健康科普近年来也越来越受到各类媒体的重视。听力健康科普宣传的主要内容建议包含以下三个方面。①保持健康的生活方式，如戒烟戒酒、保证睡眠、合理膳食、适度运动，以及加强对全身慢性疾病的管理，这有助于降低听力损失发生的概率。②减少危险因素，主要避免噪声损伤和服用耳毒性药物。高强度、持续性的噪声会对听力造成永久性的损伤。如无必要，应尽量避免服用氨基糖苷类抗生素（如庆大霉素、链霉素等）、抗疟疾药物奎宁以及祥利尿剂等具有耳毒性的药物。③在发生突发性聋时应尽快就医。突发性聋的主要临床表现为单侧听力下降，可伴有耳鸣、耳堵塞感、眩晕、恶心、呕吐等。突发性聋的治疗多采用多种药物联合使用的方法，有效率在70%左右。其治疗效果与开始治疗的时间有一定的关系，应在发病后7~10天内尽早到医院进行治疗，避免发展为永久性听力损失。

（2）完善筛查计划

2017年世界卫生大会通过的《预防聋和听力损失决议（WHA 70.13）》要求成员国将听力保健纳入全民初级保健体系。目前，由于缺乏专业人才，我国尚未建立广泛的老年性聋基层筛查体系。仅在部分地区由卫生部门或企事业单位在社区进行了一些尝试。例如，江苏省以公共卫生服务项目中的高血压和糖尿病为突破口在社区卫生服务中心进行耳和听力保健整合模式的探索。[1]

（3）控制并发症及致残率

与老年性聋息息相关的并发症主要考虑以阿尔茨海默病为主的痴呆问题。痴呆症将给社会、家庭与个人带来更加沉重的负担。已有大量研究表明，老年性聋与老年抑郁及认知功能下降之间均存在关联[2]，中度听力损失

---

[1] 刘丞、徐霞、王凤、杨爱玲、石帅、程颐清、卜行宽：《社区卫生服务中心耳和听力保健模式的建立和初步实践》，《听力学及言语疾病杂志》2021年第3期，第252~255页。

[2] Rutherford, B. R., Brewster, K., Golub, J.S., et al., "Sensation and Psychiatry: Linking Age-Related Hearing Loss to Late-Life Depression and Cognitive Decline," *The American Journal of Psychiatry* 2018, 175 (3): 215-224.

老人比听力正常老人罹患阿尔茨海默病的概率高 3 倍，重度听力损失老人比听力正常老人患病概率高 5 倍。[①]而且，听力损失是预防痴呆症的可控因素中占比最高的一个因素。[②]

4. 老年性聋的康复工作

老年性聋的康复工作是另一难点。老年性聋的康复指根据听力诊断结果，明确听力损失的程度与性质，为老年性聋患者提供康复咨询，以及各种类型的解决方案，运用不同的助听装置帮助老年性聋患者改善听觉功能的过程，并通过各种方法（咨询、引导和训练）减少听力损失对老年性聋患者的功能、社会活动和生活品质的消极影响，帮助其重返社会交往。[③]老年性聋的康复工作主要集中在以下几个方面。

（1）助听器

对于老年性聋助听器佩戴者来说，需要助听器验配人员的长期专业服务才能获得较好的康复效果。而目前我国助听器使用率约为 5%，远低于欧美发达国家的 30%。老年人不接受助听器的原因有很多，如更希望通过吃药治愈，而不是佩戴辅具；不希望被视为残障人士；不了解助听器，怕上当受骗，等等。助听器价格昂贵也是重要原因之一。部分省份出台了一些针对老年性聋群体的助听器政府补贴项目。例如，上海市残联就为本市老年人提供政府统一采购的专业助听器，并且提供验配服务。

（2）人工耳蜗

人工耳蜗植入是目前解决重度或极重度听力损失问题最直接有效的康复手段，尤其是当助听器效果不佳时。我国接受人工耳蜗植入手术的听损者绝大部分为儿童，老年植入者非常少。除了价格因素外，老年人及其家属对人工耳蜗植入手术不了解，担心手术风险也是一个重要原因。

---

① Lin, F. R., Metter, E. J., O' Brien, R. J., et al., "Hearing Loss and Incident Dementia," *Archives of Neurology* 2011, 68（2）：214-220.

② Livingston, G., Sommerlad, A., Orgeta, V., et al., "Dementia Prevention, Intervention, and Care," *The Lancet* 2017（390）：2673.

③ 龙墨、郑晓瑛、卜行宽主编《听力健康蓝皮书：中国听力健康报告（2021）》，社会科学文献出版社，2021。

（3）康复咨询与训练

老年性聋的对象都是老年人，而老年人接受新事物会慢一些，靠自己搜索信息的能力会弱一些，因此在康复过程中，全程需要专业人员提供非常细致的服务。而这方面的工作，不管是科学研究还是临床实践经验，普遍比较缺乏，有待进一步发展。

（四）噪声性聋的预防与康复工作

长时间或经常暴露在强声中会对耳蜗毛细胞和其他结构造成永久性损伤，从而导致不可逆的听力损失。除了听力损失，噪声暴露还会导致其他健康问题，如失眠或心血管疾病等。[①] 每周听强度超过 80 dB 的声音超过 40 小时会损害内耳的毛细胞。声音强度及声音的持续时间与听力损失风险呈正相关关系。国际上，一般把 24 小时内在 80 dB（A）的稳态噪声下暴露 8 小时视为噪声暴露的安全界限。

1. 噪声性聋的定义及现状

噪声性听力损害（Noise-Induced Hearing Loss，NIHL）是世界范围内常见的职业危害，噪声性听力损害可能来自职业噪声、娱乐噪声及其他环境噪声等。中国大约有 1000 万名工人在强噪声环境下作业，有听力损失的人员占 1/10；全球有 5%～12% 的人口受噪声影响，约 5 亿人有患噪声性聋的风险。[②]

目前我国的第二大职业病是职业性噪声聋（Occupational Noise-Induced Deafness，ONID），且该病在部分地区如广东省已成为第一大职业病。经初步调查，2022 年，广东接触噪声的人群接近 600 万人，当年在某一医院体检的 3 万余人中大约有 30% 听力受损，约有 700 人进入了职业性噪声聋的临床诊断程序。[③]

---

① World Health Organization, "World Report on Hearing," https：//www.who.int/publications/i/item/9789240020481.

② 龙墨、郑晓瑛、卜行宽主编《听力健康蓝皮书：中国听力健康报告（2021）》，社会科学文献出版社，2021。

③ 张华、陈惠清：《噪声聋已成广东第一高发职业病》，光明网，2022 年 4 月 26 日，https：//m.gmw.cn/baijia/2022-04/26/1302918752.html。

邹华等研究发现，浙江省 2006~2020 年职业性噪声聋发病人数呈不断增长趋势。① 职业性噪声聋致残程度根据双耳听力损失程度分级。② 双耳听力损失 ≥91 dB 者为四级致残，≥81 dB 者为五级致残，≥71 dB 者为六级致残，≥56 dB 者为七级致残，双耳听力损失 ≥41 dB 或一耳听力损失 ≥91 dB 者为八级致残，双耳听力损失 ≥31 dB 或一耳听力损失 ≥71 dB 者为九级致残，双耳听力损失 ≥26 dB 或一耳听力损失 ≥56 dB 者为十级致残。

娱乐声引起的耳聋也在逐年增加。WHO 估计超过 10 亿年轻人由于过长时间听高强度音乐而面临永久性听力损失的风险。听 100 dB 的音乐 15 分钟相当于工人听 85 dB 的声音 8 小时，经常光顾娱乐场所的人中，近 40%的人有听力损失风险。③ 造成大学生听力损失最重要的原因之一是随身听的使用④，且男生听力损失风险高于女生。

除娱乐噪声外，还有工业生产、建筑施工、交通运输等带来的噪声，如果噪声暴露时间过长也会造成听力方面的问题。

2.噪声性聋的预防工作

噪声性聋主要依靠预防。预防方式包括控制噪声源、阻断噪声传播、佩戴护耳器等。相关工作需要国家、各地政府、用人单位、社会组织和公众等多方面共同努力。国家和各地政府从宏观层面制定相应的法律和标准。2021 年通过的《中华人民共和国噪声污染防治法》⑤ 规定，噪声污染为超过噪声排放标准或者未依法采取防控措施产生噪声，并干扰他人正常生活、工作和学习的现象。2023 年 1 月，《"十四五"噪声污染防治行动计划》由生态环

---

① 邹华、方兴林、周莉芳、张美辨：《2006—2020 年浙江省职业性噪声聋报告病例特征分析》，《环境与职业医学》2022 年第 4 期，第 357 页。

② 中华人民共和国国家标准 GB/T 16180—2014，《劳动能力鉴定　职工工伤与职业病致残等级》，2014 年 9 月 3 日，第 13~24 页。

③ World Health Organization, "World Report on Hearing," https：//www.who.int/publications/i/item/9789240020481.

④ 马峰杰、王雷、胡墨绳、秦彩虹、白银：《常频听阈正常的民航飞行学员扩展高频听阈分析》，《听力学及言语疾病杂志》2017 年第 5 期，第 478 页。

⑤ 《中华人民共和国噪声污染防治法》，中国人大网，2021 年 12 月 24 日，http：//www.npc.gov.cn/npc/c2/c30834/202112/t20211224_315601.html。

境部联合 16 个部门印发[①]，要求"十四五"期间，基本掌握重点噪声源污染状况，不断完善噪声污染防治管理体系，有效落实治污责任，稳步提高治理水平，持续改善声环境质量，逐步形成宁静和谐的文明意识和社会氛围。

3. 噪声性聋的康复工作

噪声性聋患者要尽早脱离噪声环境，合理安排饮食和休息，必要时进行药物和心理干预，提高生活质量。重度噪声性聋患者应佩戴助听器，并应调离噪声工作场所。对急性听力损伤者应采取措施，及时促进内耳血液循环、改善营养及代谢状况，有鼓膜、中耳、内耳外伤的应及时对症治疗并防止感染。[②] 根据《工伤保险条例》（修订版）[③]，职业病属于工伤。但目前因经营管理者和劳动者的职业病防护意识较薄弱，职业卫生管理制度欠缺，职业卫生投入不足，职业性噪声聋仍经常发生，工伤认定常常难以落实。

（五）听力学相关专业人才的培养工作

近年来，通过政府连续推动听障者康复项目以及助听器验配师职种的设立和考核，听障者的助听器验配服务有了长足进步。2009 年，《助听器验配师（国家职业资格四级）》由中国就业培训技术指导中心按照标准、教材、题库相衔接的原则组织编写出版。2010~2011 年，《助听器验配师（国家职业资格三级）》《助听器验配师（国家职业资格二级）》相继出版，意味着相关职业认定标准的建立。2015 年，助听器验配师被纳入《中华人民共和国职业分类大典（2015 年版）》，据不完全统计，目前已有数千人通过考试取得助听器验配师资质。与听力相关的大学本科专业包括听力与言语康复学、教育康复学等。现在有上海交通大学、四川大学华

---

① 《关于印发〈"十四五"噪声污染防治行动计划〉的通知》，中国政府网，2023 年 1 月 3 日，http://www.gov.cn/zhengce/zhengceku/2023-01/10/content_ 573609 5. htm。

② 李栋、纪龙、张乐主编《预防医学》，山东大学出版社，2018。

③ 《工伤保险条例》，国家法律法规数据库，2010 年 12 月 20 日，https://flk.npc.gov.cn/detail2.html? ZmY4MDgwODE2ZjNjYmIzYzAx NmY0MGQ1YmMwZjA2NTk。

西医学中心、华东师范大学、首都医科大学、浙江中医药大学等 30 余所高校开设相关专业。

四 中国听力残疾预防与康复工作面临的问题

（一）社会大众对全生命周期的听力健康服务理念的认识不足

听力损失会对个体产生全生命周期的影响。在人口变化趋势以及持续增长的风险因素的影响下，听力损失的患病率仍然在不断增长。[1] 当前，社会大众对全生命周期的听力健康服务理念的认识度和认可度还不足。

首先，新生儿听力筛查率的地区间差异较大，经济欠发达地区的筛查率仍然不够高。一项关于广东省新生儿听力筛查情况的研究显示，2017~2019年广东省新生儿听力初筛率连年升高，但初筛率的地区分布两极化现象仍然明显，2017 年初筛率最低的是粤东地区（64.61%），广州市初筛率最高，为 99.17%。[2]

其次，对青少年的听力障碍预防与康复服务意识还不够强。部分学龄儿童，因其家长疏忽或听力保健知识欠缺等，错过了早期治疗机会。事实上，在青少年期所面临的听力损失和耳疾病的许多风险因素是可以预防或化解的。

再次，对噪声性听力损失的认知度很低。现代生活方式和生活环境的变化意味着人们更容易受到噪声影响，噪声引起的听力损失和耳鸣会严重影响人们的生活质量。例如，一项针对浙江省职业性噪声聋的研究报告显示，2006~2020 年，职业性噪声聋病例数及其占当年职业病总例数的比例呈上升

---

[1] World Health Organization, "World Report on Hearing," https：//www.who.int/publications/i/item/9789240020481.

[2] 郑可、吴诗欣、曾祥丽：《2017~2019 年广东省新生儿听力初筛、复筛、随访现况及影响因素》，《听力学及言语疾病杂志》2022 年第 2 期，第 184~187 页。

趋势，年平均增长速度为 22.11%。[①] 但当前人们对噪声性听力损失的认知度还很低，尤其是在一些特殊的职业和娱乐场所，尚未采取良好的听力保护措施。

最后，老年人听力健康问题还没有得到社会关注。据有关流行病学调查，我国 60 岁及以上听力残疾人助听装置佩戴率不到 10%。[②] 目前的科普推送内容参差不齐，老年人被误导现象常有发生。

（二）听力健康服务专业人员数量不足，专业素养有待进一步提升

近年来，我国的听力健康服务事业取得了长足进步，通过《全国听力障碍预防与康复规划（2007—2015 年）》，进一步完善了听力卫生保健与听力康复服务，逐步形成了一个覆盖所有省份、从国家级到市县级各个层级机构较为全面的服务网络，然而面对庞大的听力障碍人群及其提高生活质量的需求，我国听力语言康复仍然面临巨大挑战。[③]

首先，我国听力健康服务专业人员数量存在明显不足。根据全国听力语言康复专业人员管理系统的统计数据，我国机构中共有 520 名是以听力师为主岗，其中国家级和省级机构 126 名，地市级及以下机构 394 名。[④] 另外，据不完全统计，我国 334 个地级市中，47 个没有地市级听力语言康复机构，其中 25 个地级市没有听力语言康复机构；2845 个县级行政区中 2474 个没有听力语言康复机构。[⑤]

其次，我国听力健康服务从业人员的专业素养有待提升。一项针对听力

① 邹华、方兴林、周莉芳、张美辨：《2006—2020 年浙江省职业性噪声聋报告病例特征分析》，《环境与职业医学》2022 年第 4 期，第 357~361 页。
② 龙墨、郑晓瑛、卜行宽主编《听力健康蓝皮书：中国听力健康报告（2021）》，社会科学文献出版社，2021。
③ 龙墨、郑晓瑛、卜行宽主编《听力健康蓝皮书：中国听力健康报告（2021）》，社会科学文献出版社，2021。
④ 刘里里、刀维洁、梁爽、董蓓、陈滨：《基层听力语言康复机构听力师及其工作现状的调查分析》，《中国听力语言康复科学杂志》2018 年第 1 期，第 51~54 页。
⑤ 龙墨、郑晓瑛、卜行宽主编《听力健康蓝皮书：中国听力健康报告（2021）》，社会科学文献出版社，2021。

师专业背景的调查显示，从业人员中学历为大专、本科的占 88.25%。[①] 目前，我国存在听力学相关的职业资格证书认定种类较少、考试管理效率低、职业标准不严格等问题。以助听器验配师资格证为例，学历要求为高中及以上学历，学历偏低的从业门槛可能导致从业人员的薪酬待遇水平偏低、人员流动性偏大等问题。

（三）听力学的跨学科研究有待深化，成果转化效率有待提升

近年来，我国听力学研究工作快速发展，研究方向和领域也得到了极大拓展，大批科研成果不断涌现。[②] 但随着以人工智能为代表的新一轮科学技术革命的发展，听力学研究也面临一些挑战。

首先，在跨学科研究方面还有待深化。当前的听力学研究正面临如何进一步将听力学与物理学、生物医学工程和计算机科学融为一体的重要任务。

其次，听力学基础研究的成果转化效率有待提升。目前听力学基础研究成果的转化和应用还存在短板，远远不能满足国家医疗卫生和经济建设发展的要求。近年来，听力学基础研究领域在项目实质转化、发明专利以及药物研发等方面尚无显著突破。

五 中国听力残疾预防与康复工作的发展建议

（一）加强经济欠发达地区新生儿听力筛查

在经济欠发达地区大力宣传优生优育知识，积极开展遗传咨询活动，建立咨询规范和流程，广泛开展新生儿、婴幼儿听力筛查联合耳聋基因

---

① 龙墨、郑晓瑛、卜行宽主编《听力健康蓝皮书：中国听力健康报告（2021）》，社会科学文献出版社，2021。
② 龙墨、郑晓瑛、卜行宽主编《听力健康蓝皮书：中国听力健康报告（2021）》，社会科学文献出版社，2021。

筛查，做到对有听力损失的新生儿及婴幼儿能够早发现、早诊断、早干预。[1]

（二）增强青少年听力障碍预防与康复意识

建议定期开展学龄儿童听力筛查和普查工作，利用互联网、大数据等建立儿童听力健康平台，完善医疗保障体系，将学龄儿童听力健康纳入医疗保障体系，创造针对病因治疗和康复的条件。开展在校听力保护项目，基于健康信念模式教育家长和孩子改变不安全的聆听行为，项目侧重于传授有关听力、噪声、听力损失和可改变的风险因素的知识；还应发展安全聆听的技术，比如听力保护装置的使用、噪声隔离耳机的使用、通过降低音量预防过度噪声能量暴露。同时，项目应该保证噪声隔离耳机或者听力保护装置不会影响个人安全。[2]

（三）提高对噪声性听力损失的认知度

建议对特殊的职业和娱乐环境进行噪声监测，限制噪声暴露水平和暴露时间。此外，对个人而言，建议根据安全聆听标准，合理使用音响、耳机等设备。例如，每周使用耳机不超过 40 小时，并尽量将音量保持在 80 dB 以内，并且使用世界卫生组织推荐的 hearWHO 应用程序进行听力自测。

（四）积极关注老年人的听力健康

建议按照世界卫生组织要求，为老年人提供听力筛查和助听器，以便及时发现和管理听力损失。实施的要点包括：①加深老年人对听力损失的认识，科普老年人接受听力康复可获得的益处；②鼓励保健专业人员定期询问老年人的听力情况并开展筛查；③听力损失老年人的首选治疗方法为佩戴助听设备，佩戴助听设备可以最大限度地减少听力损失并改善日常功能；④应

---

[1] 龙墨、郑晓瑛、卜行宽主编《听力健康蓝皮书：中国听力健康报告（2021）》，社会科学文献出版社，2021。

[2] World Health Organization, "World Report on Hearing," https://www.who.int/publications/i/item/9789240020481.

尽量避免使用耳毒性药物；⑤慢性中耳炎或突发性聋患者，以及未通过听力筛查者，应转诊给耳鼻咽喉科医师。①

（五）加强听力学相关专业建设

支持高校建设听力学、听力与言语康复学、言语听觉康复技术等专业。建议增加不同专业的区分度，制定听力学教育的行业标准，构建统一的核心课程体系，统一划分临床实习内容，与职业标准相对接，利用学校优势和不同专业的特色建立符合我国多元化需求的培养机制。

（六）加强听力健康服务职后师资培训

鼓励各地有培训资格的听力语言康复机构通过短期继续教育等方式，加强对已从业人员的专业素养提升，特别是要开展针对中西部地区基层卫生人员听力相关业务的培训。开展职业资格认定，规范职业准入制度。2015 年，听力师被正式纳入《中华人民共和国职业分类大典（2015 年版）》，但是尚未有相匹配的职业资格考试，因而影响到了从业人员的薪资待遇、职场晋升和社会地位。建议积极推动听力师、听觉口语师、言语康复师等国家新职业的职业资格认定。此外，建议增加各级医院、社区医疗机构、全科医生参与的听力专业人才队伍的人力资本，确保听力筛查、辅助器具验配、听力障碍康复等各级相关机构、部门专业人才队伍的高质量发展。

（七）深化听力学跨学科研究

听力学是交叉学科，以往只局限于物理声学与心理学、生理学、组织学等互相交叉，未来听力学的发展与生物医学工程学科密不可分。② 此外，随着新技术的发展、信号处理方法的不断更新，影响听力学临床实践和基础理

---

① World Health Organization， "World Report on Hearing," https：//www. who. int/publications/i/item/9789240020481.
② 李兴启：《中国听力学的发展与未来》，《听力学及言语疾病杂志》2016 年第 3 期，第 217~223 页。

论研究的诸多交叉学科将被纳入大数据平台，比如人工智能技术、基因学、遗传学、医学信息学、现代医疗器械技术等。新的测听设备的创造与使用，新的测听手段与评估手段、康复理念的引入，远程听力检测、远程听力诊断、移动听力康复等新知识和新技术的应用，将形成多学科、多领域的交叉，听力学研究的生态链将被重新定义。[1]

（八）提升听力学基础研究的成果转化效率

与发达国家相比，我国听力学基础研究在科研成果转化方面的差距更加明显，今后应着力加强这方面的工作，进一步增强科研成果转化意识，并加强科技转化的配套服务工作，加快本领域科研成果转化落地。[2] 此外，建议加大多元化的资金投入和支持力度，积极发挥政府的科研服务能力，为听力学研究的成果转化奠定产业化基础。[3]

---

[1] 龙墨、郑晓瑛、卜行宽主编《听力健康蓝皮书：中国听力健康报告（2021）》，社会科学文献出版社，2021。

[2] 龙墨、郑晓瑛、卜行宽主编《听力健康蓝皮书：中国听力健康报告（2021）》，社会科学文献出版社，2021。

[3] 林青宁、毛世平：《高校科技成果转化效率研究》，《中国科技论坛》2019 年第 5 期，第144~151、162 页。

B.7
中国精神残疾预防与康复工作发展报告

李先宾　郑　毅*

摘　要：　目前中国精神障碍疾病负担日益严重，精神卫生问题成为我国公共卫生问题的重要组成部分。各类精神障碍持续一年以上未痊愈，存在认知、情感和行为障碍，影响日常生活和活动参与，就会导致精神残疾的出现。对于每一位想要回归社会的精神障碍患者来说，在通过药物治疗病情稳定后，需要有一个长期的精神康复过程才能使他们的认知、情感和行为障碍等问题真正得到改善，减少疾病复发，最终真正回归社会，过上有意义的社区生活。因此，需要建立系统的精神康复体系以及精神残疾预防体系，为精神障碍患者回归社会助力，从而达到全面康复，减少精神残疾的发生。

关键词：　精神残疾　精神康复　精神残疾预防

一　中国精神残疾预防与康复工作的背景

（一）精神残疾的定义

1. 世界卫生组织的定义

世界卫生组织（WHO）在《国际残损、残疾与残障分类》（International Classification of Impairments, Disabilities and Handicaps, ICIDH）中，将"残

---

* 李先宾，主任医师，博士，硕士生导师，首都医科大学附属北京安定医院精神康复科主任，研究领域为精神疾病的诊疗和康复工作；郑毅，主任医师，教授，博士生导师，首都医科大学附属北京安定医院儿童精神医学首席专家，研究领域为精神病与精神卫生。

障"（handicap）定义为由损伤或残疾造成的特定个人不利条件，它限制或阻止该个人扮演正常角色（取决于年龄、性别和文化因素）；将"残疾"（disability）定义为以人类认为正常的方式或在正常范围内进行活动的能力受到限制或缺乏（由于损伤）。但是人们很快就发现，ICIDH 不能很好地描述功能残疾状态，更不能表述健康的概念。于是，1993 年世界卫生组织决定修订ICIDH，并在 1997 年 3 月、1999 年 7 月和 2000 年 10 月先后发布了 ICIDH-2的 Beta - 2A 草案和 Prefinal（终极测试版）草案，英文全称也改为"International Classification of Functioning，Disability and Health（ICF）"，中文译名为《国际功能、残疾和健康分类》。ICF 用"活动"取代了"残损"，用"参与"取代了"残障"，克服了 ICIDH 中概念含混问题。[1]

ICF 将残疾定义为损伤（impairments）、活动限制（activity limitations）和参与限制（participation restrictions）的总称，表示一个有健康问题的个体与该个体的环境因素（环境和个人因素）之间相互作用的负面影响。世界卫生组织认为，患有残疾的个体是无法按照社会规范从事活动的，精神残疾的个体亦是如此。患有严重精神障碍（如精神分裂症、严重强迫症或持续性严重抑郁症）的人，不能独立地按照社会规范进行活动。

2. 我国的定义

2011 年，我国颁布《残疾人残疾分类和分级》国家标准，将残疾划分为视力残疾、听力残疾、言语残疾、肢体残疾、智力残疾、精神残疾和多重残疾七类，其中，精神残疾指各类精神障碍持续一年以上未痊愈，由于存在认知、情感和行为障碍，以致影响其日常生活和社会参与者可导致精神残疾。精神障碍患者在日常生活中可能发生功能障碍而达到残疾标准。除了精神残疾以外，以上其他类型残疾都可能发生于精神障碍患者，即精神残疾共患多重残疾。[2]

---

[1] 王茂斌：《更新观念：关于"国际功能、残疾和健康分类（ICF）"》，《中华物理医学与康复杂志》2002 年第 4 期，第 196~198 页。

[2] 陆林主编《沈渔邨精神病学》（第 6 版），人民卫生出版社，2018。

（二）精神残疾的预防

残疾预防是针对常见的致残原因采取有效的干预，预防或减少致残性疾病和伤害的发生，并在残疾发生后防止残疾转变成为残障。

1. 精神残疾的"三级预防"模式

精神残疾的发生是生物、心理、社会因素共同作用的结果，给患者和家属带来痛苦和压力，也给社会带来沉重的负担。Caplan[1] 于 1964 年首先提出了"三级预防"模式，各个国家和地区也主要从这三个方面开展精神残疾预防工作。①一级预防（primary prevention）即病因预防，从精神健康促进的角度，加强大众健康教育，属于积极主动的预防措施。②二级预防（secondary prevention）即早发现、早诊断、早治疗，以防止或减缓疾病继续发展。该预防措施对精神疾病的病程转归及预后有重要的影响，是精神残疾防治工作中的重要环节。如儿童孤独症、精神分裂症、阿尔茨海默病这些高度致残的精神障碍。③三级预防（tertiary prevention）即防止伤残、促进功能恢复和预防复发。通过对精神残疾患者进行康复训练，改善患者的社会功能，减少功能残疾，提高患者的生活质量，帮助精神残疾患者回归社会，并将这一工作深入初级卫生保健系统中。

2. 精神障碍预防框架

Mrazek 和 Haggerty[2] 提出了新的精神障碍预防框架，将预防仅用于精神障碍发生前的干预，二级与三级预防被分别替换为治疗与康复，从而使精神障碍的预防、治疗与康复成为一个连续体。该预防框架将精神障碍的预防分为以下三个层次。

（1）普遍性预防（universal prevention）

服务对象是一般公众或整体人群，给他们讲解精神卫生知识，从而提高大众的精神卫生水平。主要内容包括以下十个方面。①营造健康的精神卫生

---

[1]　Gerald Caplan, *Principles of Preventive Psychiatry* (New York and London：Basic Books, 1964).

[2]　Patricia J. Mrazek and Robert J. Haggerty, *Reducing Risks for Mental Disorders：Frontiers for Preventive Intervention Research* (Washington, DC：National Academy Press, 1994), p. 605.

社会环境，加强心理健康教育，加深公众对于心理健康问题的认识和理解，包括精神疾病的症状、治疗方法和寻求帮助的途径，消除对精神疾病的污名，帮助人们更早地寻求支持和治疗，从而降低患精神残疾的风险。②加强婚前检查和遗传咨询，防止近亲结婚，做好妊娠保健，降低精神障碍发生率。③早期的亲子关系对儿童的心理发展至关重要。安全依恋、积极的亲子互动可以降低后期发展为精神疾病的风险。例如，通过改善儿童、父母、同龄人和教师的社会能力，促进亲社会行为的一般性干预措施能预防年轻人的品行障碍、攻击和暴力行为。④形成健康生活方式：均衡饮食、规律运动、充足睡眠、避免过度使用药物和酒精等都有助于维持精神健康。⑤学习应对压力和情绪管理技巧：教授人们有效的压力管理技巧，如放松训练、心理疏导、正念冥想和时间管理技巧。⑥减少有害物质的使用：过度使用或依赖酒精、烟草和其他药物都与精神健康问题有关，应养成健康的生活习惯以预防这些风险。⑦在社区提供更多可及的心理健康资源和服务，包括咨询服务和紧急干预等。⑧促进经济稳定：贫困、失业和经济不稳定可以增加患精神疾病的风险，因此提升人们的经济安全感是重要的预防措施。⑨制定有关精神健康的政策，如改善社区服务、提供财政支持和改进法律保护，从而减少精神疾病的发生。⑩创造健康的工作和学习环境：提供适当的支持和资源，确保员工和学生能够获得必要的支持和帮助。

（2）选择性预防（selective prevention）

服务对象是具有易患精神疾病危险因素的人群，这类人群可能因为遗传、环境、行为或者生理特征等因素具有较高的精神疾病发生风险。选择性预防的目的是降低这些高风险群体患病的可能性。主要内容包括以下十个方面。①针对某种精神疾病患病高风险人群（如精神分裂症患者的子女或家属）的选择性干预。②对易患精神疾病的特殊职业工作者，主动采取心理干预措施，预防和减少精神疾病的出现。如针对经历了创伤或重大生活事件的个体进行危机干预和紧急心理支持。③对发病与病前个性特征密切相关的精神障碍，要从儿童时期开始注意培养儿童健康健全的人格，针对青少年的干预项目，如在学校设置心理健康课程，增强孩子的社交技能和抗压能力。

④对患病父母进行相关培训和指导，能使子代患精神疾病的风险下降。⑤定期宣传精神障碍的相关知识，能够识别精神疾病的早期症状，同时，减少人们对精神疾病患者的偏见。⑥对可疑的精神障碍患者，给患者及其家属提供相关就诊信息，明确诊断，积极治疗。⑦向综合性医院的医护人员普及精神医学知识，设立精神科、心理咨询门诊，帮助非专科医师早期发现精神障碍患者。⑧为那些处于高风险的人提供社会和情感支持，包括自助团体、社区服务和家庭支持。⑨环境干预：改变可能增加患精神疾病风险的环境因素，如贫困、居住不稳定等。⑩预防和治疗滥用药物和酗酒：滥用药物和酗酒与精神健康问题密切相关。通过宣传和教育，加深对滥用药物和酗酒的认识，提供戒毒和戒酒的支持和治疗措施。

总之，要做好风险因素管理：某些因素可能增加患精神残疾的风险，如家族史、早年创伤经历、药物滥用、慢性疾病等。采取适当的措施来管理这些风险因素，如定期进行心理健康监测、寻求心理辅导等。开展选择性预防，很重要的一点是确保干预措施是文化敏感和个体化的，以满足不同群体和个体的特定需求。此外，选择性预防通常需要跨学科合作，涉及心理健康专家、教育工作者、社区领袖和政策制定者。

（3）指向性预防（indicated prevention）

服务对象是具有精神障碍早期表现但尚不符合诊断标准的个体。这些干预措施旨在防止精神疾病的发展或者减轻已经出现的症状。它们可以是个体化的，也可以是群体化的，取决于被干预人群的特点。主要内容包括以下四个方面。①尽早识别可以缩短未治期（初次发病和初次使用精神卫生服务的时间间隔），在一定程度上能够减轻疾病负担。②对精神上有异常变化的人，重视其精神健康状况，应及时劝其到医院检查，及时治疗，防止病情发展。心理健康专业人士可以提供必要的评估和干预，并帮助制订个性化的治疗计划。比如，认知行为疗法（CBT）针对具有焦虑或抑郁倾向的人群，以改变其负面思维模式并提供应对策略。③针对那些精神疾病风险与家庭环境相关的个体，帮助解决家庭成员间的沟通问题或者家庭结构问题。④为那些精神健康问题可能与工作相关的人群提供职业相关的技能培训。这些干预通常要基于严格的评估和诊断过程，并由心理健康专业人士来执行。重要的是，这些策略应当是多方面的，结合不同的治疗方式来适应个体的需求，并且要在隐私和尊重的基础上进行。

需要注意的是，精神健康是一个复杂的领域，预防策略应当多方面结合，政府、医疗机构、教育机构和社区组织等都应该合作，有针对性地根据不同群体的特定需求进行调整，制定并实施相关政策和计划，以提供全面的精神健康服务，并增强公众的精神健康意识。此外，开展精神疾病预防首先要获得人群精神疾病患病水平的信息、疾病危险因素和保护因素的信息，才能设计和提供更有针对性的干预。例如，精神疾病患者经常共病慢性躯体疾病，影响治疗效果和生活质量；早年生活经历，包括围生期因素，如营养不良、生产创伤、母亲抑郁等，对儿童的认知和心理发育均有影响；贫困、受教育程度低、失业、高负债、社会隔离和重大生活事件等是精神卫生问题以及自杀的最主要风险因素。病耻感和社会歧视对精神疾病预防有重要影响。病耻感会阻碍患者寻求帮助，使其得不到及时的治疗和康复服务，增加复发风险。多项研究显示，跟患者的直接社会接触是降低病耻感最有效的干预方式。总之，精神残疾的预防是一个连续的、有机统一的整体。

（三）精神康复的概念及意义

1. 精神康复的概念

精神康复是康复医学中的一个分支，是康复医学在精神卫生领域的实践。美国精神病学协会（APA）给出的定义是，精神康复致力于复原完整的社区整合，以提高那些由于各种精神障碍而严重妨碍其享受有意义生活的精神疾病患者的生活质量。精神康复可以通过生物、社会、心理等各种方法，帮助患者发挥剩余的能力、促进再适应、降低残疾程度、培养可以代偿或适应生活和工作的技能，让精神疾病患者在工作和生活中能够发挥能力，做一些力所能及的事情，提高社会适应性。[1]

---

① American Psychiatric Association （APA）, "Practice Guideline for the Treatment of Patients with Schizophrenia," *The American Journal of Psychiatry* 1997, 154 （4）: 1-63.

2. 精神康复的意义

随着物质生活的改善，人们越来越追求精神世界的富足，因此精神障碍患者对于精神康复的需求逐年增加。精神疾病具有慢性化、容易复发、易致残等特点，对大脑高级功能损害明显，因此造成社会经济负担比较严重。精神疾病患者的治疗和长期康复工作意义深远，精神康复对于患者的身心健康和社会适应都有着重要的意义。关于精神康复的意义，我们从社会角度、患者角度、医护角度分别阐述。

（1）减轻社会负担

从社会角度来看，在我国，精神疾病在所有疾病总负担中居首位。各类精神问题约占疾病总负担的1/5，精神疾病所带来的社会和家庭的经济、照料等多方面的负担比重逐年加大。精神康复低投入、高收益的服务可以使有限的医疗卫生资源服务于更多患者，在帮助患者回归社会的过程中，更有利于减轻社会负担，维护社会稳定。

（2）提高患者的自我认知和自我管理能力

精神疾病会影响患者的自我认知和自我管理能力，导致他们难以应对日常生活中的挑战。通过精神康复，患者可以学习如何更好地认识自己、理解自己的情绪和行为，并掌握有效的应对策略，从而提高自我认知和自我管理能力。

（3）增强患者的社交能力和改善其人际关系

精神疾病常常会导致患者与家人、朋友和社会脱节，缺乏社交支持。通过精神康复，患者可以学习如何与他人建立良好的关系，增强社交能力和改善人际关系，从而提高生活质量。

（4）增强患者的价值感

患者在医生的指导下学会了以科学的方法、坚忍的意志与疾病共存，成为有用的人，有人光荣地做着喜爱的工作，有人在家中操持家务，有人成为服务他人的志愿者。

（5）预防复发和再次住院

精神疾病容易复发，而复发会增加患者的痛苦和负担。通过精神康复，患者可以掌握有效的预防复发的方法和技巧，降低再次住院的风险。

（6）提高患者的生活质量

精神疾病会对患者的生活产生很大的影响，包括工作、学习、家庭等方面。通过精神康复，患者可以恢复或提高其生活质量，更好地适应社会环境和生活节奏。

（7）促进精神康复工作人员的个人成长

康复工作渗透于精神科医疗的每个环节，帮助患者实现康复的过程，能够让医务工作者更加深刻地理解患者的痛苦，发掘患者的自身资源与复元潜力；理解人性，体验助人中自助的幸福与成就感，增强对职业的理解、认同与自豪感，并不断提升自己的技术含量；帮助医务工作者对自我的定位和剖析更加深刻，获得自我提升的方向与动力。

3. 精神康复的目标

康复治疗的目标是使患者能够尽可能地恢复正常的生活和工作能力，重新融入社会。精神康复的目标主要包括以下几个方面。

（1）预防精神障碍的发生

在精神疾病发生前，争取一切资源和手段尽可能地对患者进行早期干预，根据精神疾病的性质尽早给予及时合理充分的干预，控制以及延缓疾病的发生。在精神障碍的间歇期，给予患者生活方面的指导、功能方面的全面康复措施，防止疾病复发，减少疾病对于神经系统的影响以免造成持久损伤，阻止精神疾病迁延不愈导致精神残疾的发生。

（2）减轻精神障碍残疾程度

对于病情反复波动，难以控制症状，影响社会功能的精神疾病患者，要尽早进行精神康复，防止其社会功能衰退；对已经出现精神残疾的患者，应采用多种康复手段加强康复训练，逐步提高其生活自理能力，减轻精神残疾的程度，从而减轻家庭和社会的负担。通过药物治疗和心理治疗等手段，使患者的精神疾病症状得到控制，减少疾病的复发。

（3）提高精神障碍患者的社会适应能力

通过康复治疗，提高患者的社会适应能力，提高其对生活的满意度，提高患者的生活质量，减少对社会的不良影响。例如，帮助患者恢复基本的生活技能、学习能力及工作技能，使其能够独立地生活、学习和工作。

（4）恢复劳动能力

对于精神障碍患者来说，社会适应能力的提高始终是康复工作的重要目标之一，参加职业技能康复训练，可以恢复和维持一般和特殊的工作技能，充分发挥患者保留的各项能力，激发潜在能力。最终期待能够帮助患者重新融入社会，恢复社会功能，减少社会隔离。

4. 精神康复的原则

精神康复的基本原则就是通过功能训练，进行全面康复，实现患者重返社会、提高生活质量的目的。具体如下。

（1）全程康复

精神障碍的康复与其他疾病一样需要及早进行，从接受治疗伊始即为患者提供康复服务。此外，在精神康复体系建设时，需要考虑院内康复和社区康复的连续性或者达到无缝衔接，以最大限度地实现康复目标。

（2）功能恢复

精神疾病患者或多或少伴有功能的丧失，严重影响患者的生活质量，通过不同的功能训练，如人际沟通训练、日常生活能力训练、躯体训练、职业功能训练等帮助患者恢复基本的社会功能。精神疾病患者由于病情影响、封闭隔离、经济条件低下等，其生活满意度明显降低。而精神康复的一个基本原则就是帮助患者提高生活质量。

（3）全面康复

又称整体康复，从医疗康复、心理康复、社会康复、职业康复四个方面，实现生理、心理、社会的全面康复。

（4）重返社会

康复的最终目的是帮助患者重返社会，自食其力。通过功能的改善及环境的支持，让患者能正常参与社会活动，实现个人价值。

（5）全面覆盖

精神康复体系建设需要考虑覆盖面，特别是社区康复体系。国际上主张全覆盖，即几乎所有精神障碍患者都需要考虑康复的需求，因此，在康复体系建设过程中不仅需要考虑种类齐全，而且需要考虑数量足够。

二 中国精神卫生发展现状

（一）中国精神障碍流行病学

随着我国社会经济快速发展，家庭结构和生活方式变化巨大，多种影响人们身心健康的因素频繁出现且持续存在，心境障碍、焦虑障碍等精神障碍患者明显增加，而精神分裂症等严重精神障碍患者救治问题尚未全面解决，我国的精神障碍疾病负担日益严重，精神卫生问题成为我国重要的公共卫生问题。[1] 我国为进一步了解精神障碍疾病负担及卫生服务利用现况，1982 年开展了首次"中国精神障碍疾病负担及卫生服务利用的研究"，由国家卫生和计划生育委员会及科技部共同支持，北京大学第六医院作为承担单位，调查了包括心境障碍、焦虑障碍、酒精药物使用障碍、间歇爆发性障碍、进食障碍、精神分裂症及其他精神病性障碍和老年期痴呆等在内的多种精神障碍，结果发现，上述精神障碍（不含老年期痴呆）终生患病率约为16.57%，65 岁及以上人群老年期痴呆患病率约为 5.56%。[2] 在 18 岁以上人群中，焦虑障碍患病率最高，终生患病率约为 7.57%，焦虑障碍中终生患病率最高的为特殊恐惧症（2.64%），其次为强迫障碍（2.43%）。患病率位列第二的是心境障碍，终生患病率约为 7.37%，心境障碍中抑郁症的终生患病率最高，约为 3.40%。抑郁症也是我国精神障碍伤残调整寿命年（DALY）排序第一的疾病，人群中每 1000 人由于抑郁症将损失 6.757 年寿命。酒精药物使用障碍的终生患病率位列第三，约为 4.67%；而后为间歇爆发性障碍，终生患病率约为 1.54%；精神分裂症及其他精神病性障碍终

① 彭睿、刘肇瑞、黄悦勤、王咏诗：《精神残疾流行病学研究综述》，《中国心理卫生杂志》2023 年第 9 期，第 741~750 页。
② 陆林主编《沈渔邨精神病学》（第 6 版），人民卫生出版社，2018。

生患病率约为 7.46‰。另外，研究发现，性别、年龄、城乡、受教育程度、婚姻状况、经济水平等多种因素均对患病率有一定影响。患病率超过 1‰ 的六类疾病（心境障碍、焦虑障碍、酒精药物使用障碍、间歇爆发性障碍、精神分裂症及其他精神病性障碍、老年期痴呆）的残疾率，也称残疾流行率，指某一人群中，在一定时间内每百（或千、万、十万）人中实际存在的残疾人数，即通过询问调查或健康检查确诊的病残人数与调查人数之比，高达 3.06%。其中，焦虑障碍最高，为 2.07%，65 岁及以上人群中老年期痴呆为 1.79%，心境障碍为 1.65%，精神分裂症及其他精神病性障碍为 0.34%，酒精药物使用障碍为 0.28%。面对如此高的残疾率，我国精神障碍致残率，指某种状态或疾病导致成为残疾的概率，更是高达 32.80%，除酒精药物使用障碍等疾病外，大多数精神障碍的致残率高于 30%，其中，精神分裂症及其他精神病性障碍致残率为 57.01%，精神分裂症的致残率为 58.91%，躯体疾病所致心境障碍的致残率最高，约为 89.86%。[①] 结合 2006 年我国进行的第二次全国残疾人抽样调查，根据调查时点我国的人口数及调查数据，推算出 2006 年我国归因于精神障碍的残疾人数为 614 万人，归因于精神障碍的残疾率为 4.69‰，归因于精神障碍的残疾人在所有残疾人中占 7.40%。精神残疾的前五类致残原因依次为精神分裂症（46.53%）、痴呆（12.47%）、癫痫（8.46%）、其他器质性精神障碍（7.56%）以及心境障碍（5.33%），接近一半的精神残疾是由精神分裂症导致的。[②]

为进一步了解我国的精神障碍疾病负担，全国多个省份陆续开展调查并获得一系列研究成果。2001 年，北京和上海参与世界精神卫生（World Mental Health，WMH）调查，在调查的 5201 人中，精神障碍 12 个月患病率为 7%（不包括精神病性障碍）。2001 年，浙江省对 15 岁及以上的 14639 人进行精神疾病流行病学调查发现，精神疾病总时点患病率为 17.3%。2005 年，昆明市对 5033 人进行精神障碍患病率调查，结果发现，精神障碍的 12

① 彭睿、刘肇瑞、黄悦勤、王咏诗：《精神残疾流行病学研究综述》，《中国心理卫生杂志》2023 年第 9 期，第 741~750 页。
② 陆林主编《沈渔邨精神病学》（第 6 版），人民卫生出版社，2018。

个月患病率为 6.41%。同年，深圳市神经症流行病学对 7108 人进行调查发现，神经症终生患病率为 13.35%。2006 年，广州市调查发现精神障碍调整时点患病率为 4.331%，调整终生患病率为 15.764%。2010 年，北京市对 16 岁以上的 2469 名居民进行抽样访谈调查发现，精神障碍的终生患病率为 11.30%，而各类精神障碍的 12 个月患病率为 6.69%。[①] 2022 年 6 月 17 日，国家卫生健康委召开新闻发布会指出，截至 2021 年底，全国登记在册的重性精神障碍患者高达 660 万人。[②]

精神障碍可能损害各类功能从而导致残疾，给个人、家庭和社会造成严重的疾病负担。目前关于精神残疾的流行强度、分布、影响因素以及对日常生活和社会功能影响的研究不够充分，且国内外对精神残疾的评定工具、评定标准不一致。我国进行的第二次全国残疾人抽样调查也不是专门调查精神残疾，而是以调查人群中的残疾人为目的，之后经过诊断归因于精神障碍，因此并不能较为准确地反映我国精神残疾状况。未来，我们期待在精神残疾流行病学研究方面有更真实可靠的数据结果发表。[③]

（二）中国精神卫生发展现状

按照全球疾病负担研究的原理和方法，根据精神障碍伤残调整寿命年的测算结果，目前我国精神障碍所造成的 DALY 高于很多慢性非传染性疾病，如糖尿病、缺血性心脏病，甚至高于部分癌症，如肝癌、胃癌等。精神障碍作为一类多发于中青年、致残率高的疾病，虽然其致死率较低，但给患者、家庭及社会造成了很大负担。[④] 然而，面对精神障碍的高致残率，我国的卫

---

① 黄悦勤：《中国精神障碍流行病学研究回顾及展望》，第七次全国流行病学学术会议暨中华预防医学会流行病学分会、中华医学会中华流行病学杂志编辑委员会第七届换届会议论文集，2014。
② 马达飞、张蕾、高翔等：《我国精神卫生服务资源情况及发展建议》，《中国卫生人才》2023 年第 1 期，第 16~21 页。
③ 陆林主编《沈渔邨精神病学》（第 6 版），人民卫生出版社，2018。
④ 黄悦勤：《中国精神障碍流行病学研究回顾及展望》，第七次全国流行病学学术会议暨中华预防医学会流行病学分会、中华医学会中华流行病学杂志编辑委员会第七届换届会议论文集，2014。

生服务利用状况及该行业的从业率不容乐观。研究发现，各类精神障碍的咨询率及治疗率均较低，任何一种精神障碍患者（不含老年期痴呆）精神卫生服务的咨询率为 15.29%，治疗率仅为 13.55%，最高的为精神分裂症及其他精神病性障碍，咨询率与治疗率均约为 51.64%，而咨询率最低的酒精药物使用障碍仅约为 2.52%，治疗率仅为 1.48%，广大人民群众对于精神障碍的认识及治疗的主动程度普遍偏低。各种精神障碍首次发病后的及时治疗比例存在差异，其中，比例最高的是广泛性焦虑障碍（73.86%），最低的是药物依赖（8.22%）。各类精神障碍患者中精神分裂症患者延误治疗时间最长，其中位数为 34 年，而药物滥用患者延误治疗时间最短，其中位数为 2 年。另外，患者（不含老年期痴呆）在选择治疗机构时，仅 32.17% 的精神障碍患者选择在精神科接受治疗，而高达 80.82% 的心境障碍患者、71.89% 的焦虑障碍患者、80.21% 的酒精药物使用障碍患者和 74.76% 的间歇爆发性障碍患者更多地选择在非精神专科医院且非综合性医院心理科接受治疗，仅精神分裂症及其他精神病性障碍患者的治疗机构构成与其他精神障碍患者不同，患者多选择在精神专科医院（82.37%）接受治疗。在患者（不含老年期痴呆）求助专业人员方面，仅有 33.79% 的患者向精神科或心理科医务工作者求助，更多的患者（48.10%）向非精神科或非心理科医务工作者求助，18.87% 的患者向社会工作者、宗教界人士以及其他非医务工作者求助。只有精神分裂症及其他精神病性障碍患者大多数选择向精神科或心理科医务工作者求助。[①] 该结果反映了社区居民缺少精神卫生知识，同时综合性医院的医生对于精神障碍的诊断和治疗水平仍需进一步提高。此外，寻求社会工作者、咨询师或宗教人员的帮助，或者在互联网聊天室、自助团体以及心理热线中寻求帮助是精神障碍患者求医行为的组成部分。应当加强政策引导，积极开展社区居民精神卫生健康教育宣传活动，提高居民对精神卫生知识的知晓率，使其能在早期发现疾病并尽快就医。同时也应该大力加强综合性医院医生的精神卫生知识培训，提高识别率和转诊率。此外，应该

---

① 陆林主编《沈渔邨精神病学》（第 6 版），人民卫生出版社，2018。

在精神卫生专业人员的指导和监督下，对于从事心理咨询的社会工作者和咨询师，建立准入和考评机制，对于从事心理热线、聊天室以及自助团体的工作人员加强专业培训。在我国40多年来精神障碍流行病学的现况调查基础上，应该不断提高研究方法的学术水平，开展纵向的观察性队列研究和人群干预性流行病学研究，深入探讨精神障碍的生物遗传学和心理社会的危险因素，将精神障碍列入国家疾病监测体系，制定有效的预防控制策略和措施，提高人群精神卫生水平。[1]

精神卫生是国家的"橱窗"，精神卫生工作的发展水平是衡量社会稳定和文明程度的重要指标之一，也影响到社会和经济是否可持续发展。精神卫生问题不仅是重大的公共卫生问题，还是一个较为突出的社会问题。[2] 当前，我国心理健康服务需求大，青少年心理健康问题频发，人口老龄化带来的老年心理健康服务需求剧增。根据国家卫生健康委的统计数据，截至2021年底，我国精神科医师数量达6.4万人，只占全国医师数量（428.7万人）的1.49%[3]，我国每10万人口精神科医师仅为3.64人，尽管已经达到了世界卫生组织建议的最低标准（每10万人口有3名精神科医师），但与高收入国家精神卫生资源平均配置水平仍有较大差距（高收入国家每10万人口有精神科医师7.9名、注册护士31.9人）。[4] 除精神科医师外，我国从事心理健康相关服务工作的人员还包括心理治疗师和心理咨询师等群体，但根据中国心理卫生协会统计，我国心理治疗师仅为6000~8000人，能够提供咨询服务的心理咨询师不足3万人。总体来讲，我国精神卫生服务资源远低于高收入国家水平，不能满足人民群众的服务需求。在未来，仍需进一步制订国家精神心理学科人才发展规划，加大人才培养力度，提高人才质量；

---

① 黄悦勤：《中国精神障碍流行病学研究回顾及展望》，第七次全国流行病学学术会议暨中华预防医学会流行病学分会、中华医学会中华流行病学杂志编辑委员会第七届换届会议论文集，2014。

② 殷大奎：《齐心协力 脚踏实地 全面推进新世纪精神卫生工作——全国第三次精神卫生工作会议报告》，《中国心理卫生杂志》2002年第1期，第4~8页。

③ 柳钰：《被忽视的精神卫生领域》，《当代医学》2007年第8期，第72~74页。

④ 柳钰：《被忽视的精神卫生领域》，《当代医学》2007年第8期，第72~74页。

把提供精神卫生服务确定为综合性医院的一项基本职责，加强学科建设；完善精神心理学科人才发展和激励保障机制，增强职业荣誉感、成就感；探索开展"互联网+心理治疗"首诊制度，解决基层及边远地区精神卫生服务资源不足等问题；开展全国精神卫生服务体系建设和服务资源情况评估，从而有效满足人民日益增长的心理健康服务需求。①

三 中国精神残疾预防与康复工作的历史沿革

中国精神残疾预防与康复工作的历史沿革可以追溯到20世纪50年代。1958年，第一次全国精神病防治工作会议在南京召开。② 会议上提出了"积极防治，就地管理，重点收容，开放治疗"的指导原则③，把社区精神卫生服务列为工作重点之一。该会议对全国精神病防治工作进行了总结和分析，指出了存在的问题和不足之处，确定了全国精神病防治工作的重点任务，包括开展大规模的精神病流行病学调查、加强社区康复服务、提高医疗技术水平等。强调了各级政府和卫生部门的责任和作用，要求积极支持和配合精神病防治工作，为人民群众提供更好的精神健康服务。第一次全国精神病防治工作会议是中国精神卫生事业发展史上的重要里程碑，标志着中国开始重视和关注精神疾病问题，并采取一系列有力的措施来加强精神病防治工作。

到了20世纪七八十年代，伴随着改革开放的进程，中国精神残疾康复工作逐渐得到了重视和加强。1982年，卫生部发布了《关于加强精神病防治工作的通知》，提出了建立精神病三级防治网络体系的要求。随后，各地开始逐步建立起由卫生、民政、公安等政府部门组成的精神疾病防治工

---

① 柳钰：《被忽视的精神卫生领域》，《当代医学》2007年第8期，第72~74页。
② 曹文庸：《坚决贯彻全国精神病防治工作会议的精神》，《中华神经精神科杂志》1958年第4期，第257~258页。
③ 张文康：《张文康部长在全国第三次精神卫生工作会议开幕式上的讲话》，《中国心理卫生杂志》2002年第1期，第3页。

作领导小组，形成精神病三级防治网络体系。这个网络体系包括不同层次和功能的组织和机构，形成了一个协调一致的工作机制，为精神病患者提供全方位的医疗服务和社会支持。随着中国社会经济的发展和精神卫生事业的进步，精神病三级防治网络体系不断完善和发展。目前，它已经成为中国精神卫生事业发展的重要组成部分，为保障人民群众的精神健康做出了重要贡献。

1986 年，第二届全国精神卫生工作会议（原全国精神病防治工作会议）在上海召开，主题是"解决精神病人看病难、住院难的问题"。[①] 此次会议的目标是进一步提高我国对精神疾病的防治水平，解决精神病患者看病和住院的困难。在会议上，卫生部、民政部、公安部、中国残联等部门共同确定了"提高认识，加强协作，扩大服务，推广技术"的防治原则。为了应对这一问题，还提出了一系列具有指导性的措施和政策，包括探索建立社会化、开放式的精神病防治康复体系。这一体系的设立，旨在为广大精神病患者提供更便捷、更全面的治疗和康复服务。会后，国务院批准了卫生部、公安部、民政部共同签发的《关于加强精神卫生工作的意见》，制定了《精神卫生工作"七五"计划》。

1990 年，国务院颁布了《中华人民共和国残疾人保障法》，明确规定了残疾人的基本权利和保障措施，包括医疗、康复、教育、就业等方面的支持。同年，颁布了《全国精神障碍预防、治疗和康复第八个五年规划》。此后，"七五"和"八五"期间先后启动了社区精神卫生服务工作。在此期间一再强调开展以社区为基础的开放式社区精神卫生项目，在精神病院和社区精神卫生组织系统的支持下，将公共卫生与城乡基层的精神卫生相结合，扩大公共精神卫生的覆盖面，加大社会关注和支持力度。1998 年，精神卫生工作被纳入公共卫生管理。

进入 21 世纪，精神残疾预防与康复工作取得了显著进展。国家加大

---

① 顾英奇：《1989 年全国精神卫生工作联席会议上的讲话（摘要）》，《中国心理卫生杂志》1989 年第 6 期。

了对精神卫生事业的投入和支持力度，建立了全国性的精神卫生服务体系，包括精神卫生服务机构、社区康复中心等，为精神残疾患者提供医疗、康复、教育和社会支持等方面的服务。同时，国家还加强了对精神卫生专业人才的培养和管理，提高了精神卫生服务的质量和水平。积极开展宣传和教育活动，加深公众对精神残疾的认识和理解，减少歧视和偏见。

2001 年，卫生部、公安部、民政部、中国残联等部门联合召开了第三届全国精神卫生工作会议，提出了"预防为主，防治结合，重点干预，广泛覆盖，依法管理"的我国新时期精神卫生工作指导原则。[1] 随后在 2002年下发了《中国精神卫生工作规划（2002—2010 年）》。规划中重点指出完善精神卫生服务和保障措施，做好重点精神疾病的医疗和康复。大力推广"社会化、综合性、开放式"的精神疾病防治康复工作模式。建立、完善各级精神卫生工作体制和组织管理、协调机制，初步形成功能完善的全国精神卫生服务体系和网络。[2]

2004 年，卫生部、教育部、公安部、民政部、司法部、财政部、中国残联等七部门联合提出《关于进一步加强精神卫生工作的指导意见》，在精神卫生工作指导原则的基础上，建立"政府领导、部门合作、社会参与"的工作机制，探索符合我国实际的精神卫生工作发展思路，建立健全精神卫生服务网络，把防治工作重点逐步转移到社区和基层。[3] 同年，国家启动"中央补助地方卫生经费重性精神疾病管理治疗项目"，这是财政部首次拨付精神疾病防治专款，启动资金为 686 万元，故也称"686 项目"，该项目旨在提高社区对严重精神疾病的防治和管理能力。建立"医院社区一体化"的精神卫生服务体系，项目由社区或乡镇医生在精神科医生指导下为符合条

---

[1] 张文康：《张文康部长在全国第三次精神卫生工作会议开幕式上的讲话》，《中国心理卫生杂志》2002 年第 1 期，第 3 页。

[2] 卫生部、民政部、公安部、中国残疾人联合会：《中国精神卫生工作规划（2002—2010 年）》，《上海精神医学》2003 年第 2 期，第 4 页。

[3] 卫生部、教育部、公安部、民政部、司法部、财政部、中国残联：《关于进一步加强精神卫生工作的指导意见》，《中华人民共和国国务院公报》2004 年第 33 期，第 3 页。

件的严重精神障碍患者提供定期随访管理服务。① 自 2010 年起，卫生部办公厅会定期印发《重性精神疾病管理治疗工作规范》，逐步规范重性精神障碍的治疗管理。

2012 年，国务院发布《国家基本公共服务体系"十二五"规划》，将精神卫生作为公共医疗卫生体系建设的重点领域，重点加强对重性精神疾病患者的管理和服务。

2012 年，中华人民共和国第十一届全国人民代表大会常务委员会第二十九次会议通过了《中华人民共和国精神卫生法》，于 2013 年 5 月正式实施，该法律是为了发展精神卫生事业、规范精神卫生服务、维护精神障碍患者的合法权益而制定的，总则明确提出精神卫生工作实行预防为主的方针，坚持预防、治疗和康复相结合的原则。② 明确了社区康复机构、医疗机构、基层群众性自治组织、残疾人组织、用人单位、监护人的义务。该法律的实施进一步推动了精神卫生事业的发展。

2015 年，国务院办公厅发布《全国医疗卫生服务体系规划纲要（2015—2020 年）》，该规划纲要强调要强化上下联动与分工协作。整合各级各类医疗卫生机构的服务功能，防治结合，建立分级诊疗模式，为群众提供系统、连续、全方位的医疗卫生服务。建立以精神卫生专业人员为基础，以综合性医院精神科科室、基层卫生保健机构和社区精神卫生康复机构为支撑的精神卫生服务体系和网络。健全完善与经济社会发展水平相适应的精神卫生预防、治疗、康复服务体系，基本满足人民群众的精神卫生服务需求。③ 同年，卫生计生委、中央综治办、发展改革委等十部门制定《全国精神卫生工作规划（2015—2020 年）》，该规划指出重点加强县级精神卫生专业机构和精神障碍社区康复机构服务能力建设，提出"病重治疗在医院，

---

① 陆林：《中国精神卫生学科发展的回顾与展望》，《北京大学学报》（医学版）2019 年第 3 期，第 5 页。
② 《中华人民共和国精神卫生法》，中华人民共和国主席令第 62 号，2012 年 10 月 26 日。
③ 中华人民共和国国务院办公厅：《全国医疗卫生服务体系规划纲要（2015—2020 年）》，《中国实用乡村医生杂志》2015 年第 9 期，第 11 页。

康复管理在社区"。①

2016 年，国务院办公厅印发《国家残疾预防行动计划（2016—2020
年）》，该行动计划提出有效控制出生缺陷和发育障碍致残、着力防控疾
病致残、努力减轻伤害致残、显著改善康复服务四项主要行动。将残疾人
健康管理和社区康复纳入国家基本公共服务清单，为残疾人提供登记管
理、健康指导、康复指导、定期随访等服务。制定残疾人基本康复服务目
录，实施精准康复服务行动。残疾人基本康复服务覆盖率达 80% 以上。提
出加强精神疾病防治，积极开展心理健康促进工作，加强对精神分裂症、
阿尔茨海默病、抑郁症、孤独症等主要致残性精神疾病的筛查识别和治疗
康复，重点做好妇女、儿童、青少年、老年人、残疾人等群体的心理健康
服务。② 同年，国务院印发《"十三五"卫生与健康规划》，该规划指出加
强精神疾病防治，逐步建立和完善精神障碍患者社区康复服务体系，为患
者提供康复服务。③

2016 年，中共中央、国务院印发《"健康中国 2030"规划纲要》，该规
划纲要提出积极参与全球健康治理、履行 2030 年可持续发展议程国际承诺
的重大举措。纲要提出的战略主题包括坚持政府主导与调动社会、个人的积
极性相结合，推动人人参与、人人尽力、人人享有，落实预防为主，推行健
康生活方式，减少疾病发生，强化早诊断、早治疗、早康复，实现全民健
康。使全体人民享有所需要的、有质量的、可负担的预防、治疗、康复、健
康促进等健康服务。全面推进精神障碍社区康复服务。目标是到 2030 年，
常见精神障碍防治和心理行为问题识别干预水平显著提高。④

---

① 《国务院办公厅关于转发卫生计生委等部门全国精神卫生工作规划（2015—2020 年）的通
知》，《首都公共卫生》2015 年第 5 期，第 193~197 页。

② 《国务院办公厅关于印发国家残疾预防行动计划（2016—2020 年）的通知》，中国政府网，
2016 年 8 月 25 日，https：//www.gov.cn/zhengce/content/2016-09/06/content_5105757.
htm。

③ 《国务院关于印发"十三五"卫生与健康规划的通知》，中国政府网，2016 年 12 月 27 日，
https：//www.gov.cn/zhengce/content/2017-01/10/content_5158488.htm。

④ 《印发〈"健康中国 2030"规划纲要〉》，《人民日报》2016 年 10 月 26 日，第 11 版。

2017 年，国务院通过《残疾预防和残疾人康复条例》，该条例是为了预防残疾的发生、减轻残疾程度，帮助残疾人恢复或者补偿功能，促进残疾人平等、充分地参与社会生活，发展残疾预防和残疾人康复事业而制定的法规。① 同年，在该条例基础上，民政部、财政部、国家卫生计生委、中国残联印发《关于加快精神障碍社区康复服务发展的意见》（以下简称《意见》），明确提出到 2025 年，80% 以上的县（市、区）广泛开展精神障碍社区康复服务，在开展精神障碍社区康复服务的县（市、区），60% 以上的居家患者接受社区康复服务，基本建立以家庭为基础、以机构为支撑、"社会化、综合性、开放式"的精神障碍社区康复服务体系。《意见》指出，社区康复服务是精神障碍患者恢复生活自理能力和社会适应能力，最终摆脱疾病、回归社会的重要途径，是多学科、多专业融合发展的社会服务。② 2020 年 12 月，为贯彻落实《意见》，促进精神障碍社区康复服务健康规范发展，民政部、国家卫生健康委、中国残联联合制定了《精神障碍社区康复服务工作规范》。

2022 年 12 月，民政部会同财政部、国家卫生健康委、中国残联印发《关于开展"精康融合行动"的通知》，拟用三年时间，提高精神障碍社区康复服务质量和水平，为精神障碍患者提供更加公平可及、系统连续的基本康复服务，增强精神障碍患者及家庭获得感、幸福感，努力为全面建设社会主义现代化国家营造安全、平稳、健康、有序的社会环境。③

2023 年 12 月，为加强精神障碍社区康复服务资源共享，畅通精神卫生医疗康复资源和康复对象间的信息共享和转介服务机制，民政部、国家卫生健康委、中国残联联合制定了《精神障碍社区康复服务资源共享与转介管理办法》，对精神障碍社区康复服务资源共享与转介提供了

① 《残疾预防和残疾人康复条例》，中国政府网，https：//www.gov.cn/gongbao/content/2019/content_5468953.htm。

② 《民政部等四部门印发〈关于加快精神障碍社区康复服务发展的意见〉》，中国政府网，https：//www.gov.cn/xinwen/2017-11/13/content_5239315.htm#1。

③ 《民政部　财政部　国家卫生健康委　中国残联关于开展"精康融合行动"的通知》，中国政府网，https：//www.gov.cn/zhengce/zhengceku/2023-01/04/content_5734958.htm。

规范化管理办法，帮助进一步提高康复服务质量，保障精神障碍患者的合法权益。[①]

2023 年 12 月 26 日，在第十四届全国人民代表大会常务委员会第七次会议上，《国务院关于精神卫生工作情况的报告》中提出的主要工作进展和成效包括建立健全制度体系和工作机制、推进心理健康促进和精神障碍预防、持续提升精神卫生医疗服务能力、加强精神障碍人员综合服务管理、推进精神障碍社区康复服务发展、加强人才队伍建设和科研支撑等，同时存在多部门协同的工作力度有待加大、社会心理服务体系建设存在短板和不足等问题，下一步工作安排是构建齐抓共管的工作格局、推进社会心理服务体系建设等，持续推进心理健康和精神卫生工作。

在党的二十大报告"重视心理健康和精神卫生"的明确要求下，在精神残疾相关法律条例、纲要办法的监督指导下，继续贯彻落实党中央决策部署，持续深入推进心理健康和精神卫生工作，不断加强心理健康和精神卫生服务体系建设，提升服务能力，为增进人民健康福祉，以中国式现代化推进强国建设、民族复兴做出新贡献。

四　中国精神康复的实施模式与建议

（一）精神康复实施的基础

1.建立专业的康复团队

精神康复需要由专业的医疗团队来实施，包括精神科医生、心理治疗师、社工、康复师等。这些专业人员需要具备相关的专业知识和技能，能够为患者提供有效的治疗和支持，不同身份的工作人员共同协作，为患者提供全面的康复服务。

---

① 《民政部　国家卫生健康委　中国残联关于印发〈精神障碍社区康复服务资源共享与转介管理办法〉的通知》，中国政府网，https://www.gov.cn/zhengce/zhengceku/202312/content_6923518.htm。

2. 完善的康复设备和技术

包括康复活动区、阅读室、职业康复区、心理咨询室、户外活动区、日间休息室等，这些设施可以为患者提供全面的康复训练和心理支持，帮助患者进行各种康复训练和身体功能恢复。完善的康复设备和技术可以帮助医疗团队更好地了解患者的病情和需求，增强治疗效果。

3. 个性化的治疗方案

精神康复需要根据患者的具体情况制订个性化的治疗方案，包括药物治疗、心理治疗、社会支持等。这些方案需要根据患者的病情、需求和目标进行调整和优化，以达到最佳的治疗效果。

4. 良好的治疗环境

精神康复需要在良好的治疗环境中进行，包括安静、舒适、安全的住宿条件和丰富的活动设施。这些环境可以为患者提供安全感和舒适感，促进他们的康复进程。

5. 积极的家庭和社会支持

精神康复需要得到家庭和社会的支持，包括家人的理解和关爱、朋友的陪伴和支持、社会的接纳和包容等。这些支持可以为患者提供情感上的支持和鼓励，促进他们的康复进程。

6. 社区资源整合

整合社区内的各种资源，包括人力、物力、财力等，为患者提供全方位的支持和服务。社会支持网络可以帮助患者更好地适应社会环境和生活节奏，增强治疗效果。

（二）精神康复实施的模式

1. 医院模式

医院模式是指患者在医院接受精神康复治疗。这种模式通常由精神科医生、心理治疗师、社工、护士等专业人员组成医疗团队，患者可以在医院内接受康复服务，包括药物治疗、心理疏导、康复训练和社会服务等。这种模式适合病情较重、需要专业治疗和护理的患者。医院模式的优点是医疗资源充足，可以提供更全面的治疗和支持；缺点是治疗时间较长，费用较高。可以在规范的药物治疗基础上合并物理治疗，并开展日常生活能力训练、人际交往技能训练、职业技能训练等康复治疗活动。

2. 日间病房康复模式

日间病房康复模式是一种创新性的医疗服务模式，是为出院精神障碍患者从院内向院外平稳过渡而建立的康复部门，旨在为精神障碍患者提供全面、个性化的康复服务，实现精神卫生服务向社区的延伸。该模式将医院治疗和社区康复有机地结合在一起，患者白天在医院接受康复治疗和训练，晚上回家与家人团聚。日间病房康复模式的优势在于：患者可以在白天接受专业化的康复治疗和训练，包括药物治疗、心理治疗、康复训练和社会适应能力训练等；患者晚上可以回家与家人团聚，提高生活质量，减轻家庭负担。该模式可以促进医院与社区的合作，实现资源共享，增强康复效果。该模式可以提供更加灵活的康复服务，满足不同患者的需求。日间病房康复模式的实施需要医院、社区、家庭等多方面的合作和支持，需要建立完善的康复体系和评估机制，确保患者得到最佳的康复服务。同时，该模式也需要不断改进和完善，以满足患者不断变化的需求。

3. 社区康复模式

这种模式强调政府主导、社会各界广泛参与，建立以医疗机构为基础、社区为依托、家庭为延伸的康复体系，综合运用药物治疗、心理疏导、康复训练和社会服务等多种手段，促进患者全面康复，预防精神疾病发生。社区康复模式是精神障碍康复体系中最主要的组成部分，没有社区康复就意味着没有康复，社区康复是一个地区精神卫生服务是否完善的重要标志。社区康复模式主要有社区精神康复综合服务中心（日间活动中心、日间训练中心）、庇护工场、中途宿舍等形式。社区康复模式的优点是治疗时间较短，费用较低；缺点是医疗资源有限，可能无法提供全面的治疗和支持。这种模式适合病情较轻、有一定生活自理能力、能够融入社会生活和工作的患者。

4. 家庭干预模式

家庭干预模式是一种以家庭为单位的精神康复方式，家庭是患者生活的核心，也是他们得到支持和关爱的重要来源。因此，家庭干预模式将患者的家庭作为治疗的中心，通过家庭成员的参与和支持，为患者提供全面的治疗和支持。家庭成员需要了解患者的病情和治疗计划，以便更好地支持和照顾患者。因此，家庭干预模式会为家庭成员提供相关的教育和培训，帮助他们掌握必要的知识和技能。精神康复是一个长期的过程，需要持续的支持和跟进。家庭干预模式会为患者提供持续的服务，确保治疗效果的持续性和稳定性。家庭干预模式的优势在于能够充分发挥家庭的支持和关爱作用，通过家庭成员的参与和支持促进患者的全面康复。同时，这种模式还能够提高家庭成员对精神疾病的认识和应对能力，减少家庭因素对患者康复的影响。

家庭干预模式主要包括以下几个方面。

（1）个性化的治疗计划

每个患者的病情和需求都是不同的，因此需要制订个性化的治疗计划。家庭干预模式会在专业人员的帮助下根据患者的具体情况和需求，制订相应的治疗计划，包括药物治疗、心理治疗、社会支持等方面，由家庭成员协助完成。

（2）家庭教育和心理支持

为家庭成员提供精神疾病知识和心理支持，帮助他们更好地理解和关心患者，提高家庭支持度和增强家庭凝聚力。通过建立家庭支持小组，让患者和家庭成员相互交流、分享经验和支持，提高家庭的自我管理和应对能力。

（3）家庭生活技能训练

通过生活技能训练，提高患者的生活自理能力和社会适应能力，促进患者融入社会生活。

（4）家庭危机干预

通过家庭治疗师对患者和家庭成员的沟通和互动模式进行分析和治疗，改善家庭关系，减轻患者的心理压力，提高家庭的适应性，及时解除家庭危机。

5. 远程治疗模式

远程治疗模式是一种新型的精神康复方式，它利用现代信息技术，如互联网、电话、视频等，为患者提供远程的康复治疗和咨询服务。这种模式旨在打破地域限制，让患者在家中或其他地方也能接受专业的康复治疗和指导。这种模式通常由精神科医生主导，心理治疗师、康复师、社工等专业人员配合并组成医疗团队，为患者提供在线咨询、心理治疗、药物治疗等服务。

远程治疗模式有以下几种类型。

（1）远程心理治疗

通过视频聊天、电话咨询等方式，为患者提供个性化的心理治疗和支持，帮助患者解决情绪问题、改善认知功能等。

（2）远程康复指导

通过互联网平台、手机应用程序等方式，为患者提供康复知识和技能培训，指导患者进行家庭康复训练，提高患者的自我管理和康复能力。

（3）远程监测和评估

通过远程监测和评估系统，对患者进行实时监测和评估，及时发现患者的病情变化和康复进展，为医生提供科学的数据支持。

远程治疗模式有以下特点。

（1）时间和地点灵活

远程治疗模式可以让患者在家中或任何有网络连接的地方接受治疗，不受时间和地点的限制。这对于那些无法前往医院或社区康复中心的患者来说非常方便。

（2）个性化的治疗计划

每个患者的病情和需求都是不同的，因此需要制订个性化的治疗计划。远程治疗模式可以根据患者的具体情况和需求，制订相应的治疗计划，包括药物治疗、心理治疗、社会支持等方面。

（3）保护隐私

远程治疗模式可以保护患者的隐私，让患者在舒适的环境中接受治疗。患者不需要担心被他人看到或听到，可以更加放松地与医疗团队交流。

（4）持续的支持和跟进

精神康复是一个长期的过程，需要持续的支持和跟进。远程治疗模式可以为患者提供持续的支持和跟进服务，确保治疗效果的持续性和稳定性。

（三）精神康复的程序和步骤

康复的程序和步骤等相关基础工作的开展，可以为精神康复提供全方位的支持和服务，促进患者的全面康复，提高患者的生活质量和适应社会的能力。同时，这些基础工作由一定的程式设置，但是需要在此基础上不断改进和完善，以满足患者不断变化的需求。

1. 评估与诊断

对患者进行全面的评估和诊断，以确定他们的精神健康状况，包括他们的症状、生活状况、社会支持系统等。这个评估通常由精神科医生或心理医生进行。在了解了患者的病情、病因、病程、预后和康复需求之后，与患者以及患者家属共同商定康复计划。

2. 制订康复计划

根据评估结果，制订个性化的康复计划，包括药物治疗、心理治疗、康复训练、社会技能训练等。

3. 实施康复计划

按照康复计划，逐步实施各项康复措施，对患者进行全面的康复治疗和训练。早期可以由医生和治疗团队按照治疗计划进行康复训练，可以通过多种形式，如面对面咨询、电话咨询、在线咨询等。后面可以转到社区或者在培训好的家属的帮助下进行康复训练。

4. 监测与调整

在实施康复计划的过程中，密切监测患者的病情变化和康复进展，及时调整康复计划，确保康复效果。这样的评估可以由治疗团队所有成员共同商定评估，也可以由治疗团队个别人员反馈信息，在得到反馈后可以进行康复计划的调整。

5. 集结社会力量充分康复

对患者家属进行相关知识和技能培训，加大家庭对患者的支持力度，学习应对压力的技巧、保持健康的生活方式、定期进行心理咨询等，促进患者康复。将患者纳入社区康复体系，为其提供生活技能训练、职业训练、社会适应能力训练等，帮助患者更好地融入社会。

参考文献

Lee Wing-King, "District-Based Risk-Need-Driven Personalized Care Program（PCP）for Severe Mentally Ill（SMI）Using Case Management Approach".

Michael G. Gelder, Nancy C. Andreasen, Juan J. Lopezloor, and Jr. Jonhn R. Geddes, *New Oxford Textbook of Psychiatry*（Second Edition）（Oxford University Press, 2003）.

Psychiatric Rehabilitation Association（PRA）, http：//www. uspra. org/about-pra.

沈渔邨主编《精神病学》（第 5 版），人民卫生出版社，2009。

翁永振主编《精神分裂症的康复操作手册》，人民卫生出版社，2009。

姚贵忠：《精神分裂症住院康复管理手册》，《中国心理卫生杂志》2009 年增刊。

郑功成主编《中国残疾人事业发展报告》，人民出版社，2011。

赵靖平、施慎逊主编《中国精神分裂症防治指南》（第二版），中华医学电子音像出版社，2015。

B.8
中国言语残疾预防与康复工作发展报告

万 勤[*]

摘 要： 2023 年是言语残疾相关事业发展的一个关键时期。回顾我国言语残疾预防和康复工作的发展历程，儿童和成人领域都取得了很大的进展，尤其是发展了许多言语康复的疗法、技术和新的实施形态，提高了言语残疾患者的生存质量，为未来的发展指明了方向。但是当前言语残疾预防与康复工作仍然面临以下问题：专业核心概念界定模糊；统一的、本土化的评估诊断工具相对缺乏；各地区发展不均衡，总体水平落后于国外；从业者人数有限并且缺乏资格认证；尚未形成多学科合作的康复团队；群众对言语残疾的认识不足。未来应从以下几个方面进行优化：规范行业标准，实现康复理念国际化；开发相关工具，实现康复服务本土化；整合康复资源，实现康复服务均衡化；培养专业人才，实现康复行业发展可持续化；强调团队合作，实现康复团队综合化。

关键词： 言语残疾 言语残疾预防 言语康复

一 核心概念

（一）言语残疾

言语残疾是指由各种原因导致的不同程度的言语障碍，经治疗一年以上不愈或病程超过两年，而不能或难以进行正常的言语交流活动，以致影响日

---

[*] 万勤，博士，华东师范大学教育学部言语听觉康复科学系副教授，研究领域为言语康复的理论与方法。

常生活和社会参与（3 岁以下不定残）。① 包括失语、运动性构音障碍（motor speech disorders，也译为运动性言语障碍）、器质性构音障碍、发声障碍、儿童言语发育迟滞、听力障碍所致的言语障碍、口吃等类型。

（二）言语残疾的诊断

言语残疾通过语音清晰度测试和言语表达能力测试来诊断和分级。为了让测试结果更接近实际，语音清晰度测试采用三级人员测试方法，即依测试人员与被测试者接触密切程度分为三个级别（直接接触、间接接触、无接触），综合三级人员测试的结果计算出受试者的语音清晰度。言语表达能力通过看图说话或主题对话来完成测试。当语音清晰度和言语表达能力评价结果处在不同等级时，最终言语残疾等级的确定应着重考虑言语表达能力，如相差一个等级时，以言语表达能力的等级为准；如相差两个及以上等级，可通过将语音清晰度的级别向言语表达能力的级别靠近一个数量级，来确定其言语残疾等级。

按照各种言语残疾不同类型的口语表现和程度，脑和发音器官的结构、功能，活动和参与，环境和支持等因素将言语残疾由重到轻分为四级，具体如表 1 所示。

表 1　言语残疾分级

级别	语音清晰度(%)	言语表达能力等级测试水平
一级	≤10	未达到一级测试水平
二级	11~25	未达到二级测试水平
三级	26~45	未达到三级测试水平
四级	46~65	未达到四级测试水平

资料来源：《残疾人残疾分类和分级（GB/T 26341—2010）》，https：//www.doc88.com/p-9416658341268.html。

---

① 《残疾人残疾分类和分级（GB/T 26341—2010）》，https：//www.doc88.com/p-9416658341268.html。

（三）言语残疾的患病率

根据 2006 年第二次全国残疾人抽样调查的结果推算，我国共有 8296 万名残疾人。言语残疾（含多重残疾）总人数为 700 万人，占残疾人总数的 8.44%，其中，0~17 岁儿童的总数为 148 万人，占言语残疾人总数的 21.14%。单纯的言语残疾总人数约为 127 万人，占残疾人总人数的 1.53%，其中，0~17 岁儿童的总数为 37 万人，占言语残疾（含多重残疾）总人数的 5.29%。[①]

（四）言语残疾的影响

由于言语障碍的存在，言语残疾患者难以进行正常的言语交流活动，无法通过言语与外界保持信息交流，严重影响其生活、学习和工作，对其心理也会产生负面影响。具体包括以下几点。

1. 影响社会交往

言语残疾患者在与他人沟通交流的过程中存在各种各样的困难和障碍，如因信息传递不畅、言语不清带来的误解等。这些会直接降低他人与言语残疾患者进行社交的意愿，也会降低患者主动社交的积极性。

2. 影响心理健康

言语残疾会影响患者言语表达的准确性或流利程度，进而可能招致他人的取笑和蔑视，让患者有一种有口难言的感觉，久而久之，患者就容易产生自卑心理。为了减少沟通中出现的尴尬和他人异样的目光，患者常常进行消极的自我心理防御，变得沉默寡言、内向孤僻，甚至会出现严重的情绪和心理障碍。

3. 影响知识与技能的学习

由于存在言语残疾，儿童在学校里不愿意与教师和其他同学沟通，有疑问无法及时解决，进而影响学业成绩。由于自信心不足，儿童学习的兴趣和积极

---

① 王贞：《中国言语残疾儿童状况数据分析及言语康复》，硕士学位论文，首都医科大学，2009。

性也容易受到影响。迈入社会也是如此，很多知识与技能是通过交往沟通得来的，言语残疾患者受到沟通能力的制约，参与此类型学习的机会可能大大减少。

4.影响职业发展

大部分工作场合将言语作为主要的沟通方式，因此，言语残疾患者容易在工作场合遇到沟通障碍，影响其职业生涯的正常发展，甚至从面试起就受到负面影响而失去工作机会。

二 中国言语残疾预防与康复工作的发展历程

言语方面的残疾严重影响了这类患者的正常生活和个人成长，因此，言语残疾的预防与康复工作十分重要。早期的预防与筛查可以最大限度地降低言语残疾出现的可能性，而及时的干预与康复可以帮助患者改善残疾情况，减轻心理负担，更好地融入社会。

在过往的几十年内，我国言语残疾预防和康复工作开展得如火如荼，取得了很多成就。2023年更是言语残疾相关事业发展的一个关键时期。

（一）儿童言语残疾预防与康复工作的发展历程

儿童残疾的预防一直是我国残疾人事业的重要工作，其中减少出生缺陷是预防残疾的有效方式。因此，我国一直积极开展出生缺陷和发育障碍致残防控行动，不断完善产前筛查诊断和儿童早期预警征的筛查。

对于言语康复而言，自20世纪80年代中期，国内选派优秀医生到国外学习进修，我国的言语康复事业才正式拉开帷幕。在过去的40年中，医生和言语治疗师将国外的优秀研究成果和专业知识引进国内，结合国内的语言和文化特点，设计了各种言语障碍的评价方法，并开始进行构音障碍、口吃等言语障碍的康复工作。

我国儿童言语残疾的预防与康复工作主要有以下特点和趋势。

1.加强言语残疾预防

在儿童言语残疾的预防方面，婚前孕前健康检查、孕产妇产前筛查与诊断，以及新生儿和儿童早期的筛查是十分重要的。

为了更全面、更精准地落实上述筛查，我们需要了解言语残疾的致病因素和早期表现。因此，2023年有许多研究把关注点放在与言语残疾相关的致病基因、异常言语教养环境等因素上，这可以帮助我们在孕检时筛查出高风险的胎儿，指导家长营造适宜儿童发展的言语教养环境，尽可能在早期进行预警和风险规避。另外，有部分研究关注了言语残疾患者早期的言语特征，为言语残疾的早期识别提供了参考。

2. 加速发展远程康复

为了消除时间和地域限制，帮助交通不便、行动不便的患者低成本地获得康复服务，也更好地应对突发情况以保证康复的连续性，远程康复应运而生。现在已有远程进行儿童言语残疾康复的尝试，并取得了很好的效果。

不过，远程康复还存在一些挑战，如需要家长的深度参与、训练时间的确定、儿童注意力和积极性的保持、平台的选择等。随着技术的不断进步和研究的深入，远程康复在提升康复服务的可及性、效果和效率方面具有广阔的发展前景。

3. 积极创立学术团体

2020年，中国康复医学会言语康复专业委员会在北京成立，该委员会聚集了多学科专家，助力"言语康复"新业态的形成，促进言语康复的有效落地，实现对可康复人群更广泛、更全程的康复服务覆盖。2023年，在中国康复医学会言语康复专业委员会下又成立了发育性言语语言障碍、唇腭裂语音康复等学组，将言语康复的各个亚学科专业人才聚集在一起，进一步促进言语康复细致化、专业化，助力言语残疾的精准康复。

4. 重视探索康复新技术

除了从国外引进的治疗方法，以及据此形成的传统治疗方法，2023年有诸多研究探索了先进的康复策略，将现代化技术、中医传统技术、音乐元素等融入言语康复中。如开发构音运动想象动态发音模型软件来进行言语表象治疗、针刺结合构音训练、实时Beatalk疗法等。随着科学技术的发展和对言语康复理论的深入研究，未来将会有越来越多其他学科的元素融合到言语康复领域，出现更多跨学科方法，促进言语康复的发展。

（二）成人言语残疾预防与康复工作的发展历程

在成人言语残疾的预防方面，主要关注的是慢性病、地方性疾病和职业病等的防控。因此，2023 年预防工作的重心仍是依据《中国防治慢性病中长期规划（2017—2025 年）》进行慢性病的健康教育、早诊早治，尽可能地控制危险因素，降低因病致残的风险。

在康复方面，2023 年，我国成人言语残疾的康复工作也有了新的工作重点和发展趋势，具体如下。

1. 提倡数字疗法

数字疗法（Digital Therapeutics，DTx）是一种基于循证的以软件为载体的利用数字和在线健康技术治疗生理及心理疾病的干预措施，一套以智能手机应用程序、网络、行为科学和远程医疗平台及可穿戴设备等为技术基础的数字健康解决方案，可用于监测患者的生理和社会活动，以便在必要时对其进行检测和干预，达到预防、管理和治疗机体不适或疾病的目的。

近年来，数字疗法在失语症、构音障碍等言语残疾患者的言语语言训练中得到了应用，具体包括基于虚拟现实技术的治疗（如 Sentactics）、基于电子程序的治疗（如 Step By Step、Rea Dy Speech）、基于自动语音识别技术的治疗、基于在线平台的治疗（如 WOME 软件）等。

经过研究者和临床康复师的探索，数字疗法在言语康复中已取得了很好的疗效，但是数字疗法的应用受到患者认知水平和行为方式的影响，且现有相关临床试验的规模较小，所以还需要在未来持续探索和验证。

2. 发掘非侵入性脑刺激技术的潜力

近年来，无创脑刺激（Non-invasive Brain Stimulation，NBS）的治疗效果引起了广泛的关注。经颅磁刺激（Transcranial Magnetic Stimulation，TMS）和经颅直流电刺激（transcranial Direct Current Stimulatioin，tDCS）作为无创脑刺激最常用的两种技术，在治疗神经系统疾病中展示出了非常有潜力的应用价值。

由于成人言语残疾大多与脑损伤相关，且有明确的受损区域，许多研究者与言语治疗师尝试使用无创脑刺激技术来干预言语残疾患者。经颅直流电刺激和重复性经颅磁刺激是最常被选择的技术，通常言语治疗师会选择将这些技术与言语或语言训练结合起来使用。已有的尝试表明这些技术在改善失语症患者的听理解、复述、命名、语音清晰度等方面效果显著，为失语症及其他脑损伤后的言语残疾患者找到了有效的治疗手段。

无创脑刺激因无创、无痛、操作简便、安全可靠等优点，必将成为未来言语康复领域的一个重要研究方向，应不断发掘该技术在不同障碍类型的言语残疾患者中的使用方法，更好地提高患者的言语语言能力，帮助患者回归家庭及社会。

3. 重视中医药传统治疗

中医药技术是祖国传统医学的重要组成部分，其内容丰富、范围广泛、历史悠久，经过历代专家的不懈努力和探索，取得了巨大的成就。

随着中医药技术的不断发展，言语治疗师也开始重视其对言语残疾患者的作用。在使用中医药传统治疗来干预言语残疾的实践中，针灸是被提及最多的，且实践表明，针灸对于失语症患者的语言功能有良好的干预效果。需要注意的是，大部分的干预实践不是单一的针灸，而是与语言训练、中药或现代科学技术相结合进行，如针灸结合重复经颅磁刺激疗法、针灸结合语言训练等。另外，也有选择补阳还五汤、地黄饮子等中药方剂来干预患者的复述、朗读等功能的实践探索，提高了患者的生活质量和日常生活活动能力。

在未来，针灸治疗的多学科融合将持续成为领域内关注的热点，进一步探索针灸结合现代科学技术治疗言语残疾患者的效果，不断发掘中医药传统治疗在言语康复中的独特作用。

4. 关注老年言语康复

目前，我国每年约有280万名新发脑血管病患者，其中，大部分为老年人。言语障碍是脑血管病的后遗症之一，此后遗症不仅影响患者的言语理解和表达，还会产生严重的心理影响。由于沟通障碍，患者不能独立地参加社会活动，这给患者的心理、社交和日常活动带来严重的负面影响。在脑血管病患者中，青中年群体大多对言语康复持积极的态度，配合度高，而老年群体则可能由于固有观念而排斥言语康复。因此，我们要格外关注老年患者的言语康复需求，为患者及其家属提供科普宣教，帮助更多患者改善言语功能，进而提升其沟通效果和生活质量。

除了疾病致残，随着年龄的增长，人体机能会出现退化，思维速度下降、听力减退、肌肉力量降低等都会影响老年人的言语功能。针对老年人，除了需要考虑功能的补偿，更重要的是完善照护服务与无障碍建设。因此，《国家残疾预防行动计划（2021—2025 年）》强调加强长期照护服务，完善居家、社区、机构相衔接的专业化长期照护服务体系，提高失能老年人照护服务质量，努力延缓残疾发生、发展。应对无法恢复言语功能的老年人，应通过辅助技术降低其信息交流成本，如辅助沟通系统（AAC）、脑机接口技术等。

三 中国言语残疾预防与康复工作的现状

依据预防医学提出的残疾三级预防概念，言语残疾的预防也可以分为一级预防、二级预防、三级预防。经历了几十年的发展，我国言语残疾预防和康复工作已经具备了一定的规模和成效，不同原因导致的言语残疾均有了相对应的预防和康复措施。

依据言语残疾分类，本报告在儿童领域将主要介绍儿童言语发育迟滞、听力障碍所致的言语障碍、口吃和器质性构音障碍的预防与康复工作；在成人领域则主要介绍失语症、运动性言语障碍和发声障碍的预防与康复工作。

（一）儿童言语残疾预防与康复工作的现状分析

1. 一级预防

器官结构异常、智力发育异常所致的言语残疾多见于先天性的发育异常，常与吸烟、饮酒等不良生活习惯，孕产期用药和意外，孕妇营养不良和有害理化刺激等有关。因此，一级预防主要采取了优生优育的一系列措施，在孕妇的孕早期、中期、晚期均设置了对应的检查项目，并指导孕妇及其家庭做好孕期危险因素的控制。对于听力障碍所致的言语障碍而言也是同样的，要通过优生优育措施预防遗传性耳聋，以及注意致聋因素的出现和发挥作用，包括避免用耳毒性药物，预防能致听力损害的疾病，预防噪声污染和意外伤害等。

发声障碍、儿童言语发育迟滞和口吃等言语障碍的早期表现不明确，容易被忽视，因此对家庭照顾者提出了较高的要求。家长需要关注儿童的发声习惯，减少儿童嗓音的滥用与误用，培养儿童健康的生活习惯和良好的用声习惯，还要给儿童提供良好的早期言语学习环境，防止儿童因外部环境不利出现言语发育迟滞和习得性口吃。为了帮助家长更好地养育照护儿童，及时发现儿童发育过程中的危险因素并给予健康促进，将其拉回正常发展轨道，2022年国家卫生健康委出台了《3岁以下婴幼儿健康养育照护指南（试行）》。这一指南指导医疗机构通过养育风险筛查与咨询指导、父母课堂、亲子活动、随访等形式，指导养育人掌握科学育儿理念和知识，为婴幼儿提供良好的养育照护和健康管理，为儿童未来的健康成长奠定基础。

目前，针对结构、感知觉和智力发育相关的言语残疾，我国已形成相对完善的一级预防措施，极大地降低了儿童早期患言语残疾的风险。但是对于嗓音卫生和早期言语环境的重视程度还远远不够，需要在未来通过科普宣教等方式提升大众对这些言语残疾相关危险因素的关注度。

2. 二级预防

二级预防是指疾病或损伤发生之后，采取积极主动的措施防止并发症、功能障碍和继发性残疾的过程，亦称临床预防，其核心要义为早发现、早诊断、早治疗。二级预防的具体方式包括疾病早期医疗筛查诊断、临床干预及康复治疗。

对于器官结构异常所致的构音障碍而言，器质性的问题主要通过外科手术解决。但手术通常仅能改善生理结构，手术成功并不意味着言语语言功能恢复如常。例如，唇腭裂术后的患儿常常存在腭咽闭合不全或不良的代偿习惯，从而出现鼻漏气和代偿性构音等言语问题。由此，在器质性构音障碍的二级预防中，通过临床医学解决结构上的缺陷是开展后续言语康复治疗的前提，而术后的言语康复治疗则是真正恢复功能、减轻言语残疾程度的重要手段。从现在的实施情况来看，器质性构音障碍儿童家属仍然将大部分注意力放在外科手术上，对术后言语康复缺乏应有的关注。因此，需要外科与康复科形成合力，做好言语康复序列治疗，向家长强调术后言语康复的重要性，以帮助器质性构音障碍儿童尽早地接受言语康复，纠正以往不良的发音习惯，建立正确的言语模式，改善儿童的言语功能。

对于听力障碍所致的言语障碍而言，最重要的措施即开展新生儿听力筛查。早期发现有听力障碍的儿童，以便及时干预和治疗，减轻听力障碍对其言语语言发育和其他神经精神发育的影响。此部分工作在我国已开展多年，发展较为成熟，听力障碍儿童的家长也十分重视听力补偿或重建之后的康复，听障儿童越来越多地融入了普通学校读书、成长，具备与健全儿童一样的竞争力。除了新生儿听力筛查外，听力相关的二级预防还包括对于后天性聋的控制，当致聋因素开始损伤听力时，需尽快采取措施，最大限度减轻其致聋作用，例如，积极治疗中耳炎等可能导致进一步听力损失并影响到言语功能的疾病。但是大众对于中耳炎等耳科疾病的了解有限，不清楚这些疾病对自己耳朵的功能会造成什么影响，当严重影响到听力后可能为时已晚。因此，今后应加大相关疾病的科普力度，让大家在疾病早期就高度重视，及时消除疾病或高危因素，降低听力减退的风险，从而最大限度避免因听力减退造成的言语残疾。

对于儿童言语发育迟滞和口吃而言，在早期诊断后，临床医生、康复治疗师、教师等与儿童言语语言发展相关的人都应积极参与到良好沟通环境的建构中。由于言语发育的持续性，患儿的照护者应定期复诊，以明确最终的转归与预后情况，并在过程中积极寻求言语治疗师的帮助。对于部分患儿，其言语障碍具有自限性，例如，75%的口吃患儿会自然地停止口吃样不流利，但仍应积极考虑和选择二级预防中的措施，因为患儿病程越长、接受干预越晚，其预后相对越差。目前，国家已通过儿童心理行为发育问题预警征象筛查、0~6岁儿童保健管理项目等方式监测儿童的发展情况，若出现明显的障碍表现，则建议家长及时寻求专业康复指导并进行干预。家庭康复指导可依照前文提到的《3岁以下婴幼儿健康养育照护指南（试行）》执行。国家对于儿童言语语言发育障碍的早期发现、早期干预十分关注，但是在家庭应用时容易受到照顾者时间精力、经济能力、文化水平等条件的影响，还需要根据不同地区、不同发展水平提供对应的支持策略，帮助家庭增强残疾预防意识，在发现儿童有落后风险时及时对接诊疗机构，明确后续计划。

3.三级预防

三级预防是指残疾已经发生，采取各种积极的措施防止残疾恶化的过程，即康复预防。三级预防是言语治疗师涉入最深和最多的部分，绝大多数的康复干预处于三级预防的水平。三级预防的具体方式包括医疗康复、依托家庭和社区的康复治疗、特殊教育、职能干预与社会安置、康复辅具的应用等。

在器官结构异常所致构音障碍的临床康复中，主要依据患者在呼吸、发声、共鸣、构音、韵律方面表现出的功能障碍进行对症治疗。例如，对于唇腭裂患者，进行改善鼻音功能亢进的正压通气治疗和口鼻呼吸分离训练、改善构音功能的口部运动训练和构音音系治疗等。

在听力障碍所致言语语言障碍的临床康复中，主要关注的也是呼吸、发声、共鸣、构音、韵律方面的功能，但在此之前，先要考虑的是听清和听懂，治疗师在呈现干预刺激时更多地考虑听障儿童的特点，采用听指认、听辨等任务方式进行干预。目前，临床中也有系统性地提升听障儿童口语表达能力的干预方法，如听觉口语法能够系统地教导听障儿童学习听清、听懂口语并开口说话，最终成功融入社会。对于听力损失严重的患儿，多综合运用手语、扩音、读唇等方法进行沟通训练，其目的不再是口语的表达，而是功能性沟通。

在儿童言语发育迟滞的临床康复中，许多学者认为不应只关注言语障碍，而应综合考虑儿童基本社交、语言和言语、认知、感知觉等各个方面的发育情况。鉴于儿童语言发育迟滞与家庭环境因素密切相关，父母在儿童康复过程中需积极承担更多的责任，因此家庭干预指导也成为目前临床干预的重点之一。

在口吃的临床康复中，重点是早期干预与家庭配合，言语干预手段包括间接疗法、直接疗法和综合疗法。间接疗法是通过改变口吃儿童的生活环境来引导患儿的成长，如建议家长改变说话方式，在交流时尽可能减少儿童言语表达的外部压力，塑造流畅的说话技巧，温和地启动话题并创造轻松的互动环境，以促进儿童言语的持续性表达。依据间接干预理论的疗法包括需求能力模型（DCM）、RESTART-DCM、亲子互动治疗法（PCIT）、以家庭为中心的治疗方法、亲子小组计划等。直接疗法则是直接干预言语时出现的不流利现象，要求口吃者学习新的言语模式，改善儿童的言语。直接疗法的重点是直接改变儿童的言语和态度，以管理口吃或促进流利。直接疗法包括语音修正和口吃修饰策略，以降低不流畅率、身体紧张和次要行为。依据直接干预理论的疗法包括 LP 疗法、渐进疗法、音节定时说话法、言语重组法、延长法、流利性塑造法、口吃修正法、听觉延迟反馈法等。综合疗法即将间接干预与直接干预相结合来改善儿童的口吃。目前，没有任何一种干预方法是放之四海而皆准的，需要根据儿童自身的特点、所处的环境等条件来进行选择和调整。

总体来讲，儿童言语残疾的预防与康复事业稳步发展，基本实现了高风险抑制、低风险监控，且针对已经发生的言语残疾也形成了较为成熟的康复治疗策略。

（二）成人言语残疾预防与康复工作的现状分析

1. 一级预防

大部分成人言语残疾患者的言语功能障碍源自脑部的损伤，如脑卒中、颅脑损伤等，因此，成人言语残疾的预防工作重点为相关疾病的预防和临床控制、避免意外伤害等。目前，国家卫生健康委十分重视相关疾病的防控，强调依据《健康中国行动（2019—2030 年）》的要求，深入开展慢性病防治专项行动，持续推进心脑血管疾病防治工作。此外，一线康复医疗单位近年来也十分重视相关疾病的预防科普，这大大增强了群众对于相关疾病的了解和预防意识。

2.二级预防

二级预防的核心要义为早发现、早诊断、早治疗，对于成人言语残疾来讲，主要的关注点就应该在疾病的控制和康复的早期介入。

针对失语症和运动性言语障碍，主要采用对神经系统病变等进行积极临床干预，对初期的功能障碍开展超早期、早期的康复治疗。在临床医学方面，影像学的发展能够快速锁定责任病灶给予对症治疗，超早期溶栓、机械取栓等临床手段的快速发展帮助许多出现脑血管意外的患者在超早期规避后续的功能障碍。当临床团队干预结束后，康复治疗团队能够在 ICU 对患者进行超早期干预，帮助其整体功能障碍的康复。在言语功能方面，主要通过辅助沟通系统（AAC）、早期言语康复等手段帮助患者提升沟通能力。

针对发声障碍（嗓音障碍），器质性嗓音障碍需要言语治疗师和耳鼻喉科医师密切合作，采用外科手术或药物的方法治疗后，再进行嗓音康复训练；神经性嗓音障碍需要言语治疗师和神经科医师配合，在治疗原发性疾病的同时进行相应的康复训练。

3.三级预防

在成人言语残疾的康复治疗方面，言语治疗师提供的传统言语语言治疗发挥了非常大的作用。

在失语症的临床康复中，常用的方法有 Schuell 刺激法、交流结果促进法、程序学习法、功能重组法、去阻滞法、强制性诱导疗法、功能性交际疗法、音乐疗法和针刺疗法等，这些疗法可以从不同的侧重点出发，增强患者自然交流与对话的能力。另外，近年来这些方法开始与重复经颅磁等非侵入性脑刺激技术结合运用，可加速大脑皮层功能的网络重建，增强患者的言语语言功能。

在运动性言语障碍的临床康复中，大部分学者对患者进行对症治疗，总体而言围绕与言语相关的呼吸、发声、共鸣、构音、韵律展开，但不同学者对于言语五大子系统干预的重点存在一定的差异。由于对该障碍定义和评估的不同理解，有学者重点关注了构音功能的干预，也有学者重点关注了呼吸功能干预对整体言语表现的影响，还有学者依据整体性的理论进行运动性言语障碍的干预，如LSVT LOUD疗法等。不同的干预重点会带来不同的效果，由于该障碍会带来言语多方面的损伤，因此在干预时言语治疗师应将呼吸、发声、共鸣、构音、韵律都纳入考虑，根据患者的损伤程度和康复期望的不同，选择其中最容易提升或对其沟通交流影响最大的方面进行干预，最大限度提升患者的沟通效果和生活质量。

在发声障碍（嗓音障碍）的临床康复中，目前应用较广泛的疗法包括共鸣嗓音训练、嗓音功能训练、重读治疗法、嗓音促进治疗法、ABCLOVE嗓音训练方法、Lee Silverman嗓音治疗等。这些方法没有绝对的优劣之分，临床需要根据患者嗓音障碍的表现及原因选择对应的方法。

综合言语残疾的预防和康复我们可以发现，现有的言语行为干预得到了广泛应用，这与之前国内学者对于言语残疾的研究多属行为学研究范畴关系密切。目前，随着脑科学及其技术的快速发展，国内学者能够通过更客观和直接的手段深入地探讨与言语残疾的病因、临床表现、诊断、康复相关的机制。另外，与临床医学中的多学科会诊倡导的理念类似，言语残疾的研究也需要跨学科、多团队的合作才能更全面地探究患者言语障碍的本质。因此，言语治疗师越来越多的和生物医学工程、艺术嗓音、耳鼻喉科学、认知神经科学、心理学等相关专业的人员进行跨学科合作，衍生出多学科合作下言语残疾康复的新思路与新方案。

康复设备在三级预防中起到了非常大的作用。听觉辅助装置，如助听器、人工中耳、电子耳蜗等已在临床广泛使用，让听障患者受益颇多。各种形式的辅助沟通系统（AAC）也能够很好地补偿、改善或替代沟通能力，提升沟通效率，在儿童及成人的言语残疾中应用广泛。近年来出现的计算机辅助下的言语康复则能够依据患者的不同需求，设置应用程序及软件，以屏媒方式易化治疗素材的获取与存储，提升康复效率。在"互联网+医疗健康"和5G技术的加速应用下，康复设备支持下的远程康复将进一步推动远程医疗的快速发展。

此外，言语康复与药理学的交叉应用，则催生出药物治疗言语障碍的诸多探索。例如，目前已有许多临床试验评估了抗抑郁药、抗焦虑药、抗精神病药和抗多巴胺药治疗口吃的效果，并且发现迄今为止最有希望的药物是抗多巴胺药物，但支持使用这些药物的证据有限，还有待进一步探索。

综上所述，言语残疾的预防与康复是需要多学科协作的长周期工作。未来的工作应在现有工作基础上进一步探索各言语残疾类型对应的高效、方便、易实现的治疗方案，并通过健康宣教等方式提升大众对言语残疾预防的关注度，有效预防言语残疾的发生和发展。

四　中国言语残疾预防与康复工作面临的挑战

近年来，虽然国内言语残疾预防与康复工作开展得如火如荼，但仍存在巨大的发展空间，需要针对现有工作中面临的挑战进行分析并制定相应的对策，从而更科学、更高效地开展言语残疾预防和康复工作。

（一）专业核心概念界定模糊

言语障碍专业术语的不一致严重影响着临床的诊断、评估与干预，也阻碍了领域内相关专业研究者之间的沟通交流，对行业的发展有极大的负面影响。除了基本概念界定较为模糊，国内对于不同言语障碍类型的关系、干预手段、服务模式、预后和功能限制等细节普遍缺乏统一界定，这都干扰着言语残疾预防和康复事业的发展。

就基本概念而言，言语障碍和语言障碍混用，不同的研究莫衷一是。有研究者认为，语言障碍强调的是语言的理解、表达和交流的障碍，而言语障碍强调的则是口头语言中发音、发声及言语节律性等方面的障碍，也有研究者认为两个概念内涵一致，均指的是前文提到的言语障碍。

此外，在康复工作中，即便同为言语障碍，不同的病因和类型适用的干预方法和模式也不同，所以清楚界定不同的言语障碍类型及其对应的核心症状就显得尤为必要。

（二）统一的、本土化的评估诊断工具相对缺乏

同一言语障碍在不同语言和文化背景的人群中的表现可能有所不同，加之汉语作为一种声调语言，与英语或其他语言存在较大的区别，国外的筛查、诊断和评估工具无法经过翻译后就直接使用，即便是汉化后也需要重新验证工具的信效度并建立对应的汉语普通话常模。康复治疗也存在同样的问题，无论是康复工具还是康复方法均需要做适应性调整。

目前来看，国内还没有形成一套体系化、统一且适应本土汉语普通话特征的各类言语障碍筛查、诊断及评估的工具。这会严重影响对各类言语障碍的深入研究。这项工作需要动用大量的人力和物力，仅靠某个单位或某个专家是难以实现的，需要在国家的统一牵头下完成。

（三）各地区发展不均衡，总体水平落后于国外

我国言语残疾预防与康复工作整体落后于国外，以康复设备为例，我国大部分综合性医院的康复医学科普遍存在康复训练场地有限、康复设备陈旧且数量不足等现象，非一线城市还存在缺乏现代化的康复管理软件和康复收费系统等问题。这不仅是言语残疾康复工作面临的挑战，还是整个大康复工作共同面临的挑战。

即便是在国内，受经济发展水平、人们受教育程度和康复意识等方面的影响，不同地区对言语障碍和言语残疾的重视程度不同，经济和政策支持力度也不同。一些地级市、县和经济欠发达地区及农村地区普遍缺少言语语言康复机构及指导，言语残疾家庭难以就近获得康复服务。一些基层康复机构的服务条件差，场地设施条件简陋，甚至存在安全隐患。

（四）从业者人数有限并且缺乏资格认证

在我国，3~6岁儿童言语障碍的发病率为4%~6%，根据中国康复医

学会言语康复专业委员会的数据，我国言语残疾及伴有言语残疾的人数超过 3000 万人。然而，目前我国言语康复从业者不足 1 万人，且人才质量和数量均远低于国际水平。在人才培养方面，只有极少数高校开设了言语康复相关的专业，并且由于言语康复涉及医学、教育学等多个领域，言语治疗师需要综合学习多个学科，还要投入大量的时间进行充分的临床训练，因此，培养单位虽逐年增多，但培养出来的总人数有限，远远不能满足我国言语障碍患者的需求，更无法大规模、高质量开展言语残疾的早期预防、识别、诊断与康复工作。

同时，言语治疗师作为一个社会必需的职业，理应有配套的准入机制和资质考核。只有配备了完善的认证及职称晋升机制，才能保证言语康复从业人员的专业能力和康复服务的质量，进而确保言语残疾患者得到科学有效的康复。然而，目前我国言语治疗师的岗位能力标准、准入机制、资质考核及职称晋升机制等均存在缺位，严重影响了该行业的发展。

（五）尚未形成多学科合作的康复团队

许多言语残疾相关障碍的康复是涉及多学科的复杂问题，然而在临床实践过程中，言语治疗师与临床医生、物理治疗师、作业治疗师、护士等相关人员之间的合作并不理想，这会严重地影响患者言语康复的效果和效率。

照顾者和护士主要承担了对患者身体情况的照料，而没有很好地参与到患者的言语康复过程中。其实，作为与患者日常密切接触的人员，他们的期望、态度、交流方式等也是影响患者康复效果的重要因素，如果能在日常照料中选择适宜患者的沟通方式，帮助其树立康复信心，并为患者的家庭康复提供专业指导与随访，患者的转归和预后可能会有巨大的飞跃。

（六）群众对言语残疾的认识不足

目前，我国普罗大众对于言语障碍、言语残疾的了解还十分有限。言语残疾的预防意识不足，可能导致大家忽视部分危险因素，进而无法有效降低言语残疾发生的可能性。对言语残疾康复的认识不足，则会导致患者无法尽早获得适宜自己的康复服务与支持，错过功能恢复和补偿的最好时机，从而影响患者的生活质量和社会参与度。除此之外，大众对言语残疾的认识水平还影响着言语残疾患者的生活体验，认识水平的提高将有利于提高社会的包容度，整体提升言语残疾患者在社会中生活的幸福感。

五 中国言语残疾预防与康复工作发展趋势与对策建议

言语残疾的预防与康复涉及领域众多，面临各种各样的挑战，需要相关领域多学科团队共同合作。因此，在国家加强组织领导和综合监管的基础上，我们还可以从以下几个方面发力。

（一）规范行业标准，实现康复理念国际化

借鉴国际先进的言语康复理念，立足汉语普通话特点，建设中国话语体系的言语康复行业标准及临床实践指南，规范我国言语康复学科和专业的发展，推动言语康复行业的规范、可持续发展，提高人才培养质量。

（二）开发相关工具，实现康复服务本土化

立足我国言语残疾筛查、诊断、干预的发展现状，建议医生、言语治疗师、高校科研人员、语言学专家等领域内相关从业人员共同合作，系统开发本土化的言语语言能力筛查、诊断、评估工具，建立全国常模，构建完善的"筛查-诊断-评估-干预"言语康复体系。

由于这项任务的牵涉面甚广，可以考虑由政府相关部门牵头，组织高校和科研单位合作开展工作，或者将任务分解成若干个子项目，通过招标等方式分散到相关单位去实行。还可以考虑将任务分解成几个阶段，按照轻重缓急有序进行。

（三）整合康复资源，实现康复服务均衡化

我国幅员辽阔，各地发展不均衡，势必会出现不同地区康复水平参差不

齐的现象。为了整体提升我国言语残疾康复水准，让康复服务惠及各地的言语残疾患者，康复的现代化是其中一个很重要的路径。政府应推动构建三级康复服务网络系统、转诊渠道以及康复管理平台，通过转诊或远程指导等方式将先进的康复理念和技术应用到发展相对落后的地区。

此外，对康复发展弱势地区应加大财政和政策支持力度，帮助引进先进的康复设备、高层次康复人才，快速提升当地的康复实力。

（四）培养专业人才，实现康复行业发展可持续化

人才是第一资源，是学科发展的主要力量。言语康复学科是涉及医学、教育学、语言学、心理学等多学科的应用型交叉学科，为了培养更多高水平的言语康复人才，应该加大对康复人才培养的政策及财政支持力度，在鼓励国内高层次的学府利用自身平台开展言语康复领域研究的同时，加强言语康复相关专业的建设，从根本上提高言语康复人才的培养层次和质量。

此外，还应该重视言语康复领域职后人员的培训，通过科学、系统的继续教育，帮助从业人员不断更新专业知识，以解决临床棘手的问题。

同时，政府应加快推动言语治疗师的职业认证，建立言语治疗师的岗位标准、职业资格考核与职称晋升制度，以便更好地规范言语治疗师人才队伍。

（五）强调团队合作，实现康复团队综合化

通常，言语残疾的康复涉及多个团队，医生、言语治疗师、护士、家属等应该形成合力，帮助患者在全周期接受专业的服务。多学科的康复团队可以帮助患者得到专业、全面且有效的康复服务，但是这对团队成员提出了很高的要求，例如，护士在对患者进行医疗照护之外，还需要适当了解言语康复相关的基础知识，并依据患者情况选择合适的沟通交流方式。

此外，由于言语残疾的康复是一项长期的工作，且具有复杂性和规律性的特点，大多数患者出院后需要在家持续进行一定的康复训练，而患者和家

属通常对相关知识缺乏了解，家庭康复训练的质量和数量都难以保证，进而影响患者康复效果的维持。这就需要康复团队对患者和家属进行家庭康复指导、健康教育和出院随访，协助监控患者言语康复效果，并依据情况及时调整康复策略。

参考文献

代金芝、孙舒、刘平：《脑卒中后构音障碍病人康复护理的研究进展》，《全科护理》2023 年第 29 期。

刀维洁：《听觉口语法在我国推广应用的现状与展望》，《中国听力语言康复科学杂志》2020 年第 5 期。

韩羽扬、Zhao Hui：《远程构音语音康复教学对提高听障儿童言语清晰度的个案研究》，《长春教育学院学报》2023 年第 5 期。

静进：《儿童言语及语言障碍的神经机制》，《中国儿童保健杂志》2003 年第 5 期。

李胜利：《促进国内言语治疗发展，尽快与国际接轨》，《中国康复》2014 年第 5 期。

李薇薇：《叠字成语在非流畅性失语症言语康复中的应用研究》，硕士学位论文，武汉大学，2019。

刘丽容、刘恒鑫：《沟通科学：嗓音评估与治疗》，《中国听力语言康复科学杂志》2022 年第 1 期。

刘洋、向春晨、张玉梅：《数字疗法在卒中康复中的应用进展》，《中国卒中杂志》2023 年第 11 期。

闵志云、李峰、徐丽娜、高楠：《腭裂术后塞音构音障碍患者的语音特点及康复训练》，《听力学及言语疾病杂志》2019 年第 5 期。

倪佳伶、陈伟民、张蓓华等：《听力障碍儿童言语语言治疗的研究现状》，《中国语音学报》2020 年第 2 期。

欧静禧、梁淑欣、许潇颖等：《针灸治疗失语症研究的现状与趋势——基于 CiteSpace 和 VOSviewer 的文献计量分析》，《中医药导报》2023 年第 6 期。

邱卓英、李欣、李沁燚等：《中国残疾人康复需求与发展研究》，《中国康复理论与实践》2017 年第 8 期。

石定栩、杨洋：《中国语言障碍与言语治疗——现状分析和发展思路》，《语言战略研究》2020 年第 2 期。

汤芷欣、肖永涛：《口吃的国内外相关研究进展》，《中国医药科学》2022 年第 11 期。

王彦超、贾玲：《我国听障儿童研究热点和前沿趋势——基于 CiteSpace 的可视化分析》，《绥化学院学报》2023 年第 10 期。

吴美雅、陈文媛、郑璇燕：《经颅直流电刺激部位对脑卒中后失语症动作命名能力的疗效》，《吉林医学》2023 年第 11 期。

邢晓慧、王明明、姚昱名、雷店：《老年脑卒中后失语患者评估和康复护理的最佳证据总结》，《现代医学》2023 年第 10 期。

杨艳艳、马思维、任战平、杨彬婷：《CPAP 在边缘性腭咽闭合功能障碍患者言语治疗中的应用效果评价》，《中国美容医学》2020 年第 9 期。

张敬、章志芳、肖永涛等：《国内多省份医疗系统和非医疗系统言语治疗从业人员现状调查分析》，《中国现代医学杂志》2017 年第 2 期。

张丽、殷毅、梁东如、张亚丽：《依托互联网平台实现全程系统化康复训练在脑卒中构音障碍患者中的临床疗效研究》，《空军航空医学》2023 年第 5 期。

钟子龙、范琳：《语言学视角下的失语症研究现状与发展趋势——基于 Bibliometrix 的可视化分析》，《外国语言文学》2023 年第 5 期。

周冰原、朱才丰、魏鹏等：《基于知识图谱技术分析针灸治疗失语症转化研究的现状与趋势》，《针刺研究》2023 年第 11 期。

周瑾、何小俊：《脑卒中后失语症康复治疗的研究进展》，《医学综述》2021 年第 3 期。

B.9
中国残疾人辅助器具服务发展报告

董理权 *

摘　要：　辅助器具能够帮助残疾人补偿、改善功能，减轻照护依赖，增加就学、就业的机会，进而过上健康、独立、富有尊严和成就的生活。做好残疾人辅助器具服务意义重大。本报告通过介绍辅助器具相关概念，阐释了辅助器具服务的作用及意义；以残疾人事业发展规划（纲要）为时间轴，以相关大事为脉络，梳理 1988 年以来我国残疾人辅助器具服务的发展历史；从政策建设、机构建设、专业化人才建设、辅助器具研发生产、国际合作等角度描述了我国辅助器具服务的现状，提出了进一步提高对辅助技术的认识、完善政策支持体系、健全辅助器具服务网络、加强服务队伍建设、丰富产品供给、深化辅助器具领域的国际合作等建议，以期推动我国辅助技术高质量发展，促进全民健康覆盖。

关键词：　残疾人　辅助器具　辅助技术　全民健康覆盖

一　辅助器具服务及其意义

（一）核心概念

1. 辅助器具

在不同的历史发展阶段，辅助器具有不同的内涵，在国内的称谓也不断演变，经历了从 20 世纪 90 年代的"残疾人用品用具"到 21 世纪前十年的

---

* 董理权，中国残疾人辅助器具中心研究员，研究领域为残疾人康复。

"残疾人辅助器具"，再到近些年的"康复辅助器具""适老辅助器具"的变化。目前国内关于辅助器具的定义来自 2016 年发布的第 3 版国家标准《康复辅助器具 分类和术语》（GB/T 16432—2016），该标准等同采用了2011 年发布的第 5 版国际标准，其将辅助器具（assistive products）定义为"功能障碍者使用的，特殊制作或一般可得到的用于如下目的的任何产品（包括器械、仪器、设备和软件）；有助于参与性；或对身体功能（结构）和活动起保护、支撑、训练、测量或替代作用；或为防止损伤、活动受限或参与限制"。国际标准中关于辅助器具的定义有所更新，2022 年 5 月发布的第 7 版国际标准辅助器具分类与术语（ISO 9999：2022 Assistive Products—Classification and Terminology）将辅助器具定义为"优化利用个人功能和减少残疾的产品"，其定义中不再强调辅助器具仅供残疾人使用，而是扩大到全人群，任何人，只要出现功能活动困难就需要辅助器具的帮助。

2. 辅助技术

"辅助技术"的概念最早见于 1988 年的《美国公共法 100-407》，并在1998 年颁布的《辅助技术法案》中得到再次确定。辅助技术被定义为："用于辅助技术装置和辅助技术服务的设计技术。"[1] 辅助技术装置被定义为："任何项目、设备或产品系统，不管它是商业上直接获得，还是改制或定制，只要是用于增加、保持或改善功能障碍者的功能能力。"这一概念提出后逐步得到了国际社会的认可。2018 年，第 71 届世界卫生大会通过《增进获得辅助技术》决议，将辅助技术（Assistive Technology，AT）定义为"为使人们维持或改善功能活动来促进良好状态，从而开发辅助产品和相关系统及服务"。[2] 该定义将辅助技术分为辅助产品和辅助技术服务两个部分，辅助产品一般是指国际标准化组织所定义的辅助器具。2022 年，世界卫生组织（WHO）和联合国儿童基金会（UNICEF）联合发布《全球辅助技术报

---

① 董理权、刘志红、谢甘霖、李琰彧：《增进获得辅助技术，促进全民健康覆盖》，《协和医学杂志》2022 年第 6 期。

② 世界卫生组织：《增进获得辅助技术》，2018 年 1 月 22 日，https：//www.docin.com/p-2091102121.html。

告》，指出各国目前对辅助技术的定义不完全一致，传统上，辅助技术被认为是人体外部的、非侵入性的，该领域目前正在与医疗技术融合。

3.辅助器具适配服务

中国残疾人康复协会团体标准《辅助器具适配服务规范》指出，辅助器具适配服务是指直接帮助功能障碍者来选择、获取或使用辅助技术装置的任何服务。[①] 辅助器具适配服务是国内的一种表述形式，其内涵基本与世界卫生组织辅助技术服务一致。一般认为，辅助器具服务包括对功能障碍者进行辅助器具需求评估、适配评估、适应性训练以及咨询、转介、宣传教育、培训、指导等，旨在满足残疾人、失能半失能老人的个性化需求，帮助服务对象恢复自理能力、融入社会、提高生活质量。

（二）残疾人辅助器具服务的作用与意义

自有人类就有残疾人，辅助器具是人类在战胜障碍过程中的智慧结晶。2007年10月，我国考古专家就在吐鲁番两千多年前的墓葬中发现了世界上最早的假肢。[②] 近现代以来，随着经济社会的发展、科学技术的进步、以人为本理念的提出以及人口老龄化等，新的社会环境对辅助器具服务提出了更多的需求。

2001年，WHO发布了《国际功能、残疾和健康分类》（ICF），在环境因素中提出，辅助产品和辅助技术构成的人造环境也是人类健康的影响因素。2011年，WHO发布的《世界残疾报告》更是明确地指出，康复措施主要是康复医学、治疗学和辅助技术。辅助技术作为康复的三大措施之一，得到高度重视。辅助技术逐步成为解决人类健康问题的重要手段。辅助技术在残疾预防、功能监测、代偿、补偿、康复训练等方面发挥越来越重要的作用，在公共应急等方面也有不可替代的作用。第71届世界卫生大会通过的《增进获得辅助技术》决议指出，辅助技术的目的是使人们能够维持或改善

[①] 中国残疾人康复协会团体标准 T/CARD 002—2020,《辅助器具适配服务规范 第一部分：总则》，2020。

[②] 《新疆吐鲁番出土世界最早假肢，距今2000多年》，搜狐网，2024年4月25日，https://www.sohu.com/a/774057218_ 121293158。

功能活动，并因此增进福祉；辅助技术使具有功能性障碍者能够过上健康、富有成就、独立和有尊严的生活，并能够参与教育、劳动市场和社交生活；辅助技术可以减少对正式卫生服务和支持性服务以及长期照护的需求，并可以减轻照护者的负担；如果没有辅助技术，残疾人和老年人及其他有需要的人常常会遭到排斥、孤立并陷入贫穷，发病和残疾负担也会加重；联合国成员国需要鼓励把辅助器具纳入区县、乡镇和初级卫生保健层面的服务。①

辅助器具种类繁多，关系到残疾人生存发展的方方面面。对照马斯洛的需求层次理论我们可以发现，无论是在吃饭、睡觉等生存层次，还是在创作、娱乐等发展层次，辅助器具都能够发挥作用，比如，有辅助残疾人用餐的生活自助具，有帮助视力残疾人参加学习的各类助视器，有帮助重度残疾人创作或者娱乐的眼控电脑。在残疾人的康复、教育、就业、文化、娱乐、体育运动等方面，辅助器具都发挥着重要甚至不可替代的作用。辅助器具还和巩固脱贫攻坚成果密切相关，为有需要的残疾人配备辅助器具，一方面使他们可以成为劳动者，去参与创造财富；另一方面也能避免或者减少家人对他们的照护，有效地解放家庭劳动力。伴随经济社会科技的发展，辅助技术增进健康、促进美好生活的作用也进一步凸显。李克强总理在出席 2015 年全球辅助器具产业大会时强调，以辅助器具为代表的残疾人服务产业兼具经济效益和社会效益，承载科技创新与人文关怀，具有广阔的发展前景。②

二　中国残疾人辅助器具服务的发展历程

我国的残疾人辅助器具服务基础十分薄弱。1958 年以后，民政部门先后在各省建立了一批旨在服务伤残军人的假肢和辅助器具服务机构。自 1988 年中国残联成立，我国残疾人辅助器具服务经历了迅速发展的阶段，

---

① 世界卫生组织：《增进获得辅助技术》，2018 年 1 月 22 日，https：//www.docin.com/p-2091102121.html。
② 董理权、刘志红、谢甘霖、李琰彧：《增进获得辅助技术，促进全民健康覆盖》，《协和医学杂志》2022 年第 6 期。

逐步形成了面向全社会的残疾人辅助器具服务体系。在此，笔者以残疾人事业发展规划（纲要）为时间轴，以相关大事为脉络，梳理 1988 年以来我国残疾人辅助器具服务的发展情况。

（一）1988~1995年

中国残联成立伊始，就将辅助器具作为残疾人服务的重要内容，1988 年印发的《中国残疾人事业五年工作纲要（1988 年—1992 年）》提出，"研制和生产先进适用、优质价廉、利于普及的残疾人专用生活物品、教具、辅助器具、康复器械"①。1991 年 5 月，《中华人民共和国残疾人保障法》开始施行（2008 年 4 月修订、2018 年 10 月修正），规定"政府有关部门应当组织和扶持残疾人康复器械、辅助器具的研制、生产、供应、维修服务"，"各级人民政府对贫困残疾人的基本医疗、康复服务、必要的辅助器具的配置和更换，应当按照规定给予救助"。② 1991 年 12 月印发的《中国残疾人事业"八五"计划纲要（1991 年—1995 年）》提出，"要建立全国残疾人用品用具供应服务总站、六十个供应服务站和一批供应服务点，逐步形成供应服务网络"。③ 同时制定了配套的《全国残疾人用品用具供应服务"八五"实施方案》。上述法规、规划的实施，为残疾人辅助器具服务体系的发展奠定了基础，中国残疾人辅助器具中心的前身中国残疾人用品开发供应总站（1994 年成立）及省、市、县各级残疾人辅助器具服务机构陆续成立。

（二）1996~2000年和2001~2005年

在"八五"期间辅助器具服务网络建设起步的基础上，"九五"和"十五"期间的残疾人辅助器具服务机构的发展开始逐渐完善。1996 年 4 月印发

① 《中国残疾人事业五年工作纲要（1988 年—1992 年）》，深圳市残疾人联合会网站，http://www.cjr.org.cn/info/laws/syfz/content/post_161584.html。
② 《中华人民共和国残疾人保障法》，中国政府网，https://www.gov.cn/guoqing/2021-10/29/content_5647618.htm。
③ 《中国残疾人事业"八五"计划纲要（1991 年—1995 年）》，深圳市残疾人联合会网站，http://www.cjr.org.cn/info/laws/syfz/content/post_161590.html。

的《中国残疾人事业"九五"计划纲要（1996 年—2000 年）》提出，"建立、完善残疾人用品用具供应服务网络""开发供应 100 种、240 万件残疾人急需、简便、适用的特殊用品和辅助用具"。[①] 2001 年印发的《中国残疾人事业"十五"计划纲要（2001 年—2005 年）》提出，"加强残疾人用品用具供应工作""建立 200 个装配供应站""加强对用品用具质量的监督与管理"。1997 年 9 月，国家康复器械质量监督检验中心成立。2000 年，长江新里程计划假肢服务项目第一期开始实施，帮助各级残联建立假肢站，充实服务业务。这一时期，辅助器具服务机构逐步从开始的以副养主商业机构向国家事业单位转变。

（三）2006~2010 年

经过十几年的发展，残疾人辅助器具服务的工作体系初步建立，服务网络逐步完善，为下一阶段残疾人辅助器具服务的全面开展奠定了基础。2006 年，经中央编办批准，中国残疾人用品开发供应总站更名为中国残疾人辅助器具中心；中国残联印发《关于进一步加强残疾人辅助器具服务工作的意见》，为各地加强服务能力建设、实施残疾人辅助器具服务提供遵循。2007 年 5 月，首届中国国际福祉博览会在北京中国国际展览中心举办。2008 年 3 月，《中共中央 国务院关于促进残疾人事业发展的意见》印发，明确了残疾人"两个体系"建设的总体目标，提出"对贫困残疾人康复训练、辅助器具适配等基本康复需求给予补贴""扶持残疾人辅助技术和辅助器具研发、生产和推广，促进相关产业发展"。[②] 全国一些地区推动了基本辅助器具进医保和新农合的工作，安徽、新疆、内蒙古等地出台了文件，安徽省落地实施至今。2008 年汶川大地震抗震救灾和北京残奥会的举办，让社会各界进一步认识到了辅助器具的作用。2008 年，中国签署了联合国《残疾人权利公约》并于当年 9 月生效，为基于人权、以人为本的辅助器具服务理

---

① 《中国残疾人事业"九五"计划纲要（1996 年—2000 年）》，中国人权网，https：//www. humanrights. cn/html/2014/1_ 0814/1666_ 11. html。

② 《中共中央 国务院关于促进残疾人事业发展的意见》，中国政府网，https：//www. gov. cn/gongbao/content/2008/content_ 987906. htm。

念奠定了理论基础。2010年3月，中国残联印发《残疾人辅助器具基本配置目录》，为各地探索辅助器具保障制度建设提供了参考。2010年10月，首届"东方杯"辅助器具创新设计大赛成功举办，有力推动了残疾人辅助器具的研发。"十一五"时期，相关部门和单位从专业性和公益性的角度开展残疾人辅助器具服务的体系化建设，在机构建设、服务项目实施、保障制度建设等方面取得了积极进展。

（四）2011~2015年

伴随《中共中央　国务院关于促进残疾人事业发展的意见》的落实，残疾人辅助器具服务迎来了重要发展机遇期。《国民经济和社会发展第十二个五年规划纲要》明确提出"构建辅助器具适配体系"。[①] 在中国残联及中国残疾人辅助器具中心的积极争取下，"十二五"期间中央财政在残疾人辅助器具服务方面的投入大幅增加，为各地加强机构建设和辅助器具服务提供了有力支持。2011年9月，全国残疾人辅助器具服务机构规范化建设启动仪式在北京举行，全面开展残疾人辅助器具服务机构规范化建设。2012年，国务院印发《国家基本公共服务体系"十二五"规划》，将为残疾人提供基本辅助器具服务列为基本公共服务的内容。[②] 自2012年起，中国残联陆续与广东、辽宁、江苏、湖北、甘肃、四川六省人民政府签署合作意向书，共建国家辅助器具区域中心。2013年，《残疾人康复机构建设标准》（建标165—2013）发布，为各地加强辅助器具基础设施建设提供了依据。2015年10月，亚欧会议框架下残疾人合作暨全球辅助器具产业发展大会在北京举办，我国总理李克强与德国总理默克尔共同出席开幕式。

（五）2016~2020年

党的十八大以来，我国残疾人辅助器具服务进入快速发展的新阶段。

---

① 《国民经济和社会发展第十二个五年规划纲要（全文）》，中国政府网，https://www.gov.cn/zhuanti/2011-03/16/content_ 2623428_ 2.htm? eqid=dde95dd30005e2f200000003647e8bc5。

② 《国务院关于印发国家基本公共服务体系"十二五"规划的通知》，中国政府网，https://www.gov.cn/gongbao/content/2012/content_ 2192402.htm。

《中华人民共和国国民经济和社会发展第十三个五年规划纲要》将"贫困残疾人基本型辅助器具补贴"纳入基本公共服务项目清单。2016年，国务院印发《"十三五"加快残疾人小康进程规划纲要》，提出辅助器具适配率达到80%的目标，要求"有条件的地方对残疾人适配基本型辅助器具给予补贴"①；国务院印发《国务院关于加快发展康复辅助器具产业的若干意见》，对辅助器具产业进行顶层设计和谋篇布局。2017年，国务院印发《残疾预防和残疾人康复条例》，将"对基本型辅助器具配置给予补贴"纳入国家法规。2019年，中国残联、民政部等部门联合印发《残疾人基本康复服务目录（2019年版）》，辅助器具适配和康复医疗、康复训练、支持性服务一起被列为基本康复服务内容。2020年，人力资源和社会保障部等部门发布了康复辅助技术咨询师新职业。"十三五"时期，辅助器具发展被提升到了国家战略层面，一批辅助器具相关科研项目得到立项和实施，中国的辅助器具工作面向政策、服务、产业等全方位创新发展，并且融入了国家外交大局。

三　中国残疾人辅助器具服务的发展现状

（一）政策建设

自中国残联成立以来，我国政府在制定国家事业发展战略、政策和行动规划时，逐步将辅助技术的发展作为内容纳入其中。《中华人民共和国残疾人保障法》在1991年颁布并于2008年修订、2018年修正，以及《残疾预防和残疾人康复条例》和《中华人民共和国无障碍环境建设法》等法律法规的制定、实施，为残疾人享有辅助器具服务提供了法律依据。国家发展改革委等部门制定"国家基本公共服务标准"，将残疾人辅助器具服务纳入国

---

① 《国务院关于印发"十三五"加快残疾人小康进程规划纲要的通知》，中国政府网，https：//www.gov.cn/gongbao/content/2016/content_ 5106181.htm。

家基本公共服务清单。中国残联参考世界卫生组织《重点辅助器具清单》，制定《残疾人基本辅助器具指导目录》并适时修订，为各地制定政策、实施辅助器具服务项目提供参考，推动各省（区、市）制定出台本地残疾人基本辅助器具补贴制度，截至2023年底，全国31个省（区、市）和新疆生产建设兵团都建立了残疾人基本辅助器具补贴制度，为残疾人获取辅助器具服务提供了稳定的资金保障。2008年3月，《中共中央　国务院关于促进残疾人事业发展的意见》印发，明确了残疾人"两个体系"建设的总体目标，全国一些地区推动了基本辅助器具进医保和新农合的工作，安徽、新疆、内蒙古等地出台了文件，安徽省落地实施至今。2016年，国务院出台了《国务院关于加快发展康复辅助器具产业的若干意见》（国发〔2016〕60号）。2018年，民政部、国家发展改革委、财政部、中国残联联合印发了《关于开展康复辅助器具社区租赁服务试点的通知》（民发〔2018〕152号）。2012年，人力资源和社会保障部为进一步贯彻落实《工伤保险条例》，规范工伤保险辅助器具配置管理工作，制定了《工伤保险辅助器具配置目录》。1997年，出台了海关总署令第61号《海关总署关于残疾人专用品免征进口税收暂行规定的实施办法》。

（二）机构建设

在中国残联的推动下，国家发展改革委等部门发布《残疾人托养服务机构建设标准》，实施社会服务设施兜底线工程，支持建设省级、市级、县级区域性残疾人康复设施。在国家层面，中国残联成立了中国残疾人辅助器具中心，负责残疾人辅助技术领域政策推动、服务网络建设、技术人员培训、项目实施、数据采集、宣传推广、国际交流等工作；在辽宁、江苏、湖北、广东、四川、甘肃6个省份培育建设国家辅助器具区域中心，发挥服务示范、技术辐射、创新引领作用，为辅助器具服务机构建设提供样板。各省（区、市）普遍成立了残疾人辅助器具服务机构，多数市、县成立了独立的服务机构，或在残疾人综合服务设施内开展辅助器具服务。中国政府还为各级残联组织和辅助器具服务机构配置了2400多辆流动服务车，将辅助器具服务送到农村和边远地区。国家、省（区、市）、县（市、区）三级辅助器具服务网络的有效运行，初步实现有需求的残疾人能够及时得到便利可及的功能评估、辅助器具服务，《2023 年残疾人事业发展统计公报》显示，160.8 万名残疾人得到基本辅助器具适配服务。在持续加强线下服务机构建设的同时，积极探索"互联网+辅助器具服务"新模式。北京、上海、福建等地结合补贴制度实施，搭建辅助器具服务线上平台，让数据多跑路、残疾人少跑腿。其中，"北京市残疾人辅助器具综合服务平台"先后成为国务院向全国推介的首批 5 个政务信息系统整合共享应用试点典型案例、北京政务服务"十佳案例"、《联合国电子政务调查报告》经典案例。

此外，中国残联办公厅印发了《残联系统康复机构业务规范建设评估指南（试行）》，组织开展辅助器具机构业务规范建设评估，指导各级辅助器具机构加强业务内涵建设，提升专业服务能力和科学管理水平。

（三）专业化人才建设

2009 年中国残联组织实施康复人才培养"百千万工程"，2011 年中国残联联合人力资源和社会保障部开展辅助器具岗位工程师能力培训等人才培养项目。多年来教育部推动辅助器具学科建设，全国职业院校开设辅助器具相关专业点近 1000 个，普通高等院校开设相关本科专业点 490 余个；人力资源和社会保障部修订《中华人民共和国职业分类大典》，将"矫形器师""助听器验配师""假肢装配工""辅助技术咨询师"等 10 余个职业纳入其中，并将辅助技术服务纳入老年照护师等职业的内容；辅助技术纳入国家医学继续教育体系；推广世界卫生组织辅助技术培训课程，提升在职人员的服务能力；各相关专业学会积极开展各种学术论坛等学术交流活动，发布《辅助器具适配服务规范》并推广使用，为从业人员开展服务提供技术遵循；组织举办辅助器具服务技能比赛，在鼓励服务人员提升技能的同时，也为各地交流工作经验提供平台。

（四）辅助器具研发生产

民政部牵头实施《国务院关于加快发展康复辅助器具产业的若干意见》，与相关部门联合开展康复辅助器具产业综合创新试点，全面推动我国辅助器具产业发展。科技部组织实施"主动健康和老龄化科技应对"等国家重点研发计划项目，重点支持智能假肢膝关节及适配技术研究、残疾人与失能和半失能老年人康复辅助器具评估与适配体系应用示范等一大批高科技辅助技术产品的开发和研究，加快互联网、大数据、人工智能、5G等信息技术在残疾人辅助器具服务领域的转化应用。中国残联设立辅助器具专项课题，组织残疾人急需的基本型辅助器具研发和推广应用，带动企业、科研院所等积极参与残疾人辅助器具领域的科研创新，一批与中国经济社会科技发展水平相适应的辅助器具产品得到研发和推广应用，以满足广大残疾人高质量辅助器具服务需求。据世界知识产权组织《2021年技术趋势：辅助技术》有关资料，新兴技术领域辅助技术知识产权发展迅猛，增速是传统技术的3倍，年均增长率为17%。中国已经成为国际上增长最快的五个地区之一。

（五）国际合作

中国残联积极参与辅助器具领域的国际交流合作，2014年中国残联参与世界卫生组织发起的全球辅助技术合作计划，推进全球增进获得辅助技术，2015年联合国际电信联盟等召开全球辅助器具产业发展大会和辅助技术专家合作会议。自2007年起每年举办中国国际福祉博览会，迄今已经举办了16届，将其打造成具有世界影响力的专业博览会，为全球的辅助技术交流提供了良好的平台；2018年派员参与第71届世界卫生大会，以共提国身份参与《增进获得辅助技术》决议的审议和表决，2016年、2018年、2023年作为主办国之一，主办世界卫生大会辅助技术边会；参与"世界卫生组织重点辅助器具清单"制定，并组织开展产品标准的研究；参与"全球辅助技术需求快速筛查"和《全球辅助技术报告》的撰写；组织参与世界卫生组织辅助器具采购；协助世界卫生组织编制并在全球范围推广辅助具产品技术规范；组织开展中日韩有关标准研讨；与德国、丹麦、瑞典等国驻华使馆及辅助技术机构开展不同形式的交流。此外，中国残联及中国残疾人辅助器具中心还承担国家援外项目，为澜湄五国、埃塞俄比亚等国家提供辅助器具方面的援助。通过国际交流，我们学习到了一些国外的工作理念、国际先进的技术和产品，同时也为全球辅助技术发展提供了"中国方案"。

四　我国残疾人辅助器具服务存在的问题和发展建议

（一）存在的问题

经过多年发展，我国残疾人辅助器具工作从无到有，从小到大。但面对新的形势，我们应该清醒地认识到，同人民日益增长的高质量辅助器具服务需求相比，我国的辅助技术发展仍存在不小差距，美好生活需要和不平衡不充分的发展之间的矛盾在辅助技术领域仍然存在并在一段时间内存在。主要表现在以下几个方面：一是供需不平衡，虽然现在残疾人辅助器具适配率已经超过80%，但提供的辅助器具服务存在内容不实、质量不高的问题，辅助器具研发虽然势头良好但总量仍然不足，尚不能满足广大残疾人的服务需求；二是区域发展不平衡，总的来讲，东部地区的辅助器具服务网络相对健全，辅助器具生产企业也主要集中在京津冀经济圈、长三角经济圈、珠三角经济圈；三是城乡发展不平衡，虽然目前我们已经初步建立了覆盖全国的辅助器具服务网络，但边远地区特别是农村地区的辅助器具服务网络还很薄弱，打通服务"最后一公里"还需进一步推动；四是政策实施不充分，近年来出台的一系列辅助器具相关政策，还需要去持续推动落实；五是资源整合不充分，一些地方建了机构，但不知道怎么把业务内涵充实起来，把服务质量提上去。

（二）发展建议

在认识到残疾人辅助器具服务工作存在问题的同时，也要看到我国残疾人辅助器具服务的发展潜力和面临的机遇：一是我国残疾人辅助器具需求将持续增长，我国有超过 8500 万名残疾人，残疾人实现全面小康后，随着生活不断改善和对美好生活的需要日益增长，对辅助技术的需求也将持续快速增长，我国正处在人口老龄化的快速发展期，60 岁及以上老年人口已经接近 3 亿人，失能和半失能老人预计超过 4000 万人，对辅助技术的需求巨大，人口老龄化的趋势也倒逼辅助技术发展加快步伐；二是相关政策提供发展基础，《"十四五"残疾人保障和发展规划》《国务院关于加快发展康复辅助器具产业的若干意见》等政策的继续实施，为残疾人辅助器具服务的快速发展提供了上位依据，也带来了资金、项目等方面的支持；三是科技进步带来发展动力，辅助器具产业是横跨制造业、服务业的新兴业态，机器人、虚拟现实、3D 打印、人工智能、新材料、互联网等新技术在辅助器具服务中有广阔的应用空间，将引领辅助器具产品向智能化、个性化、专业化发展；四是国际合作带来先进经验，近年来，世界卫生组织大力推动辅助器具领域的国际合作，中国残联及中国残疾人辅助器具中心积极参与其中，在促进全球辅助器具服务发展的同时，也将有助于引进辅助技术领域的先进技术和先进理念。

世界卫生组织在推动全球健康辅助技术合作计划过程中，提出了辅助器具服务的模型（"5P 模型"，People－人、Policy－政策、Product－产品、Provision－供应网络、Personnel－人员），为下一步谋划我国残疾人辅助器具服务提供了参考。

1. 进一步提高对辅助技术的认识

在"保障残疾人基本民生和促进残疾人全面发展、共同富裕"的过程中，有大量场景需要应用到辅助器具。要坚持"以人民为中心"的发展思想，坚持需求导向，做到精准识别、精准施策，用专业化的辅助器具服务，保障残疾人平等权利，增进残疾人民生福祉，提高残疾人自我发展能力，不断满足残疾人的美好生活需要。要坚持辅助器具服务的公益属性，将残疾人辅助器具服务纳入政府工作的大局，纳入经济社会发展的大局，纳入基本公共服务均等化的大局，推动残疾人辅助器具服务的高质量开展。

2. 进一步完善政策支持体系

从需求侧讲，辅助器具服务保障政策将继续由救助型向福利型转变，在推动基层普遍实施辅助器具补贴制度的基础上，制定出台国家层面的基本型辅助器具补贴制度；同时，根据情况将辅助器具服务纳入社会保险的覆盖范围（主要纳入养老保险、医疗保险、工伤保险和长期护理保险），从而形成社会福利和社会保险共存的保障格局，进一步减轻残疾人的经济负担，释放人们的服务需求。从供给侧讲，伴随《国务院关于加快发展康复辅助器具产业的若干意见》的实施，要进一步总结推广康复辅助器具产业综合创新试点的经验，完善辅助器具研发生产的相关支持政策。

3. 进一步健全辅助器具服务网络

要继续坚持辅助器具服务的公益属性，将辅助器具服务网络纳入基本公共服务体系的构建中，加强残联、民政、卫生、社会等服务资源的统筹，提升辅助器具服务的可及性、便利性；注重加强基层，特别是农村地区辅助器具服务机构建设，力争所有县级残联均建立残疾人辅助器具服务机构，或整合利用康复、综合服务等机构开展残疾人辅助器具服务，有效运用互联网、大数据等信息技术，实现服务资源的优化配置，通过开展服务车流动服务，推动服务链条向基层延伸；拓展社区辅助器具租赁服务，主动满足日益增长的社区辅助器具服务需求，提升辅助器具循环利用水平；注重发挥市场在资源配置中的决定性作用，鼓励、支持各种社会力量参与残疾人辅助器具服务。

4. 进一步加强服务队伍建设

一是借助中国康复大学建设有利契机，推动完善辅助技术学科和专业体系建设，加快辅助器具服务专业人才的源头培养；二是以康复辅助技术咨询师新职业建设为契机，加快职业教育体系建设；三是要立足应用，加大对辅助器具适配服务技能人才的培养力度，结合工作实际需要，开展辅助器具服务专业人员规范化培训和岗位能力培训等工作，做好培训层次的设计和实施，尤其要注意培训的"下沉"，让广大社区工作人员掌握基本的辅助器具知识和服务技能；四是建立和完善辅助技术专业人员激励机制，推动将辅助器具服务技能培训纳入医疗人员继续教育内容，运用好辅助器具服务技能竞赛等形式，持续提升辅助器具专业人员的服务能力和水平。

5.进一步丰富产品供给

当前，从新一代信息技术到人工智能、大数据、虚拟现实、区块链、智能制造等一系列先进技术的发展都呈现了集群式突破的特征，加快了辅助器具产业的变革。在这一趋势中，残联组织要发挥好需求侧和供给侧之间的桥梁纽带作用，推动科技成果在残疾人辅助器具服务中的应用，让更多更好的辅助器具产品助力残疾人的美好生活，用科技创新驱动残疾人辅助器具服务的高质量发展。

6.进一步深化辅助器具领域的国际合作

一是要夯实现有合作关系，拓展国际合作圈，与世界卫生组织等国际组织继续开展务实合作，进而巩固现有合作关系；以辅助器具为切入点，探索与共建"一带一路"国家及国际组织在技术、人才、产品等方面的交流合作。二是发挥我国辅助器具产品优势，丰富国际辅助器具供给。通过组织中国辅助器具展团、合作开展国际采购项目、开展援外项目等形式，向国际推介我国高质量辅助器具，为国内辅助器具企业走出国门开拓渠道，为全球增进辅助技术获得贡献中国智慧和中国力量。三是建立稳定的国际交流机制。推动建立辅助器具国际交流资源内部共享机制；利用好中国残联主办的国际会议资源，为行业各方打造稳定的国际交流合作平台。

案 例 篇 ⟩⟩

B.10
台湾地区辅助科技服务发展
与实践探索

杨炽康　吴尚书*

摘　要:　经过数代的变革,台湾地区辅助科技的发展日臻成熟。近年来,面对人口老龄化和少子化的挑战,以及身心障碍人数不断增加的压力,辅助科技的重要性日益凸显。台湾地区在辅助科技服务方面积累了丰富的经验,如准确掌握辅助科技需求以提供更精准的服务,健全保障体系以维护需求者权益,建设全面覆盖的辅具资源服务网络,定期举办"AT Life 辅具展"以整合辅助科技资源。为使辅助科技持续发展,辅助科技服务更加精准,未来应做到以下几点:充分了解辅助科技供需问题,提供合理解决之道;顺应时代要求,完善辅助科技发展机制;以使用者为导向,提供全人服务;扩大辅助科技应用领域,满足更多人的需求。

---

* 杨炽康,博士,副教授,台湾东华大学特殊教育学系主任,研究领域为辅助科技;吴尚书,台湾东华大学教育与潜能开发学系教育博士班特殊教育组博士生,研究领域为辅助科技。

关键词： 辅助科技　辅助科技服务　台湾地区

一　前言

辅助科技（Assistive Technology，AT）的不断演进和广泛应用对社会包容性和个体参与的影响日益凸显。随着人口结构的变化和全球老龄化现象的加剧，AT 在应对各种健康挑战上扮演的角色变得更加关键。世界卫生组织（WHO）和联合国儿童基金会联合发布的《2019 年全球辅助科技报告》显示，2019 年全球约有 25 亿人需依赖 AT，至 2050 年将增加至 35 亿人。[①] AT 将成为全球社会卫生和医疗领域中不可或缺的支柱，为不同年龄层的人群提供更加平等的机会和资源。AT 在促进身心障碍者、慢性病个体以及老年人的社会融合和参与上扮演至关重要的角色。[②] AT 是指将科技的设计和研发应用于辅具或服务上。辅具指的是一种产品、设备或系统，无论是现成商品、经过改造还是特别设计，目的都是提升身心障碍者参与社会生活的能力。AT 服务则涵盖直接协助身心障碍者评估、选择、取得（包括购买、租用或借用）、设计、训练、维修、清洁保养，以及回收辅具等各种服务。[③]

AT 有助于身心障碍者和老年人克服日常生活中所遭遇到的各种阻碍，甚至绕过障碍，提升他们的独立性、参与度、生活质量及幸福感。随着台湾地区失能老人和身心障碍者人数持续增加，AT 服务的发展已成为一个不容忽视的议题。虽然从台湾地区各地提供的 AT 服务来看，已取得一定成果，但是仔细分析后发现，仍存在一些问题和挑战。因此，有必要进一步探索台湾地区未来的 AT 服务，以满足不断增加的需求。本报告旨在探讨台湾地区

---

① WHO，"Global Perspectives on Assistive Technology：Proceedings of the GReAT Consultation 2019，" https：//www.who.int/publications/i/item/9789240000261.

② Khasnabis，C.，Mirza，Z.，and MacLachlan，M.，"Opening the GATE to Inclusion for People with Disabilities，" *The Lancet* 2015，386：2229-2230.

③ *Assistive Technology Act of 1998*，P.L.105-394，Enacted by the 105th Congress，November 13，1998.

AT 服务发展的现况、创新与特色、存在的问题，并提出相应的启示与建议，期望对台湾地区 AT 服务的发展有所助益。

二　台湾地区辅助科技服务发展现况

有关台湾地区过去 30 年来的 AT 服务发展，将从 AT 服务的需求面和供给面进行深入探讨。

（一）台湾地区辅助科技服务的需求面

1. 台湾地区身心障碍者人数变化与福利政策

随着对身心障碍者的接纳与照顾，以及社会福利快速发展，台湾地区自有科学的统计资料以来，身心障碍者人数就不断地增加。由于台湾地区早年的经济状况不佳且对身心障碍者福利较不重视，一直到 1980 年相关的残障福利政策文件通过后的次年才有比较准确的统计数据。1981 年，身心障碍者人数仅约为 128000 人；1981~1990 年皆维持在总人口数的 0.7% 左右。然而，在 1990 年修正相关残障福利政策文件后，身心障碍者人数占总人口数的比例就逐年攀高，并于 1991 年突破 20 万人，到 1992 年突破总人口数的 1%。台湾地区为提升身心障碍者的医疗和生活质量，于 1995 年修正颁布了《残障者医疗复健养护及教育费用补助办法》。由于生活补助经费的增加，1996 年身心障碍者人数占总人口数的比例达到 2.12%。1997 年，为顺应国际去污名化趋势，将残障福利政策文件修改为身心障碍者保护政策文件，当年身心障碍者人数突破 50 万人（占总人口数的 2.30%）。1999 年，《残障者医疗复健养护及教育费用补助办法》更名为《身心障碍者生活托育养护费用补助办法》，同年 6 月，台湾地区卫生福利主管部门公布《身心障碍者医疗及辅助器具费用补助办法》。因此，2000 年身心障碍者人数突破 70 万大关，约占总人口数的 3.19%。2007 年，身心障碍者保护政策文件再次更名为身心障碍者权益保障政策文件，并将《国际功能、残疾和健康分类》（International Classification of Functioning, Disability and Health, ICF）作为台湾地区身心障碍者的鉴定标准。这使得2007年的身心障碍者人数达到110万人，约占总人口数的4.45%。2022年，台湾地区身心障碍者人数为1196654人，占总人口数的5.144%。2018~2022年台湾地区身心障碍者人数和占总人口数比例如表1所示。

表1　2018~2022年台湾地区身心障碍者人数和占总人口数比例

年份	身心障碍者人数（人）	总人口数（人）	身心障碍者人数占总人口数比例（%）
2018	1173978	23588932	4.977
2019	1186740	23603121	5.028
2020	1197939	23561236	5.084
2021	1203756	23375314	5.150
2022	1196654	23264640	5.144

资料来源：台湾地区卫生福利主管部门的统计，https://dep.mohw.gov.tw/DOS/mp-113.html。

从上述资料分析中可以看出，台湾地区的政策文件名称从"残障福利"到"身心障碍者保护"，再到"身心障碍者权益保障"的变化，反映了台湾地区关于身心障碍者权益与福利的根本演进。从"残障"到"身心障碍"，从"福利"到"保护"再到"权益保障"，这不仅是名词称谓的改变，还是在国际对身心障碍者影响的思潮下，由保护到反歧视原则、由慈善到福利模式，重新审视和界定身心障碍者的身份、权益，以及他们与社会的关系。[1] 台湾地区身心障碍者人数和占总人口数比例逐年增加，相对地也提升了对AT服务的需求量。政府和相关部门针对这样的发展趋势，必须持续投入更多的资源，以确保需求可以获得满足。

2. 台湾地区老年人口变化与福利政策

世界卫生组织认为健康老化包含三个层面：环境因素、内在能力以及功

---

[1]　王国羽、林昭吟、张恒豪主编《障碍研究：理论与政策应用》，巨流图书有限公司，2012，第12页。

能性能力。① 随着年龄的增长，一般而言，人的体力会逐渐减弱，器官功能也会逐渐衰退。在这个阶段，若能有效运用预防与延缓失能的策略，提升或至少维持个体的内在能力（包括行动、感官、认知和心理及语言能力），同时搭配各种环境的改善（例如，友善高龄的家居与社区环境），则老年人不仅能够保有独立生活的能力、保持生命的尊严、提升自主性、建立社交关系，还能够为社会做出有意义的贡献等。因此，结合环境优化和内在能力的提升，方能有效提升功能性能力，实现全面的健康老化目标。② 得益于医疗科技进步和养生观念普及，台湾地区居民的寿命在过去几十年间逐渐延长。这使得老年人口比例不断上升，2018 年达到 14%，台湾地区正式迈入老龄社会。到 2026 年，预计老年人口比例将超过 20%，台湾地区将进入超老龄社会。为应对人口老龄化问题，台湾地区实施了多项福利政策，包括长期照护政策及银发族就业支援政策等。

根据 2023 年 1 月的人口统计数据，台湾地区人口老龄化现象较为严重，因此必须制定适当政策以确保老人的生活质量可以得到保障。此外，身心障碍和人口老龄化有很强的相关性，2022 年底的统计资料显示，台湾地区超过 65 岁的身心障碍者人数为 552156 人（占身心障碍者总数的 46.1%）。台湾地区为应对人口老龄化的挑战，需要在策略、资源及社会支持方面进行调整，因此推行长期照顾十年计划 2.0（2017~2026 年）（以下简称"长照2.0"），以提供更完善的长期照护服务，提高失能老人的生活质量。AT 被视为"长照2.0"的重要工具，协助失能老人解决日常生活中所面临的问题，尤其是提升他们的自主性和独立性，让失能老人可以在宅颐养天年。

当长期照顾策略确定后，台湾地区卫生福利主管部门积极开展宣传活动，以提高失能老人和其照顾者对 AT 的认识，并增强其对 AT 的使用意愿，希望

---

① WHO, "Integrated Care for Older People（ICOPE）: Guidance for Person-Centred Assessment and Pathways in Primary Care," https: //iris. who. int/handle/10665/326843? search－result＝true&query＝Guidance+for+person－Centred+Assessment+and+pathways+in+primary+Care&scope＝&rpp＝10&sort_ by＝score&order＝desc.

② 许志成: "The Challenges and Strategies for Coping with Super-aged Society in Taiwan"，《台湾公共卫生杂志》2022 年第 2 期，第 109~111 页。

能够利用 AT 补偿失能老人丧失的能力和功能，进而提升他们的生活质量。

总之，人口老龄化与身心障碍者之间有密不可分的关系，为应对这一艰巨的挑战，台湾地区应该更加关注失能老人的需求，积极参与照护工作，以确保失能老人能够获得适切的照护和维持有尊严的生活。

（二）台湾地区辅助科技服务的供给面

根据 WHO 的描述，AT 是一个涵盖范畴广泛的术语，包括提供相关辅具和服务，目的在于维持或提升个人的功能和独立性。辅具的发展趋势将与通信、感测元件、材料科学、机械控制、网际网络、生物科技以及临床医学等多个领域进行跨界结合。例如，Randall[①] 对机器人辅助语言学习进行的调查研究指出，机器人在各年龄层的语言学习中发挥了积极的作用，尤其在情感层面上呈现正向影响。具体而言，包含激发学习动机、深化学习参与、提升口语自信，以及减轻语言学习焦虑等多方面的效应，尽管机器人在情感方面表现出色，其在各种语言技能上的教学效能却尚未得到定论。这凸显了机器人辅助语言学习领域仍需进一步深入研究和评估，以全面了解机器人在不同语言学习层面的实际作用，同时也强调了未来研究在此领域中的发展方向。

依据台湾地区身心障碍者权益保障政策文件，AT 服务主要由四大系统共同组成，包括卫生福利系统、教育系统、职业重建系统和军人退休抚恤系统。这些系统分别扮演不同的角色，以确保身心障碍者和失能老人在生活、教育、职业及退休等方面可以得到适切的支持。

卫生福利系统主要负责为身心障碍者和失能老人提供所需的辅具和服务，通过医疗照护、康复及日常生活协助等方式，帮助失能者在生活、学习、工作及社交方面维持正常功能。教育系统则专注于身心障碍学生的教育需求，提供特殊教育资源、专业团队及辅具，协助学生克服学习上产生的阻碍，提高学业成就。职业重建系统的目标是帮助身心障碍者和老人重

---

① Randall, N., "A Survey of Robot-assisted Language Learning (RALL)," *ACM Transactions on Human-Robot Interaction (THRI)* 2019, 9 (1): 1-36.

返职场或找到合适的工作机会。通过提供职业重建个案管理、职业评估、职业训练、职务再设计及职业辅导等服务，确保他们能够充分发挥自己的能力，实现经济自立。军人退休抚恤系统则专门为失能的退役军人提供辅具，例如，助听器、老视眼镜、义眼、拐杖及便盆椅等，帮助他们克服由疾病或老化造成的生活不便。这些系统在卫生福利、教育、职业重建及军人退休抚恤等多个领域相互合作和整合，全面地满足身心障碍者和失能老人的需求，并共同确保相关策略的有效实施，促进 AT 服务的普及和推广。

2020~2022 年台湾地区各系统辅具补助与服务如表 2 所示。

表 2　2020~2022 年台湾地区各系统辅具补助与服务

系统	年份	辅具补助与服务 *	
		经费 **（元）及占比（%）	人次及占比（%）
卫生福利系统	2022 年	2081205009（83.47）	1602606（97.57）
	2021 年	2021121487（83.58）	1325155（97.09）
	2020 年	1944169630（84.90）	1815639（97.67）
教育系统	2022 年	205358737（8.24）	8874（0.54）
	2021 年	213917040（8.85）	9051（0.66）
	2020 年	159922824（6.98）	9984（0.54）
职业重建系统	2022 年	123851284（4.97）	3473（0.21）
	2021 年	110349898（4.56）	3142（0.23）
	2020 年	108758286（4.75）	4410（0.24）
军人退休抚恤系统	2022 年	82995786（3.33）	27555（1.68）
	2021 年	72859436（3.01）	27517（2.02）
	2020 年	77013518（3.36）	28963（1.56）
总计	2022 年	2493410816（100）	1642508（100）
	2021 年	2418247861（100）	1364865（100）
	2020 年	2289864258（100）	1858996（100）

注：* "辅具补助与服务"指各系统提供补助、借用、实物及各项服务（包含评估、协助申请、宣导与教育训练、卫教与适配检核追踪服务、调整、维修、回收、心理咨商、医师到校服务与审查）之经费或人次。

** 本表经费以新台币统计。

从表2的资料可以看出，大部分AT服务的资金和受益对象集中在卫生福利系统，因为此系统是负责身心障碍者和失能老人各项福利和服务的主管机关。

1. 设立辅具资源中心

为提高AT服务质量和效能，台湾地区各地设立辅具资源中心，且一个中心除负责行政的主任外，还必须至少有一位辅具评估员、辅具维修员和社工，以为身心障碍者和失能老人提供AT的各项服务。截至2023年底，台湾地区22个县（市）共设立了40家自办或委办的辅具资源中心。

AT服务包括辅具咨询、评估、取得、使用训练、追踪、维修和调整等服务，以及辅具回收再利用、租借、展示倡导和定点、巡回或到宅等多元服务模式。卫生福利系统积极筹措长期照顾基金资源，支援各县（市）的辅具服务等业务，实现AT服务窗口单一化，提高服务效率。各县（市）多数也将公务预算或公彩反馈金用于地方辅具资源中心。卫生福利系统2018~2022年的统计数据显示，医疗辅具补助人次和金额排在前五位的补助项目依次为：氧气制造机、抽痰机、呼吸器（单相）、呼吸器（双相）以及血氧侦测仪（血氧机）。

2. 辅具资源中心提供的服务

辅具资源中心为提供辅具和服务的重要窗口，以台北市合宜辅具中心（https：//tpap. taipei/app37/cognitionView/index）为例，该中心是台北市政府于2004年设立的单位，目前由财团法人第一社会福利基金会承办，专门为身心障碍者和失能老人提供所需的AT服务。合宜辅具中心地理位置优越，位于花博公园争艳馆服务中心附近，邻近捷运淡水信义线的圆山站，交通十分便利。民众可以选择乘坐捷运、公交车等公共交通工具或自行开车前往。此外，中心周边拥有丰富的生活机能，包括多家餐厅、咖啡厅及便利店，方便使用者和家属在等待期间购买食物和生活用品。自提供辅具服务以来，台北市合宜辅具中心已为超过140000人次提供了辅具服务。中心的专业团队包括辅具评估员、社工、辅具维修员及行政人员等，团队提供多种服务，具体如下。

（1）辅具咨询与转介

需求者可通过电话、传真、电子邮件等方式询问辅具相关信息。中心人员会提供信息并转介相关资源，帮助他们选择合适的辅具和产品，并将需求者转介至专业团队或相关机构以获得更好的 AT 服务。

（2）辅具评估与复评

评估需求者的能力和生活状况，推荐合适的辅具，并开立评估报告书，供需求者申请政府补助或租赁辅具。进行辅具适配检核，对于复杂个案或需要专业卫教的辅具项目，这个环节可确保辅具的适用性和使用效果，并减少因错误使用导致的身体变形或受伤等情况。

（3）辅具维修

进行简单检测或调整以确保辅具的正常使用。如需复杂维修，中心可能建议转介至相关项目单位。

（4）免费二手辅具借用

主要针对短期需求者。借用时间为三个月，可视库存量和等待人数评估是否开放续借。

（5）辅具回收

通过回收、清洁、消毒及检修闲置辅具，让这些辅具重新被利用，对需要这些辅具的人来说非常有益。

（6）辅具展示、体验与社区倡导

介绍各种辅具的功能、特点及使用方法，帮助民众更好地了解辅具。展示区包括多种主题辅具，并定期举办社区倡导活动，向社区民众介绍辅具的知识和使用方法，帮助民众更好地了解辅具，增强对辅具的认识和使用意识。

综上所述，可看出合宜辅具中心专业团队为身心障碍者和失能老人提供全面的 AT 服务，从辅具咨询与转介、评估与复评，到维修、免费二手辅具借用、回收以及展示、体验与社区倡导。这些服务可以帮助需求者更好地选择和使用辅具，以提高他们的生活质量和满足不同需求，台北市合宜辅具中心的服务项目和各辅具展示区如图 1 所示。

台北市合宜辅具中心正门

视觉辅具展示区

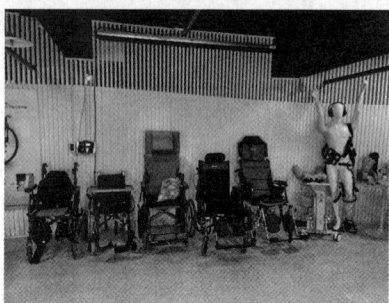

特制轮椅展示区

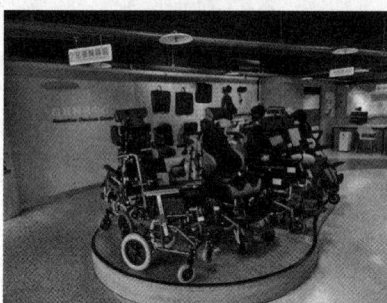

儿童辅具区

摆位椅和坐垫展示区

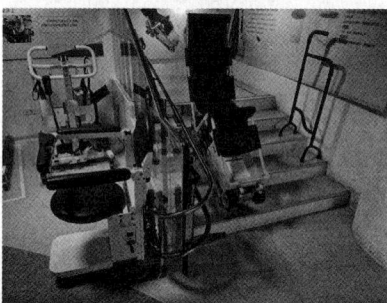

无障碍升降设施展示区

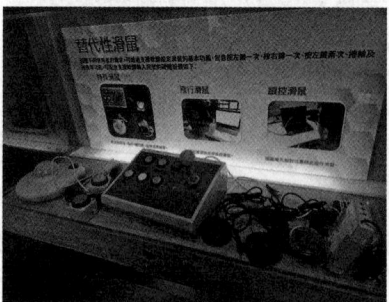

计算机辅具展示区

沟通辅具展示区

日常生活辅具展示区　　　　　　　　日常生活辅具展示区

图1　台北市合宜辅具中心的服务项目和各辅具展示区

三　台湾地区辅助科技服务发展的创新与特色

在过去30年里，面对不断增长的AT需求及服务多元化的趋势，台湾地区在以下几个关键领域展现了创新性和独特性。

（一）准确掌握辅助科技需求以提供更精准的服务

为更准确地掌握AT需求人口数，台湾地区卫生福利主管部门每年投入大量资源进行数据收集与调查研究，了解需求分布与趋势变化，以提供更优质的服务。每年3月公布上一年度AT服务汇整分析报告，针对卫生福利、教育、职业重建系统职务再设计及AT服务与补助等相关领域进行分析，旨在探讨身心障碍者与失能老人对AT的需求与使用状况，以确保政策制定与资源分配能够真实反映需求。例如，2022年总量已达到新台币2493410816元和1642508人次，而咨询、申请补助、评估、维修、训练、回收、再利用、接待参访及教育训练的增加率在13.56%~67.60%。[①]

各部门之间建立了良好合作机制，共享数据与资源，以便迅速且准确地掌握AT需求人口数量及相关AT数据。尤其台湾地区卫生福利主管部门会定期召开辅具资源整合联席会议，让其他相关部门横向资源做更密切的整

---

① 台湾地区卫生福利主管部门：《2023年辅具服务汇整分析报告》，2023。

合。通过上述措施，台湾地区能有效了解 AT 需求，并依此制定政策与分配资源，确保各项 AT 服务能够精准传递给有需要的人，进而提高其生活质量与幸福感。

（二）健全保障体系以维护需求者权益

为维护身心障碍者与失能老人权益，台湾地区制定一系列健全的制度与规定，并积极推广各类 AT 设备与服务。具体措施包括制定相应的规定，如制定了身心障碍者权益保障政策、身心障碍者辅具资源整合与研究发展及服务办法、身心障碍者辅具费用补助办法、身心障碍者服务人员资格训练及管理办法、身心障碍者医疗复健费用及医疗辅具补助办法、身心障碍者职业重建服务专业人员遴用及培训准则、老人福利政策以及长期照护服务政策等一系列规定，确保需求者在生活、教育、就业及医疗等方面的权益受到保障。同时，政府设立专门的辅助科技补助项目，为需求者提供评估、购买、维修、租赁辅具的经费支持。各地方也建立辅具资源中心、据点及便利站，提供评估、咨询、培训及倡导等专业服务，以确保需求者能获得更适切的 AT 服务。

同时积极开展教育、医疗、职场、养护机构人员的 AT 服务教育和训练，增加从业人员关于 AT 设备和服务的专业知识，以便更好地为需求者提供支持。另外，要求公共设施遵循台湾地区《建筑物无障碍设施设计规范》，确保行动不便者能够方便地使用公共空间和交通工具。此外，台湾地区科技相关主管部门鼓励学术与研究机构开发新型 AT 产品，针对 AT 研发、技术研究与转移提供相应的策略支持和资金补助，以持续优化 AT 设备与服务。通过这些综合措施，台湾地区健全的保障体系致力于确保身心障碍者和失能老人的权益得到充分保障，并为他们提供合适的辅助科技设备与服务。

可见，台湾地区采用多项策略来支持辅具需求者，除了完善相关规定和策略、提供辅具补助，相关从业人员还需要加强专业继续教育以持续提高对 AT 的认知，以及创新产品研发，持续掌握每个年度的数据并加以微调等。台湾地区努力为身心障碍者和失能老人创建一个友善、无障碍的生活环境，让需求者能够充分地融入社会，实现独立生活和自主参与。

（三）建设全面覆盖的辅具资源服务网络

台湾地区要求各地方必须设立辅具资源中心，目前共有40处，旨在推广AT设备与服务至整个台湾地区。这样的举措不仅将服务范围扩大至偏远地区，还与社区居民紧密合作，让需求者就近获得服务，这对提高对AT的认识与接受度有莫大助益。此外，为满足偏远地区和重度障碍者的需求，辅具资源中心也会提供定点与到宅服务，将AT设备与服务带到使用者身边。同时，中心与医疗机构、教育单位、社会福利机构及职业重建单位等进行跨领域合作，共同为身心障碍者和失能老人提供全方位的AT服务。

台湾地区卫生福利主管部门定期评估辅具资源中心的运作情况，并依据评估结果调整策略与资源配置。辅具资源中心除定期举办倡导活动和训练课程，让需求者和家属更加深入地了解AT的运用方法和益处外，还会提供个别化服务，依使用者的具体需求进行个别评估和咨询。同时，辅具资源中心也会提供持续的关怀与支援，包括定期追踪使用情况、提供维修与调整等服务。

综合以上措施，台湾地区通过各地方辅具资源中心实现全面覆盖的服务网络，使AT设备和服务更加普及，融入日常生活与社区，为身心障碍者和失能老人带来更多生活便利和生活质量的提升。

（四）定期举办"AT Life辅具展"以整合辅助科技资源

"AT Life辅具展"为台湾地区AT领域的重要展览活动，旨在整合AT资源，并增强使用AT来替代人力协助的观念。台湾地区会定期举办此展览，通过展览活动跨单位整合不同领域的资源。各领域主管部门、辅具企业、学术和研究机构通过展览建立合作关系，共同推动AT的发展，并制定相关策略和标准。"AT Life辅具展"同时为业界提供展示和推广产品的平台，激发产业创新和竞争，推动AT产业持续发展。此外，"AT Life辅具展"让民众有机会实地了解和体验AT，增强他们对AT的认识和使用意愿。专业人员和志愿者也会在活动期间提供咨询和指导，帮助需求者选择适合自己的 AT 产品，以提高独立能力和自主能力。

此外，台湾地区拥有强大的科技研发实力，许多大学和研究机构致力于 AT 领域的研究，例如，智慧医疗 AT 的研发，包括可穿戴式健康监测装置、智能康复辅具等，此技术有助于提高医疗效率和病患的生活质量。积极推动智慧城市发展，包括智能交通系统、无障碍交通设施，以及利用科技提升交通效率，使城市更加友善和便利。

从上述内容中，可以看出台湾地区在 AT 领域的努力成果。首先，台湾地区卫生福利、教育、劳动、科技及经济等主管部门投入资源精确掌握 AT 需求人数，为需求者提供更精准的服务。其次，通过健全的规定和策略，维护身心障碍者和失能老人的权益，为确保他们能获得合适的 AT 设备与服务而努力。此外，台湾地区通过全面覆盖的辅具资源中心扩大 AT 服务的范围，使其惠及更多有需要的人群。最后，定期举办"AT Life 辅具展"，整合 AT 资源，增强民众对 AT 的认识和使用意愿。通过这些努力，台湾地区不仅促进了 AT 产业的发展，还为身心障碍者和失能老人创造了一个友善、无障碍的生活环境。

四　台湾地区辅助科技服务发展存在的问题

虽然台湾地区历经多次修改 AT 规定和调整服务策略，以落实对提升身心障碍者和失能老人生活质量和幸福感的承诺，但在仔细盘点分析后，仍发现台湾地区 AT 服务存在的问题，有以下三个重要议题可再优化。

（一）迫切需要制定相关政策规范以保障身心障碍者和老年人权益

台湾地区已将联合国《残疾人权利公约》（Convention on the Rights of Persons with Disabilities，CRPD）纳入相关政策文件，保障身心障碍者的权益，并要求各领域主管部门提供 AT 服务。但由于牵涉多个部门，需求者常感到困惑。因此，台湾地区迫切需要制定 AT 相关政策规范，以规范和整合现有规定和策略，确保身心障碍者和失能老人能获得高质量、个别化、更全面及系统化的 AT 服务。

制定 AT 相关政策规范有助于加强技术和服务支持，提高 AT 产品质量和性能，满足需求者的个别需求。同时，AT 相关政策规范可建立专责研发和预算编列单位，促进主管部门、企业、学术机构及身心障碍者团体的合作，共同推动 AT 产业发展和应用。此外，AT 相关政策规范可促使产、学、研合作，加强研发和应用，扩大社会网络规模和影响力。借由这些措施，台湾地区将更好地保障需求者的权益和提高其生活质量。

（二）提高辅助沟通系统和计算机辅具在台湾地区的普及率

在台湾地区，辅助沟通系统（Augmentative and Alternative Communication，AAC）和计算机辅具（Computer Access，CA）的普及率尚待提升。尽管这些科技能够帮助身心障碍者在社会参与、学习、工作效率以及生活质量等方面得到改善，但在普及过程中仍然面临许多挑战。

1. 提高社会对辅助沟通系统和计算机辅具的认知和接纳度

身心障碍者和其家庭成员在态度、知识及技能上对 AAC 和 CA 的认知存在阻碍[1]，甚至特殊教育教师亦然[2]。为了解决这个问题，政府和相关单位需要加强倡导和普及这些科技，并提供专业训练与支持。

2. 完善补助政策，减轻需求者负担

由于 AAC 和 CA 皆大量仰赖进口，高价进口产品给身心障碍者及其家庭带来了经济负担，价格过高也是影响普及率的一个重要因素。因此，政府和相关单位应该制定补助政策，减轻需求者负担，并鼓励企业开发更具性价比的产品。

---

① 王道伟、杨炽康：《以参与模式看家长参与 AAC 介入之机会阻碍》，2023 中华沟通障碍教育学会年会暨学术研讨会论文，2023 年 9 月 17 日；吴尚书、王道伟：《探讨重度自闭症类群障碍成人介入 AAC 后主要照顾者参与之机会阻碍》，2023 特殊教育暨原住民族特殊教育学术研讨会论文，2023 年 12 月 9 日。

② 李淑静、陈明聪：《辅助沟通系统服务提供者在特殊教育实践现况之调查》，《特殊教育学报》2020 年第 52 期，第 1~28 页。

3. 加快辅具更新速度，鼓励技术研发创新

台湾地区辅具市场规模相对较小，导致产品供应商和产品类型有限。市场需求和规模的限制也影响了 AAC 和 CA 的更新速度，使身心障碍者无法及时获得最新的产品和创新技术。

4. 加大专业人员培养和培训力度，引导跨专业合作

使用 AAC 和 CA 介入的医疗和复健专业人员相对较少，这也限制了产品的普及。部分专业人员对这类产品的专业知识不足，可能无法提供适当的建议和支持。同时，跨专业合作不足和教育训练资源短缺也是需要解决的问题。

综上所述，要提高 AAC 和 CA 在台湾的普及率，公共部门、企业、学术机构、研发机构、社会及专业人员需要共同努力。这包括加强倡导和教育、提高产品可及性、扩大市场规模、加强本土化辅具需求的满足，以及加强医疗和复健专业人员的训练。如此可让身心障碍者及其家庭更加了解这些科技的概念、功能及使用方法，从而更好地利用这些工具改善沟通能力和提高生活质量。相信通过以上措施，有望进一步提高台湾地区的 AAC 和 CA 普及率，为身心障碍者带来更多福利和便利。各方携手合作，共同为实现这一目标付出努力，以实现更加融合的社会。

（三）提升身心障碍者和老年人使用辅具的接受度

AT 在身心障碍者和失能老人的生活、学习及工作等方面扮演着重要角色，不仅能提高他们的独立性和参与度，还能显著提高其生活质量和幸福感。然而，在台湾地区部分身心障碍者和失能老人对 AT 的接受度仍不高，原因包括辅具相关知识和倡导不足、经济因素、社会观念与歧视，以及医疗与专业支持不足。

首先，台湾社会对 AT 知识和相关信息了解相对不足，部分身心障碍者对辅具的功能和适用范围知之甚少，甚至无法确定他们是否需要使用 AT。此外，AT 知识的普及程度、医疗专业人员的训练、AT 倡导活动，以及社会与教育的角色等方面都还有进步的空间。

其次，辅具价格相对较高，可能让一些家庭难以负担。政府虽然提供部

分资源协助身心障碍者购买辅具，但可能存在资源分配不均和申请程序烦琐的问题，导致部分身心障碍者无法获得足够的资助。此外，辅具维护和更新的成本也是一项重要经济考虑因素。

再次，身心障碍者在台湾地区仍然面临社会的歧视和污名化。有些身心障碍者可能因为担心被歧视，而选择不使用辅具。此外，部分人对辅具的接受度不高，认为使用辅具是一种"失能"的表现，进而影响到身心障碍者的自尊和自信。

最后，台湾地区的医疗体系和专业支持仍然有待完善。部分身心障碍者可能无法获得适切的评估和建议，使得需求者难以找到最适合自己的辅具。同时，辅具的维护和后续服务也需要进一步加强，以确保这些辅具能够发挥其应有的作用。

为了提高身心障碍者和老年人对 AT 的接受度，有必要加强 AT 知识的普及和倡导工作，提高医疗专业人员的训练水平，并加强专业人员之间的合作和信息共享。同时，改进政府资源分配方式，简化申请程序，以减轻辅具购买和维护的经济负担。此外，改变社会观念和消除歧视，提高大众对需求者和 AT 的正确认识，也是提高这些群体对辅具接受度的关键。总之，为了让身心障碍者和失能老人更好地融入社会，克服生活中的困难，应该从多方面着手，全面提高他们对 AT 的接受度。只有这样，才能真正提高他们的生活质量，让他们感受到社会的关爱和尊重。

五　台湾地区辅助科技服务发展的启示与建议

台湾地区 AT 发展的过程中，通过供需面向的分析，逐渐发展出其特色，尤其在人口老化和身心障碍者人数逐年增加的情况下，如何利用 AT 来引导需求者过有尊严的生活，将是下一个发展阶段的重要课题。

（一）充分了解辅助科技供需问题，提供合理解决之道

为充分掌握 AT 供需问题并提供合适的解决方案，应该注意以下几点。

（1）随着人口老化和身心障碍者人数不断上升，AT 的需求也会持续增加。因此，需密切关注这些特殊群体的需求变化，以便及时调整策略。

（2）各地方辅具资源中心应提供更方便和更实时的服务，以利于相关单位合作并整合资源，进而提高服务质量。

（3）产学研应投入更多资源进行 AT 产品和服务的创新和研发，以满足需求面的多样性。同时还需要引进先进技术，加强研发团队建设，并为创新提供各种奖励措施。

（4）政府应积极推广和普及 AT 知识，提高社会各界的关注度和接受度。这可以通过举办展览、讲座、研讨会、个案分享会等方式实现，并利用媒体和网络进行宣传。

（二）顺应时代发展要求，完善辅助科技发展机制

为顺应时代发展要求，台湾地区应加快制定并完善 AT 相关政策规范。具体建议如下。

（1）系统性整合现行政策文件，确保新的 AT 政策文件与现有体系协调一致，提供明确且可操作的执行指南或要点。新的政策文件应全面保障身心障碍者在教育、就业、就医、养老以及社会参与等方面的平等权益。

（2）建立完整的监管框架，并设立专责单位负责制定辅具和服务标准，以保证 AT 产品与服务的质量。

（3）应提供策略性支援与资源，包括财政补助、税收减免及项目资金等，激励创新与研发，提升 AT 的技术水平与市场竞争力。这应包括支持企业技术合作、引进先进技术、专业人才培训等措施，以减轻需求者的经济压力。

（4）加强知识产权保护，确保产品的知识产权得到尊重，保护企业和创新者的合法权益。同时促进产业链合作，使 AT 产业与医疗、康复、教育等相关领域形成紧密联结，实现资源共享与互惠互利。

（5）提升 AT 的知名度和使用率，加强 AT 的宣传与推广工作，提高社会对 AT 的认知度与接受度。政府与企业应联合举办展示会、讲座、研讨

会、个案分享会等活动，并通过媒体和网络等渠道宣传 AT，让更多民众认识并善用辅具。

（6）建立和完善专业培训和教育体系，鼓励成立专门的 AT 培训和教育机构，制定 AT 的专业课程与行业的专业标准，提高从业人员的专业技能和素养，以满足市场对 AT 专业人才的需求。

（三）以使用者为导向，提供全人服务

在开发 AT 产品时，关键在于以使用者为中心和提供全方位的服务。为了确保产品的实用性和市场吸引力，开发过程中必须将使用者的需求放在核心位置。在产品开发的早期阶段，应进行深入的需求调研，全面了解目标使用群体的特定需求、面临的挑战以及使用者的期望。设计过程中应该积极邀请使用者参与，以确保最终产品的实用性和符合实际需求。通过使用者测试原型并收集反馈，可以指导产品的持续迭代和改进。

当辅具产品进入市场后，与使用者的持续互动至关重要，应收集他们在使用过程中的反馈，并依此不断完善产品。此外，构建一个积极的使用者社群有助于厂商更精准地把握使用者需求，并迅速获取市场动态。

为了提升产品的实用性和人性化设计，开发者需要与不同领域的专家合作，促进多学科的参与和交流。同时，开发者能够针对个体差异进行 AT 产品的定制，以满足不同使用者的特殊需求，这一点也至关重要。将通用设计原则整合进 AT 产品开发中，可以确保产品能够被更广泛的用户群体接受和使用。

为了协助使用者更快适应 AT 产品，开发者应提供全面的培训和教育支持。这包括加强对使用者家庭成员和照顾者的培训，使他们能够更有效地支持使用者操作 AT 产品。通过这种多方位的支持，可以确保 AT 产品不仅满足功能需求，还能融入使用者的生活中，提升其生活质量。

（四）扩大辅助科技应用领域，满足更多人的需求

为了满足广泛特殊群体需求，扩展 AT 的应用领域至关重要。以下是一

些建议，旨在促进 AT 的多元化。

1. 老年群体

随着人口老龄化趋势，专为老年人设计的 AT 产品需求日益增加。这些产品旨在提升生活质量、简化日常活动、促进身心健康。例如，开发感官辅具、认知支持辅具、智能药物管理系统及老年人专用通信设备等。

2. 特殊需要儿童

辅具可以显著改善这一群体的学习和日常生活。这包括为孤独症儿童设计的感官稳定和感觉整合工具；为视觉障碍儿童提供的有声书籍或盲文学习工具；为发展性障碍儿童创建的电子绘本、语音辨识软件、写作及计算辅助工具。这些均有助于促进他们参与融合教育。

3. 医疗领域

复健患者在康复过程中需要特别的支持。智能康复装置和软件可以帮助患者更有效地进行训练，提升自理能力。此外，为慢性病患者设计的穿戴式智能健康监测器具，如血压计、血糖仪和心率监测器，可帮助他们更好地管理自己的健康状况。智能诊断系统、远程医疗服务平台和其他辅助器具也能提升医疗效率和患者满意度。

4. 工作场所

AT 可以提高工作效率和质量。例如，语音辨识软件可以帮助听障员工参与会议，符合人体工程学的办公家具可以减少职业伤害。

5. 公共场所和交通工具

提升无障碍设施的可用性至关重要。如智能导盲杖、无障碍卫生间以及无障碍电梯和扶梯等，这些都能为身心障碍者提供更大的便利。

6. 运动与休闲

AT 的应用潜力巨大。为身心障碍者设计的运动器材和辅助工具，以及采用通用设计的游戏和社交平台，可以让更多人享受休闲娱乐。

7. 智能家居

为特殊需求使用者提供便利是关键。智能语音助手、远程监控系统、家居自动化设备等，不仅提升了生活质量，也增强了安全感。

　　总之，这些建议的实施，将大大推进 AT 的普及和创新，从而让特殊需求群体的生活更加无障碍和丰富多彩。为实现这一目标，企业和研究机构应积极开发创新产品，主管部门应提供相应的策略支持和资源投入，鼓励跨领域合作和交流。

　　台湾地区在 AT 领域的发展充分展现了对提升身心障碍者和失能老人生活质量的承诺，其具体成效主要体现如下：①通过相关规定确保身心障碍者权利，并推进 AT 应用；②利用产学研共同合作，促进辅具与服务的创新研发；③重视跨领域整合与协作，会聚不同专业领域专家携手解决问题；④关注辅具和服务的持续发展，以满足使用者的实际需求。

　　展望未来，期待台湾地区持续推进 AT 的创新与发展，为身心障碍者和失能老人提供更优质的辅具与服务，从而营造一种更加包容和公平的社会环境。期望在主管部门、产业界、学术界等社会各界的齐心协力下，台湾地区的 AT 领域能更上一层楼。

B.11
江苏省残疾儿童康复救助工作发展与展望

胡乃亮　钱兵*

摘　要：　江苏省人民政府高度重视残疾儿童康复救助工作，先后四次将残疾儿童康复救助工作列为民生实事项目。江苏省残疾儿童康复救助制度的建立经历了探索起步、扩面提标、巩固完善三个阶段，初步形成残疾儿童康复救助保障体系，残疾儿童康复救助标准不断提高，康复人才队伍不断壮大，残疾儿童康复救助服务平台初具规模，残疾儿童康复救助流程不断优化，形成了江苏省残疾儿童康复救助工作的特点。面对江苏省残疾儿童康复救助工作亟待解决的问题，还应做到以下几点：加强行业管理，提升服务质量；完善财务管理，促进康复机构健康发展；加强人才队伍建设，增强康复服务能力；强化宣传，增强家长康复意识和家庭康复能力。通过以上措施，提高江苏省残疾儿童康复水平，使残疾儿童和家庭得到更多社会福祉。

关键词：　残疾儿童　康复救助　康复救助制度

一　江苏省残疾儿童康复救助工作回顾

江苏省从 2007 年开始实施 0~6 岁残疾儿童抢救性康复项目，服务对象涵盖视力、听力语言、智力、孤独症、肢体（脑瘫）五类残疾儿童，

---

* 胡乃亮，一级巡视员，江苏省残疾人康复协会会长，研究领域为残疾人康复政策；钱兵，江苏省残疾人联合会康复处副处长，研究领域为残疾人康复政策。

先后四次（2007年、2009年、2014年、2022年）被省政府列为民生实事项目。2007~2022年的16年间，省级财政为该项目共安排资金26.4亿元，全省各级合计投入资金总额约为40亿元，共康复服务0~6岁残疾儿童及7~14岁脑瘫、孤独症儿童28万余人次（历年康复人数合计），共为1823名听障儿童实施人工耳蜗手术。2022年，有37118名残疾儿童接受康复服务。

（一）江苏省残疾儿童康复救助历程

江苏省残疾儿童康复救助制度建立以来，主要经历三个阶段。

1. 探索起步阶段（2007~2012年）

2007年，江苏省委宣传部、省教育厅、省民政厅、省财政厅、省卫生厅、省人口计生委、省地税局、省妇联、省慈善总会、省残联等10个部门印发《关于全面开展0—6岁残疾儿童抢救性康复训练工作的意见》（苏残发〔2007〕50号），开展残疾儿童抢救性康复训练。2012年，省财政厅、省残联出台《关于印发0—6岁贫困家庭残疾儿童抢救性康复训练省补资金管理暂行办法的通知》（苏财社〔2012〕37号，苏残计〔2012〕3号）。至此，江苏省0~6岁残疾儿童抢救性康复救助制度初步建立。2007年，省级财政安排4000万元，对0~6岁贫困家庭中视力、听力语言、智力、孤独症、肢体（脑瘫）残疾儿童进行救助，省定补贴标准为视力0.5万元、听力语言1.4万元（其中助听器0.3万元）、智力1万元、孤独症1.2万元、肢体（脑瘫）1万元（其中矫形器0.1万元）、多重1.6万元，各市按不低于省定标准开展救助，当年康复训练5199名残疾儿童。2010年省级专项经费为7250万元，2012年增加到1.1亿元。2008~2012年，每年抢救性康复的儿童数分别为5011名、5152名、7366名、6846名、10888名。实施残疾儿童抢救性康复救助制度，为众多残疾儿童家庭带来了福音。

为帮助听障儿童重建听力，回归有声世界，2010年，江苏省在中国残联项目基础上，省财政厅、省卫生厅、省残联出台《关于印发江苏省"畅听行动"贫困聋儿人工耳蜗植入救助项目实施方案的通知》（苏残发〔2010〕48

号），江苏省人工耳蜗植入救助有了制度性安排。2012年，省残联、省财政厅又出台《关于印发国家残疾儿童康复救助"七彩梦行动计划"江苏省实施方案的通知》（苏残发〔2012〕70号），对家庭贫困的14岁及以下重度听障儿童实施人工耳蜗手术，为每名救助对象免费提供一台基本型人工耳蜗产品，并给予12000元手术费用补贴。成立人工耳蜗植入救助项目专家委员会，确定江苏省人民医院、南京市鼓楼医院、南京脑科医院、江苏省听力语言康复中心为筛查机构，选定南京市鼓楼医院（国家和省项目）、南京市儿童医院（省项目）为手术医院，确定江苏省听力语言康复中心等20家机构为耳蜗术后定点康复训练机构。2010~2012年，人工耳蜗救助儿童分别为22名、40名、185名。

2. 扩面提标阶段（2013~2017年）

2013年，省残联、省财政厅制定《江苏省0—6岁残疾儿童抢救性康复项目实施办法》（苏残发〔2013〕52号）（以下简称《办法》），《办法》实施过程中，有些地区个别机构存在服务不规范、收费不合理等现象，引起《现代快报》等媒体关注，残疾儿童康复救助政策亟待完善。2014年，省残联、省教育厅、省民政厅、省财政厅、省人力资源和社会保障厅、省卫生和计划生育委员会出台《关于印发江苏省残疾儿童基本康复项目免费服务实施办法的通知》（苏残发〔2014〕43号）（以下简称《通知》），《通知》明确政府为残疾儿童提供免费的基本康复服务，规范了儿童康复服务流程。为落实43号文件精神，配套出台3个文件，分别是《关于印发江苏省残疾儿童基本康复项目省补资金管理办法的通知》（苏财规〔2014〕25号）、《关于印发江苏省残疾人康复机构等级认证暂行办法的通知》（苏残发〔2014〕35号）、《省残联关于印发各类别残疾儿童基本康复项目服务规范的通知》（苏残发〔2014〕45号）。这一阶段政策主要内容如下。一是省辖市残联负责定点康复机构的认定与取消，将认定的机构信息报省残联备案。二是对省内异地（跨省辖市）康复进行了明确。只要残疾儿童监护人长期在异地（康复机构所在地）工作，且异地的康复机构为定点康复机构，户籍所在地残联必须做好康复转介工作。三是确定项目康复质量指标。每年对受训残疾儿童实施康复评估。评估内容包括训练建档率、训练有效率、助听器适配率、矫形器适配率、家长满意率等。四是统一项目救助卡、定点康复机构统计表和康复训练转介单，规范了项目实施流程和经费结算手续。

这一阶段残疾儿童康复救助工作主要有两个特点。

一是范围扩大。2013年，0~6岁残疾儿童康复救助对象由贫困家庭扩大到所有家庭，只要具有江苏省户籍、经医疗机构确诊、家庭有康复意愿的残疾儿童都可申请康复救助，享受政府提供的免费基本康复服务。2014年，在全省20个县（市、区）开展项目试点，将服务对象扩大到7~14岁肢体（脑瘫）残疾儿童、孤独症儿童，当年受助残疾儿童有1000余人。2015年，全省范围全面实施7~14岁肢体（脑瘫）残疾儿童、孤独症儿童康复救助政策，康复服务残疾儿童2500余名。有条件的地区在省定基础上进一步扩大了范围，延长了救助年龄。2017年，省残联、省财政厅、省卫生计生委印发《江苏省听力残疾儿童人工耳蜗康复救助项目实施方案》（苏残发〔2017〕32号），该实施方案不再限定救助对象的家庭经济情况，所有符合手术条件的听障儿童都可以免费申请，听障儿童人工耳蜗植入数量明显提升。2013~2017年，全省每年人工耳蜗救助人数分别为198名、181名、355名、214名、194名。

二是标准提高。2013年，将听障儿童助听器救助标准由0.3万元提高至0.5万元。2014年，0~6岁残疾儿童康复救助标准又大幅提高，肢体（脑瘫）残疾儿童的救助标准由1万元（其中矫形器0.1万元）提高至1.6万元（其中矫形器0.12万元），孤独症儿童的救助标准由1.2万元提高至1.4万元，多重残疾儿童的救助标准由1.6万元提高至2万元，视力、智力残疾儿童的康复标准未变。7~14岁残疾儿童救助标准也上调，肢体（脑瘫）残疾儿童为1.4万元，孤独症儿童为1.2万元。2017年，经省财政厅同意，听力语言残疾儿童救助标准由1.1万元提高至1.4万元，智力残疾儿童救助标准由1万元提高至1.2万元。有条件的地区在省定标准上进一步提高了救助标准。

2013~2017年，江苏每年康复救助的儿童数分别为14155名、13924名、15586名、17503名、24157名。

3. 巩固完善阶段（2018年至今）

2018年，江苏省政府印发《关于完善残疾儿童康复救助制度的实施意见》（苏政发〔2018〕129号），以省政府文件形式明确了残疾儿童康复救助制度的指导思想、基本原则、目标要求和保障措施，残疾儿童康复上升为省政府保障和改善民生常态化项目。陆续出台《省残联等六部门单位关于印发〈江苏省残疾儿童基本康复服务管理暂行办法〉的通知》（苏残发〔2020〕23号）、《省残联关于印发〈江苏省残疾儿童基本康复服务实施规范〉的通知》（苏残发〔2020〕33号）、《省残联办公室关于推进开展全类别残疾儿童康复服务工作的通知》（苏残办函〔2020〕15号）等文件，进一步规范康复服务对象、服务流程、基本康复时间、康复服务方式。全省80万人口以上的县（市）具备为各类残疾儿童提供康复服务的能力，实现县域残疾儿童康复类别全覆盖。2018~2022年，全省每年康复救助的儿童数分别为25973名、28247名、32167名、34632名、37118名。

这一阶段有两个特点。

一是人工耳蜗救助政策进一步完善，印发《关于进一步做好江苏省听力残疾儿童人工耳蜗康复救助项目工作的通知》（苏残函〔2022〕6号）、《关于增加江苏省人工耳蜗植入手术定点医院及培育医院的通知》（苏卫医改〔2021〕54号）等文件，进一步优化人工耳蜗救助服务，缩短审批公示流程。审批公示从原来约30天缩短到10天。公示结束后，定点医院在30天内完成手术。

二是残疾儿童辅助器具适配服务水平进一步提升。落实《省残联 省财政厅关于印发江苏省残疾人辅助器具适配补贴暂行办法的通知》（苏残规〔2021〕1号）、《省残联办公室关于印发江苏省残疾人辅助器具购买补贴产品目录的通知》（苏残办发〔2021〕6号）等政策，提高16周岁以下残疾儿童青少年助听器、矫形器、肢体类辅助器具等儿童辅助器具补贴标准，缩短更换年限。

（二）江苏省残疾儿童康复救助工作取得的成绩

1.残疾儿童康复保障体系初步形成

以江苏省政府发布的《关于完善残疾儿童康复救助制度的实施意见》

（苏政发〔2018〕129 号）为统领，有关部门结合江苏省残疾儿童康复就助工作实际，相继制定出台了《江苏省残疾儿童基本康复服务管理暂行办法》、《江苏省残疾儿童基本康复服务实施规范》、《省残联办公室关于推进开展全类别残疾儿童康复服务工作的通知》、《关于进一步做好江苏省听力残疾儿童人工耳蜗康复救助项目工作的通知》和《江苏省残疾人辅助器具适配补贴暂行办法》等配套政策文件，形成了规范完备的残疾儿童康复保障体系。进一步规范机构准入和服务标准，康复机构需具备教育或医疗资质，实现通过政府购买服务的方式确定残疾儿童康复定点机构。

2.残疾儿童康复救助标准不断提高

江苏省政府出台《关于完善残疾儿童康复救助制度的实施意见》后，各地在省级基础上普遍提高救助标准 30% 左右。无锡市的标准为听力语言残疾儿童 2.8 万元/人；孤独症儿童 4 万元/人；智力残疾儿童 3.75 万元/人；肢体残疾儿童 4.8 万元/人；视力残疾儿童 2.19 万元/人；多重残疾儿童 5 万元/人。盐城市的标准为听力语言残疾儿童 2.8 万元/人；孤独症儿童 2.8 万元/人；智力残疾儿童 2.4 万元/人；肢体残疾儿童 2.96 万元/人；视力残疾儿童 1 万元/人。无锡市出台《残疾儿童首报登记办法》，第一时间掌握残疾儿童动向。南京、无锡、常州、苏州、南通、连云港、泰州将市区 7~14 周岁所有残疾儿童纳入康复训练救助范围。南京、苏州将困难家庭残疾儿童康复救助年龄延长到 18 周岁。

3.康复人才队伍不断壮大

增强康复服务效果，人才是关键。全省康复机构在岗人员有 11962 人，其中专业技术人员 8759 人、管理人员 1288 人、其他人员 1915 人。省残联印发《江苏省残联系统康复专业技术人员规范化培训规划（2021—2025年）》，举办康复业务和各类康复技术规范化培训，有计划地培养专业化、职业化的康复服务队伍。将残联系统在岗康复专业人员统一纳入实名制管理，规范教学内容、创新教学设计、增强教学效果，康复专业人员服务能力和水平逐年提升。开展残联系统康复专业技术人员省级规范化培训基地遴选，确定省级规范化培训基地 13 个，为康复专业人员提供培训进修平台。每年举办视力、听力、脑瘫、孤独症和智力康复技术骨干培训班。省残疾人康复协会定期举办学术年会，发挥协会在人才培养、技术创新等方面的引领作用。与南京特殊教育师范学院共建开展残疾儿童康复研究工作，举办全省残联系统教育类康复优秀教学设计评比活动。

4. 残疾儿童康复救助服务平台初具规模

2007 年，省政府同时将 0 ~ 6 岁残疾儿童抢救性康复训练、县级残疾人康复中心建设列入为民办实事项目。各级政府通过兴建、改建、扩建或置换等措施推动康复中心建设，共建成残疾人康复中心 103 个，面积 57.6 万平方米。其中，13 个省辖市全部建成残疾人康复中心，面积 13 万平方米，90 个县（市、区）建成康复中心，面积 44.6 万平方米。通过给予设备补助等激励手段，支持社会力量举办的康复机构发展。目前，全省承接残疾儿童康复服务的定点康复机构有 459 家，其中具有教育资质的 123 家，具有医疗资质的 236 家。全省所有县（市、区）开展残疾儿童康复全类别服务，为本县域 5 类残疾儿童提供就近就便康复。

5. 残疾儿童康复救助流程不断优化

第一，明确了救助对象：0 ~ 6 岁残疾儿童和孤独症儿童、7 ~ 14 岁肢体（脑瘫）残疾儿童和孤独症儿童、0 ~ 14 岁人工耳蜗术后康复儿童。第二，救助流程清晰：监护人申请—县级残联审批—转介定点康复机构—机构评估康复训练，监护人将残疾儿童年龄、户籍证明（身份证）资料、医学诊断证明（残疾评定表、残疾人证）等信息提交审核，县残联 10 个工作日内答复。第三，康复时间充分：机构内基本康复服务时间每年不少于 9 个月，每月不少于 22 天；服务形式灵活：全日制（住院、日托），在机构内接受每月不少于 22 天康复（每天不少于 4 小时）。第四，开展非全日制（门诊、康教融合）康复：在机构内接受每月不少于 12 次康复（每周 3 次，每次不少于 1.5 小时）。定点机构不得拒绝服务对象只选择基本康复项目的服务要求。

二 江苏省残疾儿童康复救助工作的特点

（一）残疾儿童康复救助网络基本建立

建立起"政府主导、部门配合、残联协调、社会参与"的残疾儿童康复工作模式。一是各级党委、政府高度重视残疾儿童康复工作，建立残疾人康复工作办公室，健全残疾儿童康复工作管理网络。二是依托残联系统康复中心普遍建立各类残疾儿童康复技术指导中心，健全康复技术指导网络。三是依靠基层教育、医疗等组织，规范开展残疾儿童筛查、诊断、随报、转介和训练工作。完善残疾儿童筛查工作流程，建立健全部门间相互通报制度，保障残疾儿童筛查、治疗、康复等工作有效衔接。残疾儿童康复工作"一条龙"服务模式已经形成。

（二）残疾儿童康复项目纳入基本医保

省人社厅、卫生厅、财政厅、民政厅、残联共同出台《印发江苏省关于将部分康复项目纳入基本医疗保障范围的实施办法的通知》（苏人社发〔2010〕479号），明确将0~6岁残疾儿童听力语言、智力、孤独症、脑瘫康复以及残疾儿童矫形器、助听器纳入基本医疗保障范围。通过将"康复进医保"工作列为残疾人"人人享有康复服务"评审工作一票否决指标，推进康复项目纳入基本医疗保障政策落地见效。《关于调整部分医疗康复项目医保支付类别的通知》（苏医保发〔2019〕80号），将更多康复项目纳入医保；《关于调整听力残疾儿童部分诊疗服务项目和特殊医用材料医保支付政策的通知》（苏医保函〔2022〕135号），将听力语言康复、儿童助听器从0~6岁听力残疾儿童调整为0~14岁听力残疾儿童，将电子耳蜗从0~6岁听力残疾儿童调整为0~14岁听力残疾儿童，报销比例由各市确定；《江苏省医疗保障局关于统一基本医疗保险门诊特殊病保障政策的通知》（苏医保发〔2022〕46号），将儿童孤独症纳入门诊特殊病种。通过纳入基本医保，进一步夯实残疾儿童康复保障根基。

（三）残疾儿童康复救助资金不断增长

近年来，省级财政积极发挥公共财政职能，不断加大残疾儿童康复工作的资金投入力度。2007~2009 年每年省级财政安排 4000 万元，2010~2011 年每年 7250 万元，2012 年突破亿元，达 1.1 亿元，2013 年 1.5 亿元，2014~2016 年每年 1.8 亿元，2017 年突破 2 亿元，达 2.03 亿元，2018 年 2.3 亿元，2019 年 2.6 亿元，2020~2022 年每年 2.8 亿元。省级资金合计超过 26 亿元。加上中央一般公共预算资金、彩票公益金和市、县配套资金，江苏省残疾儿童康复工作经费投入超过 40 亿元，保障了残疾儿童康复救助制度的落实。

（四）残疾儿童康复救助经费绩效考核常态化

残疾儿童康复项目每年纳入省级财政绩效考核范畴，由省财政厅、省残联委托会计师事务所实施。根据《省残联等六部门单位关于印发〈江苏省残疾儿童基本康复服务管理暂行办法〉的通知》的要求，依据年度绩效考核标准，重点对资金专款专用、及时下达以及项目服务管理、任务完成情况、满意度等方面进行逐项考核评分，考核完成后会计师事务所出具审计报告，省财政厅、省残联联合下发绩效通报，并作为下一年分配资金的依据。

（五）残疾儿童康复救助影响力不断扩大

省残联、省教育厅、省卫生健康委、省妇联等部门情系残疾儿童家庭，关注残疾儿童成长，分别于 2015 年、2018 年、2021 年联袂举办三届全省听障儿童演讲比赛。通过比赛，展现了听障儿童的"好声音"，早期康复的"好效果"，康复老师的"好精神"。比赛宣传了听力残疾儿童康复成果，增强了残疾儿童康复信心，弘扬了康复工作者奉献精神，取得了良好的社会效果。创新宣传工作方式，注重宣传工作实效。以"爱耳日""爱眼日""孤独症日""全国助残日"等主题宣传活动为契机，发挥传统媒体和新媒体的独特优势，广泛深入宣传残疾儿童康复救助、人工耳蜗救助、辅助器具适配补贴等政策，让残疾儿童康复救助好政策走进寻常百姓家。

三　江苏省残疾儿童康复救助工作亟待解决的问题

江苏省残疾儿童康复救助工作经过 16 年发展，实现从无到有、从小到大的快速发展。成绩有目共睹，但我们的工作与残疾儿童家长的期望比，与残疾人事业高质量发展的要求比，仍存在诸多不足，主要表现在以下几个方面。

（一）康复服务水平有待进一步提高

不同地区康复服务水平参差不齐，无法完全满足相应类别残疾儿童康复需求。基层康复服务机构部分设备设施落后，更新不及时，康复服务水平有待进一步提高。康复人才短缺、业务骨干稀缺、技术力量薄弱、技术人员缺乏有效的系统培训等，制约了残疾儿童康复服务能力的提升。

（二）康复经费投入区域不均衡

随着物价上涨，机构运行成本攀升，残疾儿童康复服务项目需求增加等，康复经费投入呈现不足，区域不均衡现象加剧。苏北地区财政投入少或无投入，残疾儿童保持连贯性康复存在困难，导致康复训练效果无法及时巩固。脑瘫儿童康复基本在医疗机构进行，由于医疗机构收费较高，一般难以达到省定训练时间和规定项目要求。

（三）机构管理不规范，财务制度不健全

个别市对定点康复机构把关不严、监督不力。机构考核工作不到位，缺乏常态化准入和退出机制，缺乏对定点康复机构的严格管理，导致少数机构存在额外收费和儿童未入机构训练的情况。个别地区资金有结余，未及时拨付给定点康复机构。部分地区项目经费未做到专账管理、单独核算。有的康复机构未按照《民办非企业单位登记管理暂行条例》和《民间非营利组织会计制度》的要求建账，在项目专项检查时难以核查项目经费专款专用和支出情况。

四　江苏省残疾儿童康复救助工作展望

（一）加强行业管理，提升服务质量

严把残疾儿童定点机构、从业人员和服务项目的准入关，明确康复服务范围和内容，健全技术操作规程和工作制度。发挥残联系统康复机构示范引领功能，省辖市合理布局机构分布，突出业务重点，引导错位发展，满足残疾儿童康复训练需求。鼓励支持社会力量兴办的康复机构良性发展，将符合条件的机构纳入定点机构范围，给予同等待遇，弥补公办机构不足。

（二）完善财务管理，促进康复机构健康发展

对定点康复机构加强监督，定点机构按照会计制度要求及时进行账务处理，编报报表。加强定点康复机构收费管理，督促定点康复机构逐步推行财务公开，保障残疾儿童切身利益，促进定点康复机构有序运行和健康发展。

（三）加强人才队伍建设，增强康复服务能力

开展全省残疾人康复理论创新和康复技术交流活动，进行康复学术论文评比。组织全省教育类康复技能大赛和辅助器具适配技能大赛，以赛促训，以赛提质，调动康复专业人员积极性，形成赛事品牌效应。积极创造条件，将康复机构专业人员纳入政府教育和技术培训计划，协调卫生、教育、人社部门，建立康复人才专业技术职称评定制度，解决职称晋升难题。引导定点康复机构积极提高专业技术人员工资待遇，制定激励、奖励机制，完善聘用、薪酬等制度。定点康复机构要参加康复业务培训，培养学科带头人，让残疾儿童接受专业有效优质的康复服务。

（四）强化宣传，增强家长康复意识和家庭康复能力

在开展机构内残疾儿童康复训练的同时，注重加强残疾儿童家长培训，建

立残疾儿童家长培训工作制度。定点康复机构每月举办不少于 1 次的家长培训会，每月开展不少于 2 次的家庭康复指导，重点培训家庭康复训练的基本方法以及机构内训练时家长应协助的内容。通过培训进一步加深家长对残疾儿童康复工作的认识，使其掌握基本康复技能，推动康复训练由机构向家庭延伸。

五　典型案例：宝应县残疾儿童康复服务工作特色做法

宝应县户籍人口为 87.02 万人，常住人口为 68.22 万人，其中残疾人约为 5.52 万人，占全县户籍人口的 6.34%，截至 2022 年底，持证残疾人达 1.87 万人，2022 年上报残疾儿童 543 人。宝应县残联自 2007 年起开展残疾儿童抢救性康复，2011 年高标准建成宝应县残疾人康复中心大楼，其建筑面积为 3300 平方米，后配套建设塑胶运动操场 2160 平方米、轮滑运动场 376 平方米、科普园 2160 平方米、种植园 2989.8 平方米，截至目前服务儿童超 2000 人。工作中，宝应县残联立足康复服务，不断完善体制机制，全力护航残疾儿童成长，服务及成效得到了家长和社会各界一致好评。主要特色做法如下。

（一）信息共享，确保残疾儿童康复服务"三个早"

自 2016 年起，县残联开展"全国残疾预防综合试验区"创建工作，建立了《宝应县残疾预防和残疾人康复信息共享工作联席会议制度》，与县卫健、教育、民政等部门实现信息共享、资源共享、业务协同，让每一个残疾儿童都能得到及时、有效的治疗和康复。

1.建成三级筛查网，做到"早发现"

由县残联康复部人员、县妇幼保健院医生和镇（区）防保所医生、残疾人专职委员、幼儿园保健老师及村（社区）卫生室医生组成三级筛查网络。县残联每年 3 月、9 月定期组织开展三级筛查人员筛查知识培训，提升他们对功能障碍儿童的识别能力，做到早发现。集中培训之后，县残联还组织康复专业人员下沉各镇（区）卫生院、幼儿园及村（社区）卫生室，根据儿保医生、专职委员、保健老师提供的信息，有针对性地进行甄别统计；对疑似障碍儿童，每年4月、10月定期邀请市级专家前来集中诊断评估，费用全部由县残联承担，确诊后第一时间安排康复训练。日常工作中有新发现的疑似障碍儿童，随时安排前往扬州市妇幼保健院进行评估诊断，诊断费用也由县残联统一结算，并全程做好跟踪，直到孩子能够进入康复机构。

2. 组建专家后援团，做到"早诊断"

坚持靠大靠优靠强，积极与省市各大医院建立长期共建关系。在精准评估诊断和人才培养上，肢体类与南京市儿童医院汤健团队、孤独症类与南京脑科医院柯晓燕团队、智力类与南京特殊教育师范学院何侃团队、视力类与南京市儿童医院陈志筠团队、听力类与扬州市妇幼保健院魏蓉美团队建立长期联系，形成了以扬州市妇幼保健院、南京市儿童医院、南京脑科医院专家为技术支撑的诊断专家团队。同时，定期邀请各类知名专家开展家长、教师培训，寒暑期选送教师前往各共建单位跟班学习，共建医院专家每年还定期来宝应县为各类儿童开展期中、期末评估，为全县各类障碍儿童从诊断评估到康复实施，制定专业化、系统化方案，让孩子们足不出县即可看大医院知名专家。

3. 实现服务零拒绝，做到"早干预"

县残联注重对残疾儿童康复政策和知识的宣传，线上线下提供咨询服务，引导有康复意愿且符合康复指征的残疾儿童按照规定接受康复服务，并根据家长意愿选择合适的康复机构进行康复训练，还鼓励并帮助符合条件的残疾儿童进入普通幼儿园、中小学，让残疾儿童得到适当的教育安置。目前，宝应县有儿童定点康复机构3家，分别是全类别公办托底机构宝应县残疾人康复中心，义务教育段孤独症、听力康复机构宝应县特殊教育学校，民办智力康复机构宝应县阳光儿童发展中心。这三家机构有效互补，公办机构实行零拒绝，民办机构满足个性化需求，实现残疾儿童发现一例救助一例，做到早干预。

（二）模式创新，构建残疾儿童康复训练"三种全"

宝应县儿童康复从脑瘫康复起步，逐步开设听障儿童康复、智力儿童康复，后又选送老师赴上海、佳木斯等地学习视力、孤独症儿童康复，逐步扩展服务范围。康复工作自开展以来，秉承"一站式"服务理念，即任何儿童，无论合并哪些功能障碍，都能在一个机构内满足所有康复需求。在训练服务模式上，勤思善谋、锐意进取，不断创新、持续探索，逐渐做到了"三种全"。

1. 康复类别全覆盖

县残疾人康复中心开展了视力、肢体、孤独症、智力、听力语言五大类抢救性康复训练，其中肢体与孤独症免费康复延展至 17 周岁。根据不同类别儿童特点，对康复中心大楼进行设计装修，用"绿、粉、橙、蓝"色调，配以各类动植物贯通全楼，使其成为一道道体现各类别残疾儿童特点的独到风景线。县残联还为所有在训残疾儿童统一购买意外伤害保险，统一建立康复训练档案，做到一人一档。

2. 康复时间全覆盖

针对抢救型、加强型、巩固型和困难型（因客观原因无法到中心接受训练）残疾儿童，分别采用全日制、半日制（半天在校、半天在中心训练）、假日制（平时在校、周末在中心训练）和送康上门四种形式。在视力儿童的康复上，更是实行"5+2""白+黑"，即结合儿童上学时间，在中午、晚上放学后以及周六、周日提供服务，保证每名有需要的儿童都能得到康复训练。

3. 康复方式全覆盖

在传统康复的基础上，根据儿童身心发展需求及个人兴趣爱好，外聘培训机构专业老师，免费提供绘画、非洲鼓、古筝、轮滑、篮球、舞蹈等特色课程，努力促进每名儿童德智体美劳全面发展。在特色课程开设上，不仅注重开展"我们的节日"等传统文化教育，还注重儿童的生活自理能力及动手实践能力训练。还与县人民医院合作，建立了"心理健康咨询工作室"，每月为残疾儿童及其家长免费开展心理咨询服务，为康复工作顺利开展提供积极支持。

（三）体制改革，实现残疾儿童康教医疗"三合一"

2021 年，县残联巧抓改革契机，积极争取县委、县政府以及县编委会、组织部、编办、卫生健康委、教育局等单位支持，除保留"残疾人康复中心"外，

257

又获批成立"宝应县残疾人康复中心厚爱诊所"和"宝应县小天使幼儿园",开创了残疾人康复、教育、医疗"三合一"工作格局,形成"学校+医院""教育+康复""教师+治疗师"新模式,实现了康教医结合一站式服务。

1. 教育打开"一扇窗"

早在2012年,县残联就积极开展融合性康教服务,一直外聘幼儿园老师进中心支教。2014年,聘用国学老师开办"春雨国学班",自编儿童学习课本与普通小学课本无缝衔接。2015年,县残联、县教育局联合制定《关于保障残疾儿童少年教育的实施意见》,要求任何学校、幼儿园不得以任何借口拒绝残疾儿童少年入学入园,做到"零拒绝",县残联主动与县教育、住建等部门协调,推进校园无障碍环境改造,上门为孩子办理入学手续。2021年,"宝应县小天使幼儿园"成立,不仅解决了残疾儿童的园籍问题,畅通了升学途径,解决了教师编制及职称晋升通道,还为中重度无法入园的残疾儿童圆了入园梦,残疾儿童的童年也可以更完美。

2. 医疗撑起"一把伞"

"宝应县残疾人康复中心厚爱诊所"的开设,不仅全天候为所有师生的日常保健保驾护航,而且在每年医保资金及儿童医疗康复报销金额上有了保障。卫生系统调配事业编制给康复中心,不仅有利于康复医学治疗技术人才的招引,而且解决了中心康复医学治疗技术人员及护理人员的职称考试等问题。

3. 人才培养"上台阶"

目前,县残联正着力培养康教医一体化综合型人才和跨类别复合型人才。自2013年起,县残疾人康复中心所聘人员均为康复治疗、特殊教育专业大专及以上学历人员。自2016年开始"凡进必考",严把人才入口关。引进后的人才,注重理论与实操培养,在理论提升上,建成南京特殊教育师范学院实习基地,并成功举办多期暑期实践活动;在实操能力提升上,挂牌成立淮安市妇幼保健院儿童康复中心技术指导点。所有人员均需参加南京特殊教育师范学院暑期实践的带教工作,以及到市级以上三甲医院跟班进行实操学习,不断提升综合能力。综合型、复合型康复治疗师的培养,为残疾儿童享受优质服务提供了坚实的人才保障。

B.12
青岛市晨星实验学校孤独症学生
教育康复的探索与实践*

郑 芳 张明宇 邵秀筠**

摘 要： 青岛市晨星实验学校成立于 2017 年 4 月，是山东省唯一一所公办孤独症儿童教育康复学校。学校聚焦孤独症学生特殊发展需求，以融入社会为导向，在孤独症课程体系建设、专业师资团队培养、家庭教育指导、家校协同育人体系建设、区域辐射带动等方面，进行大胆探索，取得显著成效，为更多的特殊教育学校开展孤独症儿童教育提供有效借鉴。

关键词： 孤独症教育 课程建设与实施 师资培养 家校协同

一 实践背景

孤独症是一种以社会交往和沟通障碍、刻板重复的兴趣和行为模式为主要特征的神经发育障碍，既广泛影响个体多项基础技能的发展，又严重影响个体及其家庭的生活功能。① 根据我国最近一次全国人口普查和全国残疾人抽样调查推算，0~6 岁孤独症儿童的数量占精神残疾儿童总数的 36.9%，

---

* 本报告系全国教育科学规划课题"社会融入视角下孤独症儿童教育康复课程的建构与实践"（项目编号：BHA202269）的成果之一。
** 郑芳，中学高级教师，青岛市晨星实验学校校长，研究领域为特殊教育、教育管理；张明宇，青岛市晨星实验学校教研室主任，研究领域为孤独症教育课程与教学；邵秀筠，青岛市晨星实验学校教师，研究领域为孤独症教育康复。
① 胡晓毅：《自闭症儿童教育新论》，北京师范大学出版社，2020，第 2 页。

已居我国各类精神残疾之首，且发病率一直呈现不断上升的状态。[①]

面对日益增多的孤独症儿童，随之而来的教育问题受到国家及社会大众的广泛关注。从《特殊教育提升计划（2014—2016年）》到《第二期特殊教育提升计划（2017—2020年）》，再到《"十四五"特殊教育发展提升行动计划》，都明确提出"要合理布局孤独症儿童特殊教育学校，鼓励省会城市、计划单列市及较大城市建设孤独症儿童特殊教育学校"，"积极探索科学适宜的孤独症儿童培养方式，研究制定孤独症儿童教育指南，逐步建立助教陪读制度，为孤独症儿童更好融入普通学校学习生活提供支持"[②]。三期提升计划有关孤独症教育的相关政策逐步明确，执行力度逐渐加大，为解决孤独症学生入学难、教育难的问题提供了强有力的政策保障。

然而，由于孤独症表现形态的多样性、形成机理的复杂性，孤独症儿童教育存在诸多困难。我国孤独症教育起步较晚，目前尚未出台关于此类学生教育教学工作的指导意见。当下，如何科学有效地开展孤独症教育康复工作成为广大孤独症教育工作者面临的重点课题。

青岛市晨星实验学校成立于2017年4月，是山东省第一所公办孤独症儿童教育康复学校。学校办学职能涉及孤独症儿童15年一贯制学校教育、康复训练、家庭支持、融合支持、教育研究、辐射引领等多个领域。学校有教职员工47人，现有学前至小学五年级14个教学班，学生共83人，随着办学的推进，学校将逐步增设初中部、高中部。学校坚持"敞开心灵，融爱同行"办学理念，秉持"尊重支持"育人宗旨，确立"和谐进取 笃行创新"的校风，践行"修德爱生 博识善导"的教风，磨炼"乐学善做 悦己明礼"的学风，尊重每一名孤独症学生的主体价值，着眼于其生命发展的全程，为其提供全员、全过程、全方位、全环境的支持和帮助，努力让

[①] 汤兆云、刘科成：《我国孤独症儿童群体的社会现状、现实困境与优化治理》，《深圳大学学报》（人文社会科学版）2023年第6期，第90~99页。

[②] 《国务院办公厅关于转发教育部等部门"十四五"特殊教育发展提升行动计划的通知》，中华人民共和国教育部官网，http://www.moe.gov.cn/jyb_xxgk/moe_1777/moe_1778/202201/t20220125_596312.html，2021年12月31日。

每一名孤独症学生成为更好的自己。

在孤独症教育没有课程设置方案、学生普遍存在严重情绪行为问题、国内鲜有此类教育学校的办学经验等重重困难与挑战下，学校围绕孤独症教育教什么、怎么教，怎样体现学校专业价值等问题进行深入研究和实践探索，并取得显著成效。

二 青岛市晨星实验学校孤独症学生教育康复的实践探索

（一）聚焦孤独症学生发展需要，构建特色课程体系

1. 科研引领，深化课程建设专业内涵

自办校之初，学校就确立了"科研引领发展"的总体思路，本着"全员参与，多措并举，精准发力，重点突破"的原则，学校全体教师通力合作，不断牢固树立问题意识，提升研究能力，创新工作思维与举措，重点突破教育教学中的"难点"与"痛点"，以点带面，引领学校课程建设及各项工作朝着科学化、优质化、特色化发展。办学六年来，在不断突破和创新的过程中，学校已成功构建起以促进孤独症儿童发展、推进学校课程建设为主要目标的"国家-省-市-校"四级课题网络，立项国家社会科学基金教育学一般课题 1 项、省级规划课题 5 项、市级规划课题 14 项、校级课题 31 项，学校孤独症儿童教育的研究与实践得到深入发展。

2. 适性扬长，全面融入，构建孤独症支持性课程体系

学校对应培养目标，以普通义务教育阶段、培智义务教育阶段课程方案及课程标准为参考依据，结合孤独症学生的特殊发展需要和社会融入关键能力，系统规划孤独症课程体系，形成了促进孤独症学生五育并举、全面发展、障碍改善、潜能发展和社会融入相结合的孤独症支持性课程体系。该课程体系包括基础性课程、康复性课程、潜能发展课程和实践泛化课程（见图 1）。

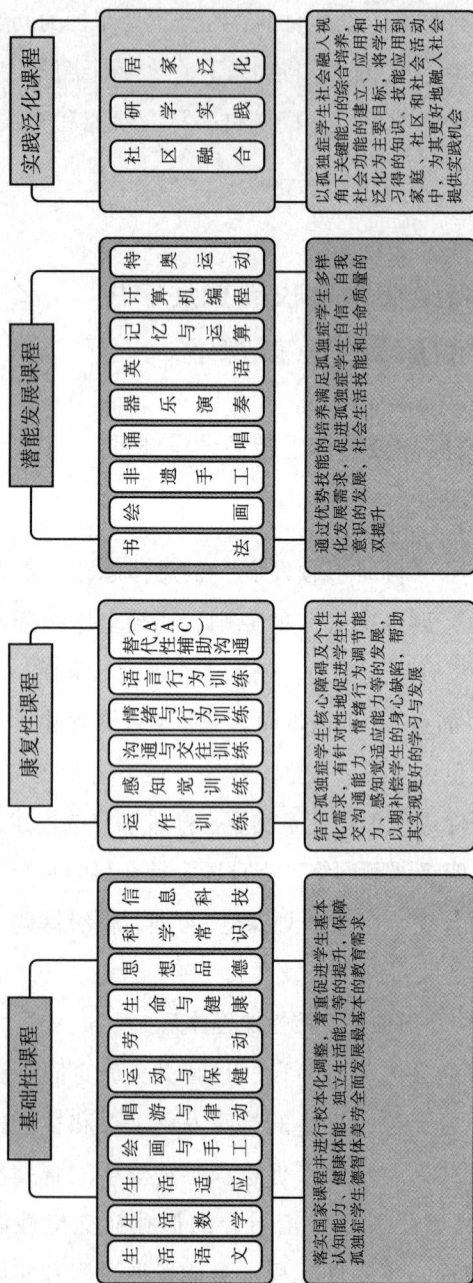

图 1　晨星实验学校孤独症支持性课程体系

适性扬长　全面融入　构建孤独症支持性课程体系

基础性课程

生活语文
生活数学
生活适应
绘画与手工
唱游与律动
运动与保健
劳动
生命与健康
思想品德
信息科技

落实国家课程并进行校本化调整，着重促进学生认知能力、健体能力、独立生活能力等的提升，保障孤独症学生德智体美劳全面发展最基本的教育需求

康复性课程

运动作训练
感知觉训练
沟通与交往训练
情绪与行为训练
语言行为训练
替代性辅助沟通（A、A、C）

结合孤独症学生核心障碍及个性化需求，有针对性地促进学生社会沟通能力、感知觉适应能力等的发展，以期补偿学生的身心缺陷，帮助其实现更好的学习与发展

潜能发展课程

书法
绘画
非遗手工
诵唱
器乐演奏
英语
记忆与运算
计算机编程
特奥运动

通过优势技能的培养满足孤独症学生多样化发展需求，促进孤独症学生自信、自我意识的发展，社会生活技能和生命质量的双提升

实践泛化课程

社区融合
研学实践
居家泛化

以孤独症学生社会融入视角下关键能力的综合培养、社会功能的建立、应用和泛化为主要目标，将学生习得的知识、技能应用到家庭、社区和社会活动中，为其更好地融入社会提供实践机会

（1）基础性课程

基础性课程是基于国家课程标准《义务教育课程标准（2022年版）》和《培智学校义务教育标准（2016年版）》相关要求而设定的一类课程。这类课程既保障国家课程的有效落实，又根据孤独症学生的实际情况进行校本化调整，实现国家对"培养什么样的人、怎样培养人"的统一规划和要求，着重促进学生基本认知能力、健康体能、独立生活能力等，保障孤独症学生德智体美劳全面发展最基本的教育需求。该类课程涵盖培智学校要求的国家七大类必修科目（生活语文、生活数学、生活适应、绘画与手工、唱游与律动、运动与保健、劳动），同时开设生命与健康、思想品德、科学常识、信息科技等学科。该类课程为学校的必修课程，是每一名孤独症学生应知应会应参与学习的课程。在学校中课程主要以集体课的形式组织实施。

（2）康复性课程

康复性课程是结合孤独症学生普遍的障碍及个性化需求而设定的功能、缺陷补偿类课程。在具体科目上，学校康复性课程包括《培智学校义务教育标准（2016年版）》建议开设并符合孤独症学生发展需求的康复类课程：动作训练（重点在精细动作训练）、感知觉训练、沟通与交往训练、情绪与行为训练；还包括语言行为训练和替代性辅助沟通，以此促进学生社交沟通能力、情绪行为调节能力、感知觉适应能力等的发展。该类课程为选择性课程，其教学组织形式根据学生的特定需求而调整，其中动作训练、感知觉训练、沟通与交往训练、情绪与行为训练以"个训+小组+集体"的多种教学形式组织实施；语言行为训练和替代性辅助沟通两门课程主要以"个训课"的形式组织实施。

（3）潜能发展课程

潜能发展课程是以加德纳多元智能理论为依据，结合孤独症学生的身心发展特点，以培养兴趣、开发潜能为主要目标的一类课程，该课程通过优势技能的培养满足孤独症学生多样化发展需求，促进孤独症学生自信、自我意识的发展，实现社会生活技能和生命质量的双提升，使他们有机会成为对社会有用的人，也更有价值地参与社会生活。在具体科目的设置上，学校还注意将学生优势能力培养与传统文化传承相结合，如书法、非遗工艺、诵唱，还包括绘画、器乐演奏、英语、记忆与运算、计算机编程、特奥运动等科目。该类课程为选择性课程，其开设科目将根据学生的发展需求灵活调整，主要以社团的形式进行。

（4）实践泛化课程

实践泛化课程以生态系统理论为指导，以孤独症学生社会融入视角下关键能力的综合培养，社会功能的建立、应用和泛化为主要目标，结合影响孤独症学生学习、发展的环境效应，设置社区融合、研学实践、居家泛化三个方面的实践泛化课程。该课程注重学生生活体验、直接经验的积累，打破学校的空间限制，将学生习得的知识、技能应用到家庭、社区和社会活动之中，以适应孤独症学生高泛化需求的学习特点，为孤独症学生更好地融入社会生活、参与社会活动提供实践机会。此类课程为必修课程。

3.家校协同，闭环内升，形成"五步二环"课程实施模式

在支持性课程实施层面，学校形成了"教育评估—制订个别化教育计划（IEP）—学校教学—家庭教育康复—课程本位评估"的"五步二环"课程实施模式（见图2）。该模式的实施周期为一个学年，包括五个步骤、两个闭环。以精准评估孤独症学生能力状况为起点，在实施过程中通过即时评价，动态调整课程内容，完成教学目标。最后以能力状况的精准评估结束一个实施周期，并作为下一个课程实施周期的起点。"五步二环"为课程的发展和学生能力的发展提供了内生动力。

（1）开展教育评估

根据孤独症学生特殊教育需要，研制出特色教育评估方案。学校使用标准化的教育评估工具和基于课堂教学的课程本位评估两种评估方式，对学生开展能力本位、课程本位两方面的评估，既关注学生综合能力的提升，又关注学生课堂学习。找到学生在各个领域的最近发展区，为课程的个性化实施打好基础。其中，标准化教育评估一学年进行一次，综合考量学生社交沟通、情绪行为表现、基本认知、集体常规、运动技能、社会生活技能等领域的进步情况。课程本位评估作为动态检测教师教学和学生学习的重要工具，

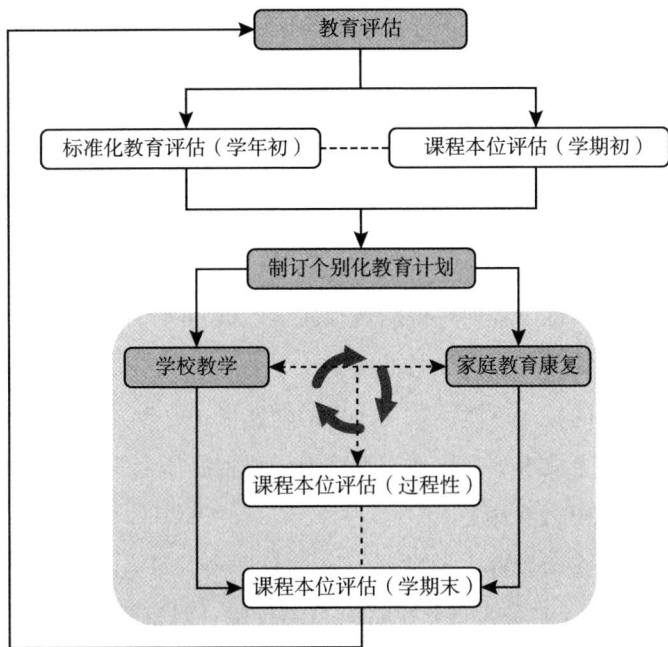

图2 家校协同，闭环内升"五步二环"课程实施模式

存在于课堂教学的前、中、后各个阶段。

（2）制订个别化教育计划（IEP）

召开由评估教师、学生导师、任课教师和学生家长参与的学生个别化教育研讨会，根据教育评估结果，结合家庭教育诉求、家庭环境等因素，为每个学生制订个别化教育计划（IEP），实现课程实施"一生一策"。个性化地设定学生的学校教学和家庭教育康复目标，提出实施建议。

（3）优化学校教学

在课程实施过程中，学校积极探索"主题教学引领，精准评估把脉，个训小组先行，集体练习提升"的形式，创新实施主题教学引领下的"三课一体"教学组织形式。通过个训课、小组课和集体课不同教学组织形式之间的协调配合，满足孤独症学生个性化学习和集体生活学习的需求，促进教学内容与康复干预目标的整合，增强教学效果。同时在主题引领下，实施

"学科主题教学+跨学科整合教学+社区融合教学"的跨学科教学三级推进模式。学校围绕每月教学主题，通过学科主题教学掌握知识和技能，通过跨学科主题教学拓宽知识和技能运用的领域，通过社区融合教学促进社区融合的有机结合，不仅有利于孤独症学生系统掌握各学科的知识和技能，还有利于促进知识技能的泛化，形成对知识整体性、系统性的认识，从而提升综合能力与解决问题的能力。

同时在课程实施过程中，根据孤独症学生核心障碍和认知特点，学校积极探索学科教学策略与孤独症循证实践干预方法相结合的个性化教学策略。通过创设结构化的教学环境、采用多样的辅助形式、建立代币制度、运用视频示范、编写社会故事等多种教学策略增强孤独症学生的课堂教学效果。

（4）推动家庭教育康复

学校全面实施全员育人导师制，日常教学中，育人导师每日填写《家校联系册》，对学生在校发展状况进行总结反馈，对家长负责的家庭课程进行规划、发布。假期期间，则为学生设计"家庭康复计划"，系统规划假期中家庭课程的目标内容。家长则在真实的生活环境中，有计划地指导孩子掌握、泛化知识技能，并带领孩子参与社区活动、社会活动，不断提高孩子融入社会的能力。学校以系统组织专题培训、家访、线上答疑等多种方式，对家长进行专业的、有针对性的指导，保障家庭教育的有效实施，推动家庭教育康复质量的不断提升。

（5）落实课程本位评估

课程本位评估贯穿于整个教学的始终，能够对学校教学、家庭教育康复中的每个孤独症学生的技能发展和学习状态提供快速而有效的反馈信息，教师和家长从中分析总结学生即时的教育需求，及时对教学目标、课程内容、教学方法等进行调整，使教学更加有效，为孤独症学生的发展提供更适性的支持。

经过不断研究与实践，学校的孤独症教育康复课程体系及实施模式已日趋完善。面对孤独症教育没有教材、没有课程资源的难题，学校坚持开发与实践相结合多措并举，取得初步成效。学校设计开发社交沟通、生活适应、劳动教育等教学手册 58 册，制作了各学科教学内容、教学设计、教学课件、示范视频、教具、课程本位评估方案等电子资源 1000 多套，录制教育教学、教育康复视频案例 500 多个，其中 100 多个视频案例通过山东省特教资源平台、"特殊教育"微信公众号、学校微信公众号等向特教同行推广分享。学校出版专著《孤独症儿童教育康复研究与实践》；课程建设成果荣获 2022年青岛市教学成果一等奖；《中国教育报》《中国教师报》等 30 多家新闻媒体对晨星实验学校课程建设进行宣传报道；在全国、全省、全市各级特教工作研讨会、培训班上分享推广学校课程建设经验，另有省内外 30 多所同行学校到校来现场学习考察。

（二）实施教师培养工程，锻造高素质教师团队

培养专业师资队伍是孤独症儿童教育工作的核心关键点，[①] 是促进孤独症教育高质量发展的重要保障。学校自成立以来高度重视孤独症教师的专业化培养，建立"晨星智库"，实施专家引领；创新实施孤独症教师"五四三"培养机制，不断提升学校教师专业化水平。

1. 专家引领，建立孤独症教育"晨星智库"

学校确立了"专家引领教师专业发展"的教师培养思路，积极聘请国内外孤独症教育康复领域、课程建设领域专家为教师开展高密度的培训、指导。为快速提升教师专业水平，面对孤独症学生高师资需求，解决教师全天候带班与培训学习之间的工学矛盾，充分利用周末、晚上、寒暑假等休息时间组织开展培训、研讨活动，助力青年教师在极短的时间内实现了"一年能胜任，两年成骨干，三年独当一面"的快速成长。目前，学校集校内骨干教师资源、区域内名师资源、国内外名专家资源于一体，成立"骨干教师+名师+名专家"三级培训专家团队，形成"晨星智库"。专家团队成员根据教师发展规划、教师研究方向、教师需求与兴趣等方面的因素，定期开展

---

① 汤兆云、刘科成：《我国孤独症儿童群体的社会现状、现实困境与优化治理》，《深圳大学学报》（人文社会科学版）2023 年第 6 期，第 90~99 页。

专题讲座、教育教学研讨，促进学校乃至区域内更多教师孤独症教育康复专业化水平的快速提升。

2. 多元发展，落实"五四三"教师培养机制

教师专业发展在教师职业生涯的不同阶段因教师个体与学校实际需求的不同而体现出发展重点上的差异性。① 学校根据教师差异性需求，在教师培养的具体实施上，尊重教师的多元发展，落实"五四三"教师培养机制。

（1）五个"一"和"五式一体"教师培养模式

学校把"每期参与一项课题研究、每年写一篇教育叙事或论文、每学期上一节展示课、每季度读一本教育书籍、每月写一篇教学反思"融成学校每位教师学期专业成长的五个"一"活动，并以活动为载体，实施"分享式、研究式、靶向式、开放式、实战式"相结合的"五式一体"教师培养模式，全面、全程助力教师多样化发展。

（2）四个教师成长平台

结合孤独症教师的成长需求，建立了专业引领、展示提升、教育科研和综合素质提升四个平台。在充分调研的基础上，研制孤独症教师培训大纲，开发"孤独症基础知识""应用行为分析""孤独症教育干预策略""孤独症教育评估""孤独症康复治疗技术"五大领域系列课程，实现教师专业引领。通过开展省市级孤独症教育教学专题研讨活动、孤独症教育康复专题研讨会、孤独症儿童家庭教育经验分享活动、校内教师知识经验分享、教师基本功比赛、读书交流分享、班主任展示活动等一系列活动为教师搭建展示提升的平台。以教研为抓手，聚焦课堂教学，坚持"一课多研多磨多上"，旨在解决教师教学中的实际问题。以课题研究为引领，积极引导教师通过课题研究深入了解孤独症教育、教学的问题症结，提高教师课程领导力，改善孤独症学生核心障碍、促进学生全面发展，有效促进教师教科研成长。学校达成"教师""学生"双中心的教育共识，规划学校教师生涯发展，构建教师

---

① 张文超、陈时见：《学校本位教师专业发展的时代意蕴与推进路径》，《当代教育科学》2022年第1期，第68~76页。

专业发展的进阶目标，引导教师根据个人发展情况书写"三年发展规划"，发展规划设计覆盖教师全面素养，注重教师专业发展重点领域，并定期组织教师进行个人发展总结、复盘，以此促进教师综合素质的全面提升。

（3）教师梯队建设"三航"工程

系统规划、创新实施"启航、护航、引航"三项工程相结合的教师专业化培养机制，全面助力教师阶梯式发展。

启航工程着重培养新入职教师，实施"岗前培训实习"、"双导师传帮带"和"双证上岗"。护航工程面向全体教师，重点提升教师专业素养，以"五式一体"教师培养模式全面推进。引航工程聚焦加强骨干教师队伍建设，建立名师工作室和名班主任工作室，为工作室开展工作提供资源条件，发挥工作室在培养骨干教师队伍、研究教育教学等方面"领头雁"作用。

短短几年，学校与国际高层次专家团队合作，引进国际先进的孤独症教育理念和康复技术，通过系统培训和实践锻炼，全方位打造一支有特教情怀、创新精神、专业素养、科研能力的高素质教师队伍。团队有1名博士、20名硕士，3名国际应用行为分析师、1名高级言语康复师、4名言语语言康复师、8名心理咨询师，多名专业评估师，形成了教育评估、教育科研、心理治疗、学科领域教学等若干专业团队。教师的教育教学能力显著提升，先后涌现出3位省市优秀教师，1位"青岛市教书育人楷模"，1位"青岛市最美教师"，1位"青岛市教学能手"，1位在培"青岛名师培养工程"，2位"青岛市学科带头人"，2个省特殊教育教师基本功大赛特等奖和一等奖，另有近30人次获得省级、市级教育教学评选奖项或进行市级以上教学展示交流。

（三）助力家庭教育指导，打造家校协同共同体

尊重儿童是学校教育和家庭教育共同的起点，在政策引导和孤独症家庭实际需求的呼唤下，学校从机制协同、课程协同、活动协同、科研协同、评价协同五个维度，构建起了"双元育人 多维协同"的家校协同育人体系。

创新实施需求调研、设计课程、培训指导、分享提升"四位一体"的

家庭教育指导机制。以需求调研为切入点，通过问卷调研、家长见面会等形式，充分了解家长在家庭教育开展过程中的教育培训需求，以需求推动学校家庭教育指导课程的开发与实施；结合家长需求系统开发理论与实践互为依托的"两段三模块"家庭教育系列课程，编制家庭教育指导手册。以在校学生的年龄学段为纵线，形成覆盖学前段、学龄段两个学段的课程链，以模块内容为横线，覆盖对家长指导的必备领域，形成学生发展（孤独症儿童身心发展特点等）、家庭建设（亲子关系、家长心理健康沙龙）、孤独症教养策略（孤独症教养策略、情绪行为干预方法等）三个课程模块，保障家庭教育指导课程的科学化、实用化、体系化。通过家长学校、家长大课堂、班级家长会、全员家访、线上微课堂、家庭教育线上指导等形式开展家庭教育培训指导服务，跟进家庭教育的全过程，目前学校已录制家庭教育指导视频1200多个，为家长有效参与孩子的教育提供保障。收到家庭教育反馈视频15000多个；搭建家长分享展示平台，鼓励优秀家长总结育人心得，分享育人经验，提炼育人智慧；吸引优秀家长加入家庭教育指导服务导师团。在课程实施过程中真正实现"理念相融""技术共享""家校协同"。

家庭教育指导机制的有效实施，保证了对家长群体的专业支持、指导和服务，既减轻了孤独症家长的焦虑，增强了其育儿信心，又使家长成为孩子发展的支持者和学校教育的参与者、合作者，一批家长成长为"智慧家长"。其中，2022年一年该校就有3名学生家长被评为山东省智慧家长。学校《尊重生命支持成长，让每一颗星星更加闪亮》获评市家庭教育工作"优秀案例"，家校共育工作经验在"全市中小学幼儿园家庭教育阵地规范提升建设工作推进会"上做典型发言。2023年，学校荣获"青岛市家校社协同育人优秀校"称号，不断形成共建、共治、共享的孤独症教育家校协同育人新格局。

课程教学模式和环境的调整优化、专业人员与师资团队的培养、优秀家长团队的建设等为孤独症学生的适宜、健康、全面发展提供全员、全过程、全方位、全环境的支持，育人成效显著。学生的规则意识明显增强，情绪行为的自我管理意识与能力获得有效提升，核心障碍得到一定程度的改善，优势潜能得到充分发展。1名学生在青岛市中小学生绘画比赛中获一等奖，3名学生参加国家级少儿邮票设计大赛；学前阶段先后有21名学生进入普通幼儿园或小学随班就读，融合率达36%；义务教育阶段有6名学生进入普校随班就读，融合率达10%。学生的认知水平、自理能力、运动能力等大幅提高，每个孩子都成为更好的自己。

三　青岛市晨星实验学校发挥区域辐射带动作用的实践探索

（一）打造区域研究中心，加快推进孤独症教育内涵发展

为充分发挥学校"实验"的职能，办好一所研究型、示范型的孤独症教育领航学校，学校牢固树立"科研兴校"的战略思路，通过一系列课题研究重点突破孤独症教育中的"难点"与"空白点"，以高水平科研促进学校内涵发展。

2022年，学校通过精心选题，精准发力，在充分总结前期研究实践经验的基础上，以《社会融入视角下孤独症儿童教育康复课程的建构与实践》为题成功立项国家社会科学基金教育学一般课题，打破了青岛市基础教育同级别课题持续5年的"立项荒"。构建起"国家-省-市-校"四级课题网络，科研成果丰硕，出版专著《孤独症儿童教育康复研究与实践》，多名教师的论文在省、市级刊物上发表。孤独症儿童家校共育的有效路径、课程体系的构建与实施、学生情绪行为问题的干预策略等一系列重点与难点问题，在研究中得到突破与攻克。

学校还积极组织与集团校、其他特殊教育学校和高校的合作研究。学校与集团内四所成员校成功结题1项省规划课题，立项2项市规划课题；与普通幼儿园合作成功立项1项省规划课题；以集团各学科中心教研组为单位，组织教师开展了6项学科集团课题研究。教师在课题研究过程中，打破学校"围墙"，共享校际科研成果；积极借助高校科研优势，先后与浙江工业大

学、清华大学、济南大学、中国石油大学、青岛大学等国内高校开展合作研究。目前，青岛市晨星实验学校已形成在孤独症教育研究领域的显著优势，业内影响力迅速提升，孤独症研究中心的职能和定位得到进一步明确与体现。

（二）打造师资孵化基地，不断为孤独症教育注入有生力量

"教师是立校之本、兴教之源。"孤独症教育更需要一支师德高尚、专业能力过硬的教师队伍。面对孤独症教育资源城乡差异、地域差异，学校充分体现孤独症专业学校的意义与价值，积极与山东省内及省外的孤独症儿童学校建立友好关系，共享"晨星经验"。学校自主研发理论与实践相结合的孤独症教育教师培养课程，通过跟岗实习、专业知识培训、课堂实操督导等形式，助力兄弟学校、薄弱学校孤独症教育教师的专业成长。学校先后承接省内外16所特殊教育学校近百名教师沉浸式跟岗学习；多名教师在国家级特殊教育骨干教师培训、多省份特殊教育骨干教师与校长培训中担任授课专家，为全国 3000 名特殊教育学校校长、教师开展培训和教学指导，晨星实验学校已成为孤独症教育教师培养培训基地，源源不断地为区域输送孤独症教育人才。

（三）打造教育指导中心，扩大优质资源辐射引领覆盖面

2020 年 11 月，学校作为核心校，联合青岛市 4 所特殊教育学校和机构，成立国内首个孤独症教育集团——"青岛市晨星教育集团"；2021 年 8 月，山东省教育厅批准依托该校成立"山东省孤独症教育指导中心"；2023 年 3 月，学校作为核心校，联合 18 所特殊教育学校、幼儿园、民办机构，成立"青岛市孤独症教育联盟"。

晨星实验学校始终以让更多的孤独症儿童享受优质的教育为目标，积极搭建孤独症教育协同发展的平台，努力推动孤独症教育优质资源倍增。学校多次承办省、市级孤独症教育学术研讨会，促进同行学校共学共研，带动优质教育资源共享；积极分享"晨星经验"，推广教学成果。学校积极与境内外同行增进交流，与香港圣道学校缔结姊妹学校，先后接待日本、德国特殊

教育同行参观学习，办学成果得到了国内外孤独症教育专家和同行学校的一致好评，实现了孤独症教育学校从无到有、从有到优、从推动本校发展到全面辐射带动的"雁阵"发展新格局，为国内其他省份同类学校的创办提供了晨星样板。

四 开展孤独症学校教育的对策建议

（一）实施多元安置模式，找准办学定位

由于孤独症的社交沟通障碍、感官异常、情绪行为问题严重、共患精神类疾病多发等特殊性，孤独症人士与其他类型的残障人士在教育安置的形式与内容上存在很大的差异。[①] 因此，建议实施"普特融合+特特融合+专门孤独症教育学校"的多元安置形式。各类安置形式之间，应当结合所招收的孤独症学生的特点给予适宜的教育服务。例如，普特融合安置形式中，普通学校面向轻度孤独症学生，要为其提供最常态化的融合教育环境，同时也应该关注孤独症学生的特殊需求，必要时应提供资源教师的支持。特特融合安置形式中，中重度孤独症学生由于与智力障碍等其他学生在障碍类型和行为表现上的差异，往往容易被教师忽略，特殊学校孤独症学生随班就混现象并不是绝无仅有的。面对培智学校中越来越多的孤独症学生，学校应结合孤独症学生的认知特点创设更加结构化、视觉化的教育支持环境，开设针对孤独症学生的教育康复课程，帮助孤独症学生实现更有质量的学习。目前国内已正式办学专门招收孤独症学生的学校为数不多，学生在此能够享受到较为专业的教育支持，但打破办学的"隔离式"，践行融合教育理念，满足孤独症学生"谱系"的教育康复需求，助力其实现更高质量的社会融入是此类学校需要重点突破的问题。

[①] 廖旖旎：《英国孤独症教育安置政策制定与实践及其启示》，《北京师范大学学报》（社会科学版）2023 年第 2 期，第 133~141 页。

（二）以孤独症学校为专业引领，打造"雁阵"发展模型

多元安置并不是以一个相互独立、松散的状态存在。在多元安置的基础上，应当充分发挥专门的孤独症教育学校的专业性，发挥研究、辐射的职能，形成以孤独症学校为引领，普校特校为主体的配合密切的孤独症教育发展"雁阵"模型。在这种发展与推进模式下，专门的孤独症学校不需要多，而需要精。学校不仅要发挥基本的教育教学职能，还应该充分发挥孤独症教育研究指导、师资培训、资源开发、平台建设、引领辐射等职能，形成区域性资源中心、指导中心，为区域内招收孤独症学生的普通学校、特殊教育学校及幼儿园提供专业指导，同时为本地区孤独症教育政策的制定、相关标准的出台及教育质量评估提供专业支持。

（三）打破时空局限，实施"融合开放"办学

孤独症儿童的社会融合已成为世界性的潮流。跨学科的专业团队合作、家庭的高度参与、社区融合成为这一目标实现的关键。[①] 因此，在孤独症教育康复过程中，应当打破传统的学校教育、机构康复、家庭教育的局限，根据孤独症儿童的需求，充分挖掘和利用家庭、社区和学校三方资源，在孤独症儿童生活、学习的不同层面、不同角度、不同空间环境中建立一个立体、多元、综合化的社会融合支持体系。让社会关注孤独症群体，了解孤独症群体。学校应秉承"融合开放"的办学思路，不断完善环境建设、课程建设、师资团队建设、家长培训、社会合作等多方力量，实施开放办学，改善孤独症儿童的社会功能，提高他们的社会适应能力，促进孤独症儿童平等、全面参与、融入社会生活，让特殊的生命更有尊严、更有质量。

---

① 杨广学、王芳：《自闭症整合干预》，复旦大学出版社，2015，第 4 页。

B.13
上海市浦东新区特殊教育学校脑瘫儿童
康复与教育的实践探索

周美琴 袁铮 门璇 杨巍*

摘　要： 脑瘫儿童康复与教育的学校教育模式的构建，满足了脑瘫儿童想读书、读好书的实际需求，为脑瘫儿童撑起了一片蓝天。上海市浦东新区特殊教育学校通过研究构建了脑瘫儿童康复与教育的医教结合模式，形成了一整套适合脑瘫儿童学校教育的课程体系，首创了24小时康复理念。学校制定了脑瘫儿童康复与教育的目标、内容、形式、策略和方法，开创了脑瘫儿童学校集中安置的先河，对我国残疾儿童康复与教育的发展有着深远影响。

关键词： 脑瘫儿童　康复与教育　医教结合

一　背景与历程

（一）实践背景

关心残疾人事业是衡量一个社会文明程度的标志，也是社会发展的必然趋势。党和政府历来十分关心、重视残疾人教育问题。《中共中央　国务院

---

* 周美琴，正高级教师，上海市浦东新区特殊教育学校校长，研究领域为特殊教育学校管理；袁铮，高级教师，华东师范大学教育博士在读，上海市浦东新区特殊教育学校教学研究中心副主任，研究领域为学校课程与教学；门璇，高级教师，上海市浦东新区特殊教育学校养护部主任，研究领域为脑瘫儿童康复与教育；杨巍，一级教师，上海市浦东新区特殊教育学校后勤保障中心主任，研究领域为脑瘫儿童康复与教育。

关于促进残疾人事业发展的意见》就残疾人各阶段教育、优惠政策及师资等方面提出要求。《中华人民共和国残疾人保障法》明确规定，对接受义务教育以及其他教育的残疾儿童、贫困残疾人家庭子女，要按照国家有关规定给予资助。[①]"十二五"期间，特别是党的十八大以来，残疾人权益保障制度不断完善，基本公共服务体系初步建立，残疾人生存发展状况显著改善，受教育水平显著提高。[②]从党的十七大报告的"关心特殊教育"，到党的十八大报告的"支持特殊教育"，再到党的十九大报告的"办好特殊教育"，党的二十大报告的"强化特殊教育普惠发展"，四次党的代表大会报告都提到了"特殊教育"，促进特殊教育高质量发展已经成为全社会的共识。社会越发展，就越重视残疾人的康复与教育，从而减轻残疾人家庭的精神和经济压力，解决诸多的社会问题，促进社会和谐发展。

2002年5月，上海市浦东新区特殊教育学校成立。学校在建设校舍时，就充分考虑到肢体残障学生的需求，后学校又合并了另外两所特殊学校，成为上海市唯一招收听障、智障和脑瘫学生的综合型特殊教育学校。其中脑瘫儿童的集中入学，填补了国内在这个方面的空白。学校占地14561.08平方米，整体规划遵从"以人为本"理念，校园环境优美，布局科学合理，各区域功能明确，拥有全国，乃至世界一流的康复、教育设施，为各类残障儿童提供便捷、优质的服务。学校设启音、启智、养护三个教学部，共31个教学班，现有儿童308名、教职工112名。在"满怀信心地对残障儿童实施高期望教育"办学理念的引领下，学校各项工作取得了可喜的成绩，先后获得"全国优秀特殊教育学校""全国'十一五'教育科研先进单位""全国职工职业道德建设先进单位""上海市文明单位""上海市五一劳动奖状""上海市三八红旗集体""上海市示范性特殊教育学校""上海市心理健康示范校""上海市巾帼文明岗""上海市为人为师为学先进宣传典型""上海市平安示范校""上海市安全文明校"等荣誉，吸引了来自美国、法国、加

---

① 岑暄：《全社会都来关心残疾人教育》，《人民日报》2009年5月17日。
② 郭春宁：《帮助残疾人和全国人民共建共享全面小康社会的新蓝图——学习〈"十三五"加快残疾人小康进程规划纲要〉》，《残疾人研究》2016年第3期，第3页。

拿大、比利时、蒙古、波兰、日本、韩国等世界各地的残障儿童前来求学，赢得了良好的社会声誉，成为上海特殊教育的一张闪亮名片。

（二）探索历程

作为国内第一所招收脑瘫儿童集中入学的特殊教育学校，上海市浦东新区特殊教育学校开创了脑瘫儿童集体教育的先例，但同时也面临一系列问题，即"如何向在校脑瘫儿童提供适宜的康复与教育"。在没有任何成熟经验可以借鉴的情况下，上海市浦东新区特殊教育学校开始了在校脑瘫儿童康复与教育的实践，至今已20年有余，大概可以分为以下四个阶段。

第一阶段（2002~2003年）：模仿与学习。2002年，上海市浦东新区特殊教育学校在全国率先开始招收脑瘫儿童集中入学，由于没有现成的适用课程，学校模仿智障教育的模式，使用智障儿童教材，在安置形式和教育方法上也没有太大改变。在这一过程中发现一些问题：首先，没有为脑瘫儿童提供康复训练，这使许多家长非常苦恼；其次，智障儿童的课程无法满足脑瘫儿童的需要，教学内容不符合脑瘫儿童的实际。

第二阶段（2003~2007年）：探索与突破。针对第一阶段出现的问题，上海市浦东新区特殊教育学校开始探索适合脑瘫儿童的学校教育模式。通过先后两次调查，对儿童的病史、瘫疾程度、认知水平、生活自理能力等有了全面把握，为课程与教学的改进提供了基础信息。在此基础上，引入康复训练，培训教师，编撰教材，改变原有的教学组织形式，同时创建适合脑瘫儿童康复与教育的校园环境。在几年的探究实践中，学校也越来越认识到专业医生介入的重要性。初步形成了脑瘫儿童的学校教育模式，但形式零散，不成体系。

第三阶段（2007~2011年）：总结提升，自创体系。这一阶段是上海市浦东新区特殊教育学校的升华阶段。在这一阶段，围绕市重点课题，学校组织全体教师开展了近三年的实践与探索。组织教学研讨、课堂实践活动24次和专家讲座20次，召开市级、区级课题会议（领导小组会议、课题组成员会议等）80余次，开展市级、区级公开教学40余次。同时，学校完成了5套评定手册的修订，编制了90册校本教材，撰写经验总结29篇、个案研究报告37篇、教学案例170

余篇，制作了近200件教具、学具，取得了丰硕的成果。从2008年开始，专业医生正式进驻学校，原有的脑瘫儿童课程体系日趋完善，学校在原有基础上最终形成了完整的脑瘫儿童医教结合的学校教育模式。

第四阶段（2011年至今）：示范引领，不断完善。经过多年积累，上海市浦东新区特殊教育学校课题"浦东新区脑瘫儿童康复与教育的实证研究"参与第四届全国教科研成果奖评选，和众多高校课题同场竞技，最终荣获一等奖。学校由此知名度大涨，不断有全国各地同行慕名来参观学习。面对荣誉，学校没有停下发展的脚步，一直在寻求更大的突破。随着《培智学校义务教育课程标准（2016年版）》的颁布和新教材的陆续出版，学校又把国家课程的校本化实施作为深化脑瘫儿童康复与教育探索的着力点。学校确定了脑瘫儿童康复与教育的课程理念、课程目标、课程设置，根据这些内容结合脑瘫儿童特点编制的《运动康复》《言语沟通训练》《心理健康》等系列校本教材，继续在原有基础上不断完善发展。

二 建构与实施

在实践中，上海市浦东新区特殊教育学校积累了大量脑瘫儿童康复与教育的一手资料，总结了学校康复与教育经验，基于我国国情，提炼出脑瘫儿童康复与教育的两大目标、五项内容、五种形式、六条策略、三种方法，以便于兄弟学校借鉴和模仿，对我国残疾儿童教育的发展有着深远的影响。

（一）制定脑瘫儿童康复与教育的两大目标

康复目标。通过康复训练，延缓或阻止脑瘫儿童的瘫疾进程，改善脑瘫儿童肢体、言语功能状况，最大限度地挖掘脑瘫儿童的残存功能，培养儿童参与家庭生活、学校生活、社会生活等所必需的能力。[1]

---

[1] 周美琴：《脑瘫学生医教结合的学校教育模式研究与实践成果》，《现代特殊教育》2016年第9期，第8~10页。

教育目标。通过学校的教育教学活动，有目的、有计划、有组织地对脑瘫儿童的身心加以影响，以提升知识技能、培养道德品质、提高学习能力，使他们掌握适应社会生活所需的最基本的知识和技能，形成健康的心理状态和积极的生活态度，回归到社会这个大家庭中。[①]

（二）确立脑瘫儿童康复与教育的五项内容

在研究实践中，上海市浦东新区特殊教育学校逐渐明确脑瘫儿童康复与教育应包含五项内容，涵盖肢体、言语、知识技能、生活技能和心理健康五个方面，具体内容见表1。

表1 脑瘫儿童康复与教育的内容

项目	具体康复与教育内容
肢体康复	肌力、姿势控制、关节活动度、肢体平衡、肢体协调、肢体转换移动能力
言语康复	呼吸异常、发声异常、共鸣异常、构音异常、语言康复
知识技能教育	感知觉、学习能力、阅读理解、数学能力
生活技能教育	如厕、饮食、清洁、衣着、轮椅使用、学习用品使用、其他家居用品使用
心理健康教育	情绪控制、行为表现、自我认知

（三）形成脑瘫儿童康复与教育的五种形式

上海市浦东新区特殊教育学校形成了脑瘫儿童康复与教育的五种形式。

一是医学与教育相结合。医学介入主要包括以下四个方面。首先，管理介入。学校与复旦大学附属儿科医院康复科合作，建立了脑瘫登记制度，使本校的脑瘫儿童成为上海脑瘫系统管理中的一员。其次，评估介入。每学期的期初和期末，学校都会对儿童进行各个方面的评估。专业医师负责对脑瘫儿童开展身体常规健康检查，进行医学评估，对儿童的瘫疾类型、瘫疾程度

---

① 周美琴：《脑瘫学生医教结合的学校教育模式研究与实践成果》，《现代特殊教育》2016年第9期，第8~10页。

做出科学判断，给出相对客观的评估报告。再次，治疗介入。根据儿童入学的初期评估报告，确定儿童需要干预的方向，由教师与专业医师一起为儿童制定个别化干预方案。医师定期或不定期检查儿童情况，及时干预治疗，包括手术和按摩针灸等。最后，培训介入。由专业医师为学校提供一系列医学培训。特殊教育，主要包括以下三个方面：首先，设置适合脑瘫儿童的课程；其次，创设适合脑瘫儿童的教学组织形式；最后，运用适合脑瘫儿童的教学方法。

二是集体与个别相结合。集体教育包括以下三个方面。首先，集体授课。按照儿童的年龄和知识水平，把一定数量的儿童编成固定的年级班和教学班。其次，集体训练。根据脑瘫儿童的特点，针对影响他们正常发展的各项能力设定训练内容，包括肢体康复、感觉统合、言语康复、知识技能及生活自理五项能力的训练，主要有课内和课外两种形式。最后，集体活动。包括运动会、康复技能竞赛、生活技能竞赛、学科知识竞赛及各项融合活动等。个别教育则针对集体教育的不足，设计了有针对性的个别授课和个别训练。

三是引导和自主相结合。引导训练，包括以下三个方面。首先，目标引导。教师根据每个儿童不同的学习、生活、肢体情况，在相关领域为其制定发展目标，并围绕目标开展一系列的训练。其次，情感引导。在日常生活中，教师关心儿童在学习、生活、康复等方面的表现，使他们感受到他人给予的温暖，对生活充满信心。最后，榜样引导。学校为脑瘫儿童提供了榜样示范的环境，通过评选"四好少年""行为标兵"等一系列活动，让儿童找到自己身边的榜样，将榜样的示范转化为自己的行动，从而积极参与学习与训练。自主训练，则更强调调动儿童的主观意愿，包括培养自主康复意识、训练自主康复能力和培养自主康复习惯。

四是刚性与柔性相结合。刚性规定，包括必须遵守规章制度和必须完成训练指标。柔性激励，则是通过思想转化、心理疏导和激励表扬来促进儿童参与训练与学习。

五是学校与家庭相结合。学校与家庭相结合，主要体现为计划制订、计划实施、计划评估三个环节的结合，打造家校合作的新平台，共同为脑瘫儿童服务。

（四）选择脑瘫儿童康复与教育的六条策略

在实践中，上海市浦东新区特殊教育学校最终选择了脑瘫儿童康复与教育的六条策略。

一是整体设计策略，学校招收脑瘫儿童的养护部共九个年级，开展教育教学与康复训练，同步开展研究，共同为脑瘫儿童的发展服务。各年级同步启动，五门学科同时推进，康复与教育涵盖肢体康复、言语康复和知识、技能、情感教育等多项内容，贯穿儿童学校生活的各个层面，伴随着儿童学习的整个过程。

二是目标导引策略，通过康复与教育的总目标来导引学校脑瘫教育，使每个阶段的工作更有方向，通过对照预期目标，及时反思改进，为下一阶段的研究奠定基础。同时，通过为每位儿童设计个别化康复与教育目标，导引日常康复和教育实践，用目标引领行动，用目标检测结果。康复与教育目标一旦制定，就成为师生共同努力的方向。

三是循序渐进策略，脑瘫儿童的康复与教育切忌操之过急、揠苗助长，要做到循序渐进。其一，康复训练中的循序渐进。肢体康复和言语康复有其特有的训练规律，只有在遵循客观规律的基础上，脑瘫儿童的肢体康复和言语康复才能事半功倍。以言语康复中的呼吸功能训练为例，只有遵循"呼吸放松训练—生理呼吸训练—生理呼吸到言语呼吸的过渡训练—增加肺活量训练—唱音训练—逐字增加句长训练"的过程，最终才能取得较好的效果。其中任何一项训练的缺失都会影响下一步训练的实施，最终影响脑瘫儿童呼吸功能的发展。其二，教育教学中的循序渐进。脑瘫儿童的教育教学和正常儿童一样，需要充分遵循学科知识的逻辑序列，同时也要遵循脑瘫儿童身心发展的规律。

四是情感渗透策略。以知育情，以情育情，以意育情。其一，以知育情，提高儿童的智力。在教学过程中，对于教材中所隐含或显露的情感教育内容，教师采用鲜活的教育形式和手段进行教学。儿童认识越深刻，情感就会越深入、越稳定。同样，情感体验越深入，就越能增进对事物的认识，儿童的智力也在认识事物和情感发展的过程中得以提高。其二，以情育情，陶冶儿童的情操。教师是知识的传授者，是儿童品行的陶冶者，教师的一举一动、一颦一笑都能感染儿童。老师的个人魅力使儿童紧紧地围绕在其身边，儿童会变得越来越开朗，学会关心和爱护他人。其三，以意育情，磨炼儿童的意志。情感和意志二者密切相关，前者激励后者，后者能调控前者。脑瘫儿童都有着强烈的康复愿望，正是在这种情感的支撑下，脑瘫儿童养成了不怕苦、不怕疼的优良品质，磨炼了顽强毅力，并将这种品质带到生活中的方方面面。

五是因材施教策略。为每个脑瘫儿童制定个别化的方案，进行有针对性的康复训练与教育。其一，在康复训练中做到因材施教。无论肢体康复，还是言语康复，都需要根据脑瘫儿童的具体情况，以实事求是的精神，制定个别化的康复训练方案，进行有针对性的康复训练。其二，在教育教学中做到因材施教。脑瘫儿童的学习能力与需要，具有极大的个体差异性。在不断探索总结的基础上，学校按照轻度、中度、重度，将脑瘫儿童所需课程进行概括性归类，更好地满足各类脑瘫儿童的发展需求。

六是实践磨炼策略。脑瘫儿童的康复与教育需要时间积累，无论肢体康复、言语康复还是教育教学，都要持之以恒、坚持不懈。首先，肢体康复和言语康复中的实践磨炼。对于脑瘫儿童，肢体康复是任何人都无法代替的一项艰苦训练，儿童只有通过持之以恒的训练，才能取得进步。儿童在教师的鼓励和引导下，经过日复一日的练习，逐步改善肢体、言语障碍状况。其次，知识教学中的实践磨炼，要求儿童参与其中、坚持不懈。

（五）运用脑瘫儿童康复与教育的三种方法

在研究实践中，上海市浦东新区特殊教育学校根据脑瘫儿童康复与教育的实际情况，选择和设计出三种主要训练方法。一是肢体康复方法，如神经发育疗法、动作法、作业疗法、传统的推拿疗法等。二是言语训练方法，如呼吸功能训练、发声功能训练、共鸣功能训练和词汇训练等。三是认知教育方法，如讲授法、引导谈话法、讨论法、感官体验法、图片沟通法、情境创设法和探索发现法等。① 下面以神经发育疗法为例来介绍学校的训练。

神经发育疗法是由英国学者 Bobath 夫妇共同创造的治疗方法，是当前世界上许多国家治疗脑瘫及肢体功能障碍的主要方法。该疗法主要采用抑制异常姿势、促通正常姿势的方法治疗脑瘫，在英、美、日、德等发达国家被广泛采用。② 神经发育疗法是上海市浦东新区特殊教育学校脑瘫儿童肢体康复的重要方法。

学校痉挛型双瘫儿童徐××肌肉收缩异常，异常姿势及体位的持续存在导致他在站立时尖足，步行时剪刀步态，伸腿坐位时出现圆背、"W"坐位、上肢后背。学校教师在对其做康复训练时，以坐位平衡、在坐位上肢的功能训练、立位保持和步行训练为主要内容，重点在于抑制髋关节的屈曲、内收模式，避免脊柱的过度前弯。例如，在抬起臀部训练时，徐 XX 由于仅仅产生背部肌肉的收缩而出现了脊柱过度伸展的代偿动作，导致骨盆前倾。为了抑制这种代偿动作，教师用两腋部加大对他膝部的压迫，并引导他逐渐延长臀部抬起所持续的时间，促进臀部肌群和腹部肌群的同时收缩。稍有反应后，就让他自己努力持续抬臀，并且在必要时对他的臀部、腹部加以叩击，让他自己控制抬臀的时间。目前，这位同学已成功实现对抬臀的控制，瘫疾状况有较大改善。

除了以上五点，学校还在充分学习借鉴的基础上，依据在校脑瘫儿童的实际，编制了"运动康复""言语康复""知识技能""生活技能""心理健康"五大领域评估手册，每学年对儿童进行综合评估。根据评估结果，确定适切的安置形式及干预方案。科学评估不仅为儿童下一步的康复与教育提供了重要依据，还详细记录了儿童的发展轨迹。

与此同时，学校也在积极探索脑瘫儿童康复与教育的家校合作，学校康复与教育为家庭康复与教育确定方向，而家庭康复与教育为学校康复与教育的顺利开展保驾护航，两者紧密协作。学校在脑瘫儿童家校结合操作层面主要采取两种方法。一是评估分析上的结合，主要通过学年之初、学年之中和

① 周美琴：《脑瘫学生医教结合的学校教育模式研究与实践成果》，《现代特殊教育》2016 年第 9 期，第 8~10 页。
② 互联网文档资源，http://www.worlduc.c。

学年之末的讨论会与家长沟通儿童的发展状况。二是过程操作上的结合，主要通过家校联系册、父母布告栏、预约听课制、家访和为家长开设康复培训课等及时与家长沟通儿童在康复过程中的发展状况。

三　成果与成效

经过多年的实践探索，上海市浦东新区特殊教育学校构建了脑瘫儿童康复与教育的医教结合模式，形成了一整套适合脑瘫儿童学校教育的课程体系，首创了 24 小时康复理念。在这一过程中，脑瘫儿童逐步突破肢体、言语方面的障碍，掌握了康复的知识技能，在认知、生活技能与心理素质方面都得到了不同程度的发展；教师素质也得到提高，推进了学校的改革和特色建设。

（一）形成的成果

1. 构建了脑瘫儿童康复与教育的医教结合模式

"教育、医疗、康复"相结合对于脑瘫儿童的康复是有效的。学校建立了"常驻医生"模式，并实行登记制度，在校脑瘫儿童均在当地政府的脑瘫管理系统中登记。医疗人员定期到校，根据脑瘫儿童的具体情况和需求制定相应的治疗方案，与教师共同为儿童制定教育计划和干预方案，教师和医疗人员在教学和康复过程中相互协作。教师负责儿童的日常干预和训练，仔细观察儿童的发展情况，并及时向医疗人员反馈。医生定期监测儿童的状况，并在必要时进行干预。在每个康复阶段结束时，医生和教师共同对儿童进行评估，并改进下一阶段的康复计划。医生和特教老师共同搭建平台，一方提供专业医疗支持，一方提供特殊教育服务，共同应对脑瘫儿童康复与教育过程中不断出现的新情况。学校以让儿童适应生活为目标，在教育、医疗和康复三个领域专业人员的共同努力下，通过集体康复与教育、个别化康复与教育来开展对儿童的教育和康复工作；通过医学管理、评估和治疗实现医学介入；通过校园环境建设支持专业人员的工作。医教结合的康复与教育模式可以用图 1 来表示。

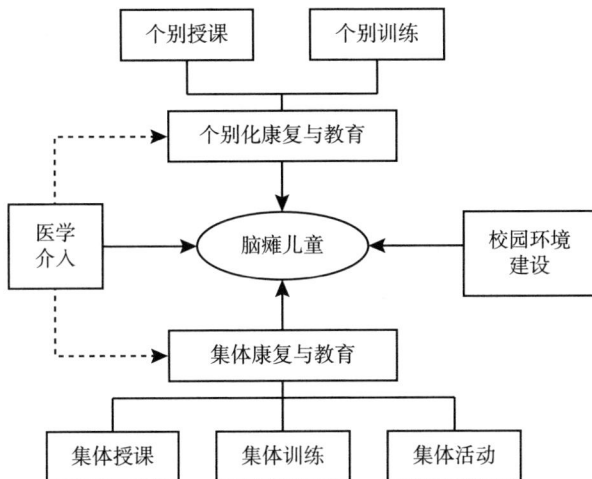

图1　脑瘫儿童医教结合的康复与教育模式

2. 形成了一整套适合脑瘫儿童学校教育的课程体系

上海市浦东新区特殊教育学校以"生活适应"为核心，构建了脑瘫儿童基础性课程、选择性课程与潜能性课程相结合的课程体系。① 在国家《培智学校课程方案》的总体框架内，依据课程培养目标和课程设置，结合脑瘫儿童实际，形成每门课程的"课程指导纲要"。在"课程指导纲要"的基础上，进行各科教材建设。对于已有部编教材的科目，学校进行了教材的二次开发，调整部分教学目标，满足脑瘫儿童的学习需求。对于大多数没有现成教材的科目，学校进行了校本教材的开发，编写了《言语沟通训练》《运动康复》《心理健康》《生活技能》《常识》五套"学本"，并结合教材使用开创性地自制或改制了适合脑瘫儿童教育的多种教具、学具，供儿童、教师和家长使用。在按年龄分班的基础上，学校对脑瘫儿童的知识结构、智龄及肢体障碍程度进行评估，建立了九个教学班，对某些学科实行走班教学。在集体教学中，学校根据脑瘫儿童的实际再次分层，并为

---

① 袁铮：《脑瘫儿童康复教育：构建医教结合育人科研体系》，《上海教育》2022年第31期，第48页。

不同层次的儿童设定不同的教育目标。学校也为每个在集体学习中遇到困难的儿童提供个别支持和指导。

3.首创了24小时康复理念

康复对于脑瘫儿童而言至关重要，学校以全天候的康复理念设计了一整套康复系统。首先，将康复融入日常生活。脑瘫儿童需要利用尽可能多的时间和尽可能大的空间接受康复训练。学校在生活的安排上，让脑瘫儿童在一天中的不同时间段参加训练，并融入不同形式的训练内容，提高他们对康复训练的兴趣，提升训练效果。鼓励孩子们多行走，多做下蹲练习、站立练习等，开发了"定制眼部操""手指活动操""穴位按摩操""上臂轮椅操"等，在课间休息、午休等时间组织训练。其次，将康复融入课堂。学校开发了两种康复方式：平行式康复和插入式康复。在平行式康复中，主要利用设备来支持和同步教学，但康复与教学之间互不交叉、干涉。这种康复形式的训练时间较长，目标性强。在插入式康复中，以游戏与运动为主，在课前和课中插入康复内容，康复方式更加灵活有趣。再次，康复训练与校内外活动相结合。以学校体育竞赛、雏鹰奖章活动和戏剧表演等为载体，通过游戏、比赛等活动，提升康复训练的趣味性，提高康复效果。最后，在家庭教育中融入康复训练。开设家长课堂，向家长讲授基本的康复知识，帮助家长掌握基本的康复方法和知识，让孩子在校外也可以进行康复；另外，通过家校沟通册、家访、公告栏等途径，让家长及时了解孩子在康复过程中的情况。

（二）取得的成效

1.脑瘫儿童的障碍状况明显改善，素养提升

经过几年的康复实践探索，脑瘫儿童发生了显著的变化：开学时被抱进校园的孩子，现在已能够独立行走；有的孩子刚进校时坐位时明显腰背部肌力不足，后靠椅背，呈瘫软状态，一年之后渐渐能够自己坐起来，甚至可以独立地保持相当长的一段时间，头颈部肌力也控制得非常好，能够达到课堂规范的要求。脑瘫儿童的康复是一个长期的过程，帮助脑瘫儿童及其家长树

立康复意识，掌握正确的康复技能，是保证脑瘫儿童始终能保持正常发育姿势，使康复训练的效果能够延续到与贯穿于日常生活的关键所在。在训练过程中，脑瘫儿童、家长参与到康复训练的全过程中，康复师定期培训、个别指导，不断地示范、讲解，使康复知识技能渗透到脑瘫儿童生活中。教师在日常教学中的不断引导、提示，也使得脑瘫儿童的自我康复意识越来越强，在日常生活中积极利用一切可以利用的机会锻炼自己，使康复真正成为日常生活的一部分。

脑瘫儿童的言语能力、认知和生活技能得到提高，心理健康问题也得到一定程度的解决，为日后的正常生活打下了基础。一些原来没有语言能力的儿童，现在已有一定的语言沟通能力；他们学会了开关门窗，学会了打电话、开电视等；在班级后面的学习园地里可以看到他们独立完成的创意画，在教师的办公桌上也可以发现他们经过刻苦努力书写的数字和汉字。吃饭、喝水、洗手、洗脸、漱口、上厕所等自我服务的能力也有明显的提高，从完全依赖和部分依赖到只需要少量辅助，甚至完全独立，这些进步给脑瘫儿童自身带来了极大方便，也给老师和家长带来了很多惊喜。表2~表6呈现了儿童在肢体康复、言语康复、认知能力、生活技能、心理健康方面发生的变化。

表 2　康复前后肢体功能重度障碍的人数占比

单位：%

肢体康复	肌力水平	姿势控制	关节活动度	平衡协调	转换移动
康复前	32	25	36	43	39
康复后	24	7	16	25	28

表 3　康复前后言语功能正常的人数占比

单位：%

言语康复	呼吸功能	发声功能	共鸣功能	构音功能	语言功能
康复前	25	69	28	50	61
康复后	31	72	33	69	67

表4 康复前后认知能力良好的人数占比

单位：%

认知能力	感知觉	学习能力	阅读理解	数学能力
康复前	52	33	13	30
康复后	75	66	25	39

表5 康复前后生活技能良好的人数占比

单位：%

生活技能	如厕	饮食	清洁	衣着	轮椅使用	学习用品使用	其他家居使用
康复前	42	39	19	28	21	28	22
康复后	61	72	44	39	42	33	25

表6 康复前后心理健康合格的人数占比

单位：%

心理健康	情绪控制	自我认识	行为表现
康复前	6	30	14
康复后	75	75	81

2. 打造了一支兼顾康复与教学的专业团队

脑瘫儿童的教育与康复需要具有多学科背景的专业人士共同协作，教师、康复师、医生、护理员等组成了一个大家庭。这些人员中的86%来自不同高等院校，拥有本科或研究生学历，具有特教、心理、康复等不同的专业背景。在这里，每位专业人员不仅要熟悉自己的本职工作，还要了解和逐步掌握其他专业领域的知识和操作技能。例如，教师除了要胜任学科教学，还需要掌握脑瘫儿童康复方面的知识和技能，实现专业知识的复合、专业技能的综合；主要负责康复训练的康复师也需要了解学校教育，掌握儿童发展心理学等相关知识。经过几年的探索和适应，上海市浦东新区特殊教育学校逐渐形成了一支兼顾康复与教学的专业团队。团队秉承"在成事中成人"的原则，以脑瘫儿童康复与教育研究为载体，以专家蹲点为引领，以核心成员辐射为抓手，创新优秀教师发展模式，形成主题式研究实践团队。

3. 创建了适合脑瘫儿童康复与教育的校园环境

脑瘫儿童走出家门来校读书，每天待的时间最长的地方就是校园。为了保障他们康复与教育的质量，上海市浦东新区特殊教育学校努力创建更加适合脑瘫儿童成长和发展的校园环境。对于脑瘫儿童来说，教室不只是学习的地方，同时也是他们在校生活、康复的主要场所。[1] 因此学校对教室进行了特别布置，教室的每一个角落都能找到特殊的学习辅助设施和康复辅助器材，学习辅助设施包括升降黑板、可移动拉门、自制肋木课桌椅；康复辅助器材包括分脚板、小轮椅、手关节辅木、长对立支具、短对立支具、肩关节支具、椎骨支具等。这些器材对于儿童认知能力的提高、肢体功能的改善、生活自理能力的提高都有一定的帮助，充分体现了"满怀信心地对残障儿童实施高期望教育"的办学理念。除了教室，学校有门的地方都设置了轮椅通道，方便有行动障碍的儿童出入。教学楼与宿舍楼配有电梯，即使是不能行走的儿童也可以自由来往于学校各个角落。生活室的升降灶台和洗手间的升降水池、轻质门帘、倾斜镜等设施，不仅给脑瘫儿童带来了方便，也给他们带来了愉悦和自信。为了给脑瘫儿童更多的康复和学习体验机会，学校还建立了多感官疗法室、个别语言训练室、作业疗法室、水疗室、运动功能训练室、生活技能训练室等多间专用教室。[2]

四　反思与展望

上海市浦东新区特殊教育学校构建的脑瘫儿童康复与教育的模式与运行机制，满足了脑瘫儿童想读书、读好书的实际需求，开创了脑瘫儿童学

[1] 周美琴：《脑瘫学生医教结合的学校教育模式研究与实践成果》，《现代特殊教育》2016年第9期，第8~10页。
[2] 周美琴：《脑瘫学生医教结合的学校教育模式研究与实践成果》，《现代特殊教育》2016年第9期，第8~10页。

校集中安置的先河，对我国残疾儿童康复与教育的发展有着深远影响。学校以实际行动，贯彻了党和政府对残疾人教育事业的方针政策，实践着"以人为本"的光辉理念。随着现代科学技术的飞速发展，脑瘫儿童康复与教育的道路有了更多的选择，还有许多值得进一步探索的领域。上海市浦东新区特殊教育学校将一如既往地担负起这份神圣的使命，为了帮助残障儿童更好地成长继续前行。

B.14
"爱无疆"社区康复服务实践探索

廖鹏　邓健聪　乐荣南　李文第　刘建春*

摘　要：　自2014年开始，香港理工大学"爱无疆"社区康复项目践行"以社区为本、以残疾人士为中心，跨专业、跨地域合作"的社区康复模式，坚持"大爱无疆"的核心价值，开展家访与远程帮助并重的社区康复服务。本报告通过介绍"爱无疆"的成立背景、残疾预防和社区康复实践、社区康复服务成功案例、项目取得的成果、未来发展与展望，并总结项目实践及探索积累的经验，如避免纯医疗模式与纯机构康复模式，以作业治疗为核心理念，以社区为本、以患者为中心的服务模式等，为读者提供国际社区康复机构在内地进行残障人士社区康复实践探索的概貌。"爱无疆"在提供社区康复服务的同时，推动社区康复教育的发展、提升社会大众的社区康复意识，对伤残人士康复、融入社会、发挥个人价值起到积极作用，同时可为其他残疾人社区康复服务机构提供借鉴。

关键词：　国际康复机构　社区康复　作业治疗

一　项目背景

在2014年云南鲁甸"8·3"地震之后，香港理工大学康复科学系作业

---

* 廖鹏，香港理工大学职业治疗在读博士，主管康复治疗师，爱无疆社区融合发展中心（中国内地）主任，研究领域为残疾人社区康复服务；邓健聪，香港理工大学康复科学系实务副教授，香港理工大学爱无疆社区康复项目负责人，研究领域为残疾人康复治疗及社区康复；乐荣南，康复治疗师，爱无疆社区融合发展中心（中国内地）主管，研究领域为社区康复、职业康复临床服务；李文第，康复治疗师，爱无疆社区融合发展中心（中国内地）对外合作部负责人，研究领域为社区康复；刘建春，康复治疗师，爱无疆社区融合发展中心（中国内地）科技与创新部负责人，研究领域为社区康复。

治疗专业师生及康复专家赶赴现场，与当地医院合作为灾后伤员提供康复服务。随着地震伤员逐渐出院，回家后如何继续执行康复治疗计划以预防和减轻肢体功能障碍，如何带着残障并利用残存功能、使用辅具及适应环境以更好地在家过有意义有价值的生活，以及照顾者如何更好地提供支持以减轻照顾负担并让残疾人更好地融入居家及社区生活等问题，对原本康复治疗服务几乎为零的地震灾区提出了巨大的挑战。事实上，当时全国社区康复服务也呈现出需求大而服务能力不足且民众普及率极低的状况。

为此，香港理工大学康复团队由"灾后康复快速行动组"转为提供长期支持的"爱无疆"社区康复团队。2019 年，爱无疆社区融合发展中心在昆明成立，主要成员包括香港理工大学康复科学系教授及临床导师、内地社区康复专业人员、残疾文职及专职技能人员、残疾人生活导师，以及社区融合发展相关专家等。

项目初期的服务对象是从医院出院回到家或灾区临时帐篷的地震伤员及灾区其他残疾人，之后逐渐扩展到地震临近区域乃至全国范围内的残疾人和伤残人士。团队借鉴全球先进社区康复经验，发挥作业治疗专业在社区康复中的天然优势，联合当地卫健系统、残联系统、高校、社团组织、民间企业和民办非企业等，跨康复、社工、设计、工程、人工智能等团队，在云南当地深耕数年，其实践经验对于其他国际康复机构及当地社区康复机构具有一定的参考价值。

二 我国社区康复发展现状及问题分析

2021 年，我国残疾人口已达到 8500 万人，[①] 其中 5000 多万人有长期康复需求。庞大的康复需求需要相应的康复资源的建设与供应。1990 年，《中华人民共和国残疾人保障法》规定我国残疾人康复工作以社区康复为基础，要求各级政府和有关部门组织和指导开展城乡社区康复。2019 年，中国残

---

① 《为了残疾兄弟姐妹拥有更美好的未来——国新办举办发布会介绍残疾人全面小康成就及"十四五"残疾人工作安排》，2021 年 7 月 30 日，中国政府网，https://www.gov.cn/xinwen/2021-07/30/content_ 5628388. htm。

疾人联合会、民政部、国家卫生健康委联合印发《残疾人社区康复工作标准》，涉及残疾人社区康复服务的组织管理、服务体系、服务内容和评价指标等，对各地规范开展残疾人社区康复工作提出要求。根据《"健康中国2030"规划纲要》，各级政府也在不断加强社区康复服务网络建设，提高社区康复服务能力。

相对于机构康复，社区康复有自身独特优势，主要包括投入低、服务覆盖范围广、可操作性强、方便基层群众、持续康复效果好等，是普及康复服务的一种很好的形式。同时，社区康复又有较强的专业性，关注残疾人的健康、教育、生计、社交和赋权，促进社会对残疾人的包容并提升其生活质量。社区康复不仅仅是医院康复的延续，还要充分考虑社会化合作链接和社会化因素参与，丰富个体化的康复服务内容。社区康复需要具备专业知识和技能的康复治疗师、医生、护士乃至社会工作者，且有别于包括基层康复在内的机构康复。社区康复从业人员要根据残疾人实际生活场景提供有针对性的服务，以提升残疾人居家或在社区生活的能力，或减轻照顾者负担。例如，便于居家或在社区环境中进行的肢体功能训练、辅助用具选购和调整、居家和社区无障碍环境改造、日常生活自理能力提升、生活适应等。另外，还要整合资源，提供转介，进行社会倡导。

我国于1986年从世界卫生组织（WHO）引入社区康复理念及方法后，开始结合本国的实际情况逐步推行。经过近40年的发展，目前国内社区康复服务覆盖面逐渐扩大，社区康复网络逐步完善，但也面临不少问题和挑战，主要包括以下几个方面。

（一）资金支持不足

相较于机构康复的服务人数有限，社区康复服务的人数几乎是无限的，是其数倍、数十倍乃至数百倍。虽然残联系统每年有不少资金投入，但是与医保系统加个人支付投入机构康复的资金相比，仍然差距巨大，均分到每个残疾人身上则差距更大。

（二）公众认识和参与度有限

我国康复事业发展起步晚，公众认知不足，社区康复更鲜为人知，甚至大部分康复专业从业人员对社区康复的概念和重要性也缺乏了解。因此，很多有社区康复需求的残疾人、功能障碍者和老年人问路无门，错失社区康复良机，导致照顾依赖和残疾。

（三）专业人才短缺

目前，社区康复专业人员供给严重不足。根据《2023 年残疾人事业发展统计公报》，截至 2022 年，我国共有 871.8 万残疾人得到基本康复服务，约占残疾人总数的 10%；提供康复服务的业务人员有 26.6 万人，康复人员与服务对象的人数比例为 1∶32.8，从以上数据可见残疾人康复服务人员的短缺。事实上，这个统计结果中的大部分从业者应该是在全国 12463 个康复机构内提供服务，其中真正提供社区康复服务的专业人员更是凤毛麟角。①

（四）服务体系不完整

社区康复工作需要残联、卫健、民政等多部门加社会力量共同协调、联合推动。就目前形势而言，残疾人社区康复主要资金方是残联，技术力量相对较强的是卫健部门，最终能够实际为广大残疾人提供社区康复服务的是社会力量。虽然国家层面出台了多部委共同推进社区康复的政策性文件，但与其他国家和地区在提供社区康复服务方面采取以自下而上为主的模式不同，我国则是自上而下的模式占主导，导致整个服务体系难以打通"最后一公里"。诸如社区康复服务的医保报销问题，基层或社会力量中社区康复服务者的薪酬和晋升问题，社会力量提供社区康复服务的规范化问题，残疾人真正的社区康复需求与实际接受服务的错位等问题，都有待解决。

---

① 《2023 年残疾人事业发展统计公报》，中国残疾人联合会网站，2024 年 4 月 17 日，https://www.cdpf.org.cn/zwgk/zccx/tjgb/03df9528fdcd4bc4a8deee35d0e85551.htm。

（五）服务理念和手段落后

与真正以提升残疾人居家和社区生活能力或减轻照顾者负担为目的的社区康复相比，目前我国的社区康复深受机构康复的影响，仍将主要目标锁定在生理功能的恢复上，其服务手段也缺乏创新突破，仍然以针灸推拿、理疗、肢体功能训练为主。

作为拥有香港理工大学背景的国际社区康复机构，"爱无疆"不只是引进先进理念和手段在内地提供理想化的社区康复服务，更善于打破舒适圈探索适合当地的可持续服务，其中包括与当地医院、残联、民办非企业深度合作探索可行的社区康复模式，结合制造业、物流业、互联网及智能手机，探索 3D 打印、远程康复等适合社区康复的独特形式，聘请具有影响力的服务对象作为生活导师以影响更多残疾人及社会大众，为高校相关专业学生及医院或机构一线工作人员提供培训等，以期找到解决目前我国社区康复服务存在问题的部分路径。

三 "爱无疆"在残疾预防和社区康复中的实践行动

（一）由地震灾后康复行动延伸的社区康复服务

2014 年 8 月 3 日，云南省昭通市鲁甸县发生 6.5 级地震，约 108.84 万人受灾，由川大—理大灾后重建及管理学院（IDMR）师生组成的"爱无疆"志愿服务队赶赴鲁甸，为地震灾区人员提供康复服务。面对灾区受灾人员多、医疗资源紧缺等问题，服务队互相协作，制订了服务计划：上午在鲁甸县人民医院对相关医护人员开展培训，下午赶赴灾区为受伤人员提供康复服务，晚上对服务个案进行总结与分享。力求做好灾后康复服务。

除了及时的灾后康复服务，后续的社区康复援助也持续提供。受灾人员回到家中后，可能因为躯体、环境、心理等因素的影响而无法回归正常生活。即使山路崎岖难行，"爱无疆"团队仍携带辅具等康复用品开展多次家访行动，通过环境改造、辅具提供、心理疏导、生活技能训练、社交活动、职业康复等帮助灾后人员更好地适应家中生活。后续将服务延伸到周边非地震伤员的家中，阿冉和小唐都是当时的服务对象。

阿冉出生时就患有脑瘫，"爱无疆"团队与4岁多的阿冉见面时，她由于四肢痉挛瘫痪及不可控制随意运动而无法完成进食、独坐、交流等最基本的日常生活自理活动。妈妈之前带阿冉在儿童康复机构进行康复治疗，但由于家住偏远山区，家中还有弟弟要照顾，加之经济压力大，不得不放弃康复治疗回到家中，每日对阿冉进行基本的牵拉训练。随着一天天长大，阿冉体重增加，肌肉张力增大，虽部分功能提升但同时部分关节也出现不可逆变形，妈妈日渐心疼却无能为力。"爱无疆"团队数次到访阿冉家，除了提供适合的坐姿及站姿矫正系统、有助于提升认知和交流能力的平板电脑和相应软件，还量身打造适合阿冉的康复方案及照顾方法并培训阿冉妈妈，甚至购买三轮摩托让阿冉妈妈方便送阿冉到附近特教学校以及送弟弟上幼儿园。

小唐是鲁甸周边因外伤导致脊髓损伤的残疾人士，她是一位年轻妈妈，因在家建房时不慎从高处跌落致双下肢完全性瘫痪。"爱无疆"团队初见小唐时，由于疾病带来的躯体和心理打击以及经济负担和家庭压力，她丧失了活下去的勇气，并试图结束生命。在"爱无疆"的支持和鼓励下，用轮椅代步并走出去，到外面寻找生计、寻找活下去的希望成了她意想不到的另外一条人生之路。"爱无疆"团队先是利用专业经验鼓励和支持小唐，提供合适的康复器械及轮椅，训练残存肢体功能并使其掌握轮椅驱动技巧。从能够生活自理，到照顾孩子分担家务，最后走出农村到无障碍条件好的城市地区务工，小唐目前已有稳定的工作和收入。当小唐面临生活的不如意时，"爱无疆"团队成员马上放下手头工作从香港飞到青岛去解决问题；当小唐想要拥有属于自己的事业时，"爱无疆"团队成员便陪着她跑机构看政策、走街串巷选摊位。顽强的小唐和有爱的老公一路去到沿海地区务工，甚至在2022年底独闯深圳。目前回到昆明安家，一家三口过着平凡的日子。

（二）脊髓损伤个案自理与职业康复

普女士，27 岁，10 年前因蛛网膜下腔囊肿脊柱侧弯，手术后脊髓受压迫导致胸 5 完全性脊髓损伤，双下肢完全性瘫痪。2019 年，"爱无疆"与普女士通过当地残联的社区康复工作人员转介相识。她平时以轮椅代步，依靠电动三轮车出行，生活部分自理。

"爱无疆"协助普女士进行居家无障碍环境改造，培训其转移技巧，之后普女士可以独立完成从轮椅到马桶的转移，并且可以独立洗澡。了解到普女士自己学习了烘焙技术并有就业诉求，故团队鼓励她经营烘焙店。此后，在村委会的协调帮助下，村里给她提供了空置的老民房，以优惠租金支持她开始独自经营。主业务为烘焙、奶茶，客源主要来自线上社区和周边的居民。但是她在经营过程中遇到了较大困难，经营情况欠佳。她非常希望改造自己的店铺，一方面，可以提升经营业绩，或寻求新的线上销售模式和发展方向；另一方面，可以提升工作便捷性，同时减少工作劳损。

"爱无疆"团队经过近 2 年的筹划，包括对现场工作环境的评估、测量，对普女士工作的分析，与当地社区、残联沟通协调，寻找合适的改造人才，招募志愿者，筹集资金等，终于在 2022 年 10 月落地该项目。项目邀请知名房屋改造博主"荒糖姐妹"全程负责改造、设计、艺术指导，带领志愿者共同参与施工。志愿者团队包括社区村民，昆明医科大学、云南中医药大学、云南医药健康职业学院等学校师生，本地残障人士，本地社会爱心人士等，主要负责配合"荒糖姐妹"进行项目施工。"爱无疆"团队和社区、残联积极协调、配合，通过大家的共同协作，用时一个半月完成了该无障碍改造项目。

在改造项目进行过程中，团队也鼓励普女士和另一位脊髓损伤个案积极参加当地劳动就业局组织的职业技能培训项目。为保障她们顺利学习，团队提前与培训项目的老师沟通、线下走访，并为她们挑选无障碍住所。她们在该项目中学习了抖音账号的运营、视频内容的选择、脚本书写以及视频直播的技能。在学习期间老师对她们运营的视频账号内容给予了建议，为她们以后运营视频账号提供了思路。

无障碍改造项目为普女士打造了一个漂亮舒适的无障碍工作环境，降低了她的职业风险，为她个人规划新的职业发展方向奠定了一定的基础。同时，普女士也希望通过后续的经营可以帮助更多的残障人士在这里学习一些技能，鼓励更多的残障人士勇敢融入社会生活。目前，普女士已经拥有了自己可爱的宝宝。"爱无疆"团队一直陪伴着普女士从女孩到为人妻、为人母。在这个充满爱的烘焙小屋里，她和其他身体健康的人一样，享受着自己的幸福人生。

（三）渐冻症个案眼控系统康复

渐冻症是一种神经系统逐渐受损的疾病，其症状主要为肌肉弱化、僵硬，协调能力下降。患者常常面临着渐进性的运动障碍，他们会逐渐丧失肢体活动能力，生活无法自理甚至失去语言能力，无法与外界沟通，而仅存的眼球运动能力或成为一种独特的交流和控制方式，为他们提供一种新的沟通手段，为他们带来重获新"声"的可能性，更成为连接他们与外界的纽带。眼控系统以其高度智能的眼球追踪技术，能够准确捕捉患者微弱的眼动信号，将其转化为实际的指令。这项技术为患者提供了一种简洁、直观的方式，通过简单的注视，他们就能够表达出所需的日常生活指令，甚至操控电脑上网、购物、看书、追剧、写字等，实现有效的沟通，恢复与外界的联系。

案例 1

王女士，41 岁，河南省渐冻症患者。2019 年 2 月发病，2021 年 5 月因呼吸衰竭而进行气切，"爱无疆"于 2023 年 8 月经其他合作团队转介与王女士相识，此时王女士全身只有眼球能进行活动，无任何言语表达。王女士有两个正在上高中的孩子，在家里平时只有 66 岁的母亲对她进行照顾。

在线上通过与王女士母亲沟通了解了王女士的基本情况后，"爱无疆"

团队联合爱视界团队为王女士提供了笔记本电脑、电脑支架、眼控设备等，并通过线上的方式，远程为该个案安装眼控设备并进行设备调试。同时，对有电脑使用基础的照顾者（王女士的儿子）进行使用指导及宣教，让家属熟练掌握，确保后期王女士能顺利使用。

在安装调试好眼控设备后，个案只用了一天的时间，就学会了通过聊天软件与"爱无疆"团队进行交流，每逢过节，也会主动通过聊天软件向大家问好，这也让王女士可以在无声的情况下用一双眼睛向外界表达自己的心声。

案例 2

张先生，32 岁，湖北省渐冻症患者，于 2022 年 1 月确诊，全程由妻子一人照顾，现有一个 9 岁的孩子。整个身体只有眼球能进行活动，每时每刻都需要依靠呼吸机来吸氧。

在了解了张先生的情况后，"爱无疆"团队与爱视界团队第一时间就对张先生的身体情况进行评估。与家属取得联系后，把所需的笔记本电脑、电脑支架以及爱心人士捐赠的眼控设备一起寄到张先生家里。电脑及支架是由"爱无疆"团队捐赠给上一位渐冻症个案使用后"传递"下来的。

张先生在 1 小时内就学会了使用眼控设备，并通过聊天软件在群里与"爱无疆"团队进行交流。现在张先生每天可以使用眼控设备 8 小时，即便妻子外出，也能通过聊天软件进行视频见面。

眼控系统作为渐冻症康复领域的前沿科技，其潜在影响力超乎想象。随着技术的不断优化，我们也期待更加智能化、便捷化的眼控系统涌现，为患者提供更为个性化的康复方案。从线下服务到远程应用，从当地到全国，从无声无语到重获新"声"。未来，这项技术或许不仅限于对眼球运动的追踪，还能整合更多感知和神经科学的进展，实现更为精准的控制和更丰富的交互体验。眼控系统的优势在于超越了疾病的限制，为每个渐冻症患者带来了独特的曙光，让他们在沉寂的生活中找到了重新闪耀的希望。

（四）烧烫伤儿童远程康复

根据烧烫伤关爱公益基金提供的数据，在中国每年有 2600 万人发生不同程度的烧烫伤，其中 30% 以上是儿童。0~5 岁儿童占烧烫伤儿童的 70%，在烧烫伤儿童中，49% 残疾，8% 终身残疾。

2021 年至今，"爱无疆"与昆明市儿童医院烧伤科进行密切合作，为烧烫伤儿童提供康复服务。在服务过程中，"爱无疆"团队发现大多数烧烫伤儿童来自农村地区，获得康复服务的机会有限，大多数照顾者缺乏康复意识，无法为烧烫伤儿童提供及时的疤痕管理及康复干预，导致疤痕预后不好。除了影响外观，还可能影响他们的身体功能，甚至造成关节挛缩、畸形。不仅后续治疗费用高昂，还会给患儿及其家庭带来巨大的精神压力与心理创伤。

康复治疗可以有效减少或避免儿童烧烫伤后残疾的发生，但是康复介入是一个十分漫长的过程，最少需要持续半年。随着互联网和智能手机的普及，"爱无疆"将线下和线上相结合，开展儿童烧烫伤远程康复服务，远程教会家长疤痕管理方法和居家康复训练方法，不仅降低了家庭的康复治疗成本，而且与院内康复相比，父母引导并参与孩子的康复活动也提高了烧烫伤儿童的治疗依从性和效果。

烧烫伤远程康复案例

刘××，3 岁，家住云南省弥勒市。右手烫伤面积达 2%，Ⅱ度、深Ⅱ度烫伤。2021 年 9 月 17 日，个案右手被热粥烫伤，烫伤后被送到弥勒市第一人民医院处理伤口，出院后因照顾不当导致手部伤口感染。2021 年 9 月 26 日到开远市解放军医院行保守治疗，住院期间发生指蹼粘连。2021 年 12 月 23 日转入昆明市儿童医院，于 2022 年 6 月行疤痕松解手术及植皮手术。

2022 年 7 月，"爱无疆"团队对其进行了疤痕评估并制订了远程康复干预计划，包括预防疤痕增生及关节粘连的按摩和牵拉手法、改善手部功能的游戏活动及相应的疤痕护理技巧，并制作了手指伸直支具，教会照顾者指蹼带的制作和使用方法，将制作材料赠给家长，然后在微信上持续跟进。照顾者根据指导将疤痕处死皮用温水浸泡后去除，按照指导为儿童擦药、缠绕绷带并制作指蹼带。照顾者每周都会在微信上反馈孩子手部情况，也会分享儿童日常活动时的视频。

2023年12月16日，"爱无疆"团队进行线上回访，个案恢复良好，无指蹼粘连及手部功能受限情况，有效避免了儿童残疾的发生。

（五）社区团体康复服务

为了更好地服务在社区有需求的群体，践行国家政策方针，切实提高社区人群能力，帮助他们回归生活和社会，"爱无疆"携手各机构、医院、高校等开展数次社区团体康复服务行动。

1. 大理脑瘫儿童康复行动

为了贯彻落实《"健康中国2030"规划纲要》的相关要求，切实帮助农村残疾儿童提高康复效果，改善其生活自理能力。2022年8月，"爱无疆"与云南省残疾人辅具资源中心、昆明医科大学，以"关爱残障儿童，助力乡村振兴"之名，到大理州医院凤仪分院、大理州中医院、祥云县中医院、巍山县残联、宾川县残联、永平县残联、云龙县残联七地开展了康复评估，治疗、辅助器具需求和适配评估，辅助器具的设计、定（改）制，适应性训练等服务，累计服务残疾儿童100余名，配发康复辅具和矫形器70余件。

2. 罗丰社区老年人体适能评估服务

2022年8月，"爱无疆"与恩派社会创新发展中心共同到昆明盘龙区罗丰社区开展老年人体适能测试活动。此次活动一共为40位老年人进行了评估，结合评估结果，对老年人进行体质分级，并给出不同建议。针对评估结果开展了4次社区老年人康复知识及心理调适讲座、科学运动等服务活动，并长期跟进慢性病老年患者，为其量身制定居家康复训练计划、生活重整方案及居家环境调试方案，以减轻身体功能衰退对老年人生活自理能力的影响，并预防残疾的发生。

3.陆良县辅助器具进校园服务

为了促进医疗康复和特殊教育融合，让残疾学生更好地回归学校与生活。2023年10月14日，在曲靖市陆良县残联和陆良县教体局的大力支持下，"爱无疆"受邀与云南省残疾人辅具资源中心、昆明医科大学、云南省老年人协会共同赶赴云南省曲靖市陆良县，根据残疾学生的身体功能、学习生活环境以及对辅具的个性化需求，为200名言语、智力、肢体等不同类别的残疾学生提供筛查、功能评估、辅具适配服务。同时对家长和残疾学生进行辅助器具适配、康复救助、教育就业等知识培训宣讲，增进适配者对辅具适配服务的认识。

（六）社区康复线上讲堂与线下高校课程

"爱无疆"一直秉承着教育传承的理念，始终保持着积极开放的学习和交流心态，认真坚持开展各种形式的社区康复知识、技术、实践等教育培训服务，2021~2023年共举办51次活动，培训2670人，其中包括爱无疆线上讲堂、高校培训、大会讲座及工作坊等。

在线上，通过整合医疗、心理、社会、职业等多层面的资源，邀请各领域专家进行线上分享，一方面，为社区康复工作者、师生、残障人群及家属提供了便捷的学习渠道，促进了社区康复技术及经验的交流、优化，提供了开放、综合的服务供需求探讨平台，挖掘残障人士的多样化康复需求，提升了社区康复服务的多层次性；另一方面，也推动了社区康复理念的广泛传播，从2022年至今共举办10场爱无疆社康讲堂，邀请了各领域专家、轮椅讲师为医护、教师、残障人士等多类人群进行科普培训，累计培训902人。

在线下，"爱无疆"将社区康复课程带进高校，用一个个生动的服务案例向学生们分享社区康复服务经验，展示先进科技在社区康复中的运用。"爱无疆"的教育培训服务不仅受到了合作高校和机构的认可和赞赏，也在不断促进着"爱无疆"团队自身的专业化发展。"爱无疆"团队为昆明医科大学康复作业治疗专业学生开展"社区康复""3D增材制造技术"等课程教学，共计培训学生 193 人。"爱无疆"团队到云南中医药大学开展"爱无疆"社区康复工作坊活动，通过线上线下相结合的方式为康复治疗学专业的学生开展"社区康复""环境改造"等课程教学，累计培训学生 380 人。

（七）社区康复实习带教

自 2021 年起，"爱无疆"昆明中心成为香港理工大学、昆明医科大学的社区康复实习基地，在两所大学也成立了社区康复教育资源中心，在中心进行教学与实践活动。为了激发学生对于社区康复的兴趣及思考，丰富他们的社区康复知识及提升实践能力，"爱无疆"团队带领学生走入社区深入接触社区个案并提供服务。

"爱无疆"团队带领学生们为烧烫伤、脊髓损伤、脊髓性肌萎缩症、脑瘫等个案进行身体功能评估、生活环境评估、工作环境评估等，为不同的个案提供康复锻炼指导、照顾者宣教和辅具适配等服务，比如，为脊髓性肌萎缩症的个案制作坐姿矫正靠背、转移带、生活辅具；为烧烫伤儿童制作压力衣、支具、疤痕贴，并教会家长进行疤痕管理；带领学生们去到美门儿童康复中心进行机构探访，对脑瘫儿童进行评估并提供 AAC 适配服务；带领学生们去到云南省残疾人辅具资源中心进行学习，了解常见辅具及国家政策，为个案申请了轮椅。

除此之外，为了了解残障人士出行中所遇到的问题和困难，学生们乘坐轮椅体验无障碍设施，并拍摄视频，倡导大众关注残疾人、关注无障碍环境建设。学生们去到公园、商场以及旅游景点，体验了使用轮椅乘坐高铁、公交车、地铁和出租车，分享无障碍环境体验感受：人流量较大的地点普遍出现无障碍道路无指示标志、寻找困难且无障碍设施不完善等现象，导致轮椅使用者出行困难；热门旅游景点缺乏无障碍设施，路口设置了路障，轮椅使用者无法独立通过；店铺门口无斜坡、有门槛，仅有几家店铺门口粘贴有可提供帮助的标志；轮椅使用者独立外出的少，每去一个地方都会或多或少地遭受他人的异样目光，采访得知普通人很少见到轮椅使用者外出。

四　项目成果及经验

（一）避免纯医疗模式与纯机构康复模式

在国家和各级政府的大力支持和政策推动下，许多地区建立了社区康复中心、社区康复工作站，这些网点通常配备了专业的医护人员和设备，为有需求的人群提供康复评估、康复训练、康复咨询等服务，满足了不同人群的基本康复需求，为他们提供了很好的就近康复机会。

同时，目前的社区康复工作大部分还是在复制医疗机构内的院内康复模式，把医院内的康复服务照搬到社区来做。这让社区康复的服务内容、服务层次过于单一，更多的还是关注个案的躯体功能而忽略了他们的日常生活和社会融入，也难以满足服务对象的个性化需求。社区康复的服务内容和服务层次应该更加多元化，增加更多社会化因素，从服务对象的实际需求出发，帮助服务对象实现他们的日常生活、工作目标，积极参与社会生活。

（二）以作业治疗为核心理念

作业治疗是康复治疗的一个重要组成部分，通过治疗来最大限度地恢复、提高人们的生活独立性、工作和社会参与积极性。作业治疗的核心理念是把每个个案与周围事物关联起来，更全面地去思考，关注个案身边的人、事、物、境，分析其中的优势、劣势，了解个案的切实需求，以他们的实际需求为导向，借助人、事、物、境中可利用的优势去减轻或避免劣势对个案产生的负面影响。

以作业治疗为核心理念，可以避免我们局限在生物医学模式的思维中，只关注个案的躯体功能改变，而忽略了运用多维的手段帮助个案达成预期的目标，帮助他们过上他们觉得有意义的生活，尤其是对于一些躯体功能恢复到达瓶颈期或已经残疾无恢复希望的个案。

（三）以社区为本、以病患为中心的服务模式

发展社区康复应该以社区为本。绝大部分的病患在经过了医院内的康复

治疗，病情稳定之后都会回归到社区。将院内康复的成果在他们的日常生活中延续，实实在在地提高他们的生活质量，改善他们的日常生活能力，需要他们每天生活其中的社区和家庭的共同支持。同时，社区所能提供给他们的就近康复资源也可以帮助他们较好地维持康复效果。针对一些有特殊需求和困难的服务对象，"爱无疆"与社区建立良好的关系，充分利用和协调社区资源也可以很好地帮助他们回归到日常生活、工作中。当然，所有的服务都必须以病患为中心，以他们的实际需求为导向，解决他们的实际问题，帮助他们更好地融入社区生活。

（四）注重国际社区康复机构服务的文化适应

"爱无疆"起源于中国香港，不管是在内地还是在其他国家提供服务的过程中，都需要考虑文化差异对康复服务的方法、技术和内容的影响，需要根据当地文化进行灵活调整，尊重当地的文化信仰、社会习俗，甚至进行语言适应，以确保与患者和家属的沟通畅通无阻，避免冒犯和冲突。同时，我们也需要了解当地的医疗系统、保险制度和医疗资源分配，与当地医疗机构建立合作关系，与当地专业人员和机构保持密切联系，以便更好地提供康复服务。

（五）国际社区康复机构与地方政府、专业机构、残疾人及家庭相互合作

社区康复是"帮助残疾人康复、提供均等机会、减少贫困和融入社会的一种社区发展战略"，需要"残疾人自己，他们的家庭，社区，相关的政府部门，卫生、教育、职业等社会组织的共同努力"，[1] 以促进社区康复项目的完成。

在社区康复服务过程中，"爱无疆"会整合多领域的资源和力量，与地

---

[1] 傅青兰、方玉飞、林赛娟：《我国残疾人社区康复管理的发展进程回顾》，《医学与社会》2014年第1期，第53~55、78页。

方政府、社区、专业机构等合作，并让残疾人及其家庭共同参与，为他们提供全方位的支持和帮助，发挥社区康复服务的最大价值。

截至2023年底，"爱无疆"与5家公立医院、2家政府机构、2家私立康复医院、2家NGO建立了长期稳定的合作关系。有超过160名来自香港、云南和其他省份的大学教师、治疗师、学生和合作伙伴在线参与"爱无疆"项目开幕，参与人员对社区康复的发展方向进行了探讨，"爱无疆"也和参会者保持紧密联系，后续多次携手各相关人员开展康复服务。随着项目的稳步推进，昆明市儿童医院、红河州建水县医院、昆明长和天城康复医院等来到中心参观交流，希望可以合作开展服务行动或科研项目。为了进一步提升专业水平，"爱无疆"经常组织交流研讨会，邀请昆明市各医院及残联参加，希望可以推动眼控仪、AAC等相关设备和技术的应用，在病人出院后提供相关适配服务，帮助有语言障碍的人群更好回归家庭和社会。2023年7月，"爱无疆"团队探访了美门儿童康复中心，为脑瘫儿童进行康复评估以及AAC系统适配，并去到儿童家中进行家访，提出了家居改造建议并提供了辅具适配服务。

（六）跨专业、跨地域、跨团队的合作模式

只有联合不同专业、不同地域的专业技术人员参与到社区康复的发展中，才能发挥出"1+1>2"的作用，创造共赢局面。

"爱无疆"与云南、北京、福建、河北、江苏、浙江等地区的工程师合作，共同研发眼控仪、肌电手、压力衣自动打板系统、压力测量仪等，在让服务变得更高效的同时，也让有需求的服务对象使用上合适且实惠的康复辅具；与B站的房屋改造博主、各高校合作，共同实施无障碍改造项目，并将改造过程拍摄成纪录片进行发布，呼吁社会大众关心残障群体、关注无障碍环境建设；与国内外知名的3D打印机厂家合作，将3D打印技术融入社区康复，用定制化的3D打印辅具帮助更多服务对象。除此之外，"爱无疆"还与香港、北京、上海、四川、福建、云南等地高校合作，开展社区康复教学以及社区康复入户服务行动，与安徽、上海、广东、四川等地医疗机构合作，共同为院内患者提供服务。

（七）"家访+远程"的服务模式

对于无法来到"爱无疆"中心的服务对象，"爱无疆"采取了家访+远程的服务模式，由当地康复机构或高校人员在线下家访，"爱无疆"在远程提供服务，大大提高了服务效率，而且可以联合各地专家、机构人员和医护人员开展服务，不仅能够扩大服务范围，还可以提供全方位的康复服务。

2022年8月19日，福建中医药大学康复医学院联合龙岩市残联赴长汀开展社区入户实践活动，"爱无疆"昆明中心、香港理工大学受邀在线上参与此次行动。福建中医药大学师生在线下进行入户探访，"爱无疆"昆明中心和香港理工大学通过腾讯会议参与讨论，从不同角度对入户对象进行了康复指导。这是福建、香港、云南三地首次共同开展服务，也是"爱无疆"首次运用家访+远程的社区入户新模式，行动的圆满成功验证了新模式的可行性，为"爱无疆"服务偏远地区个案提供了思路。在此后的服务中，"爱无疆"多次采取线下全面准确评定、线上全方位多元化康复指导，协同为个案制订精准合适的康复计划的模式。

（八）将科技产品和相关辅具融入社区康复服务中

社区康复服务能力的提升离不开对科技产品和相关辅具的巧妙融合。"爱无疆"通过重新设计和整合智能辅具，提供更为灵活、个性化的社区康复服务，让科技成为促进服务对象社区融合的巨大动力。例如，"爱无疆"通过利用智能辅助设备，如扩大性及替代性沟通系统（AAC）、眼控系统等，帮助言语障碍者更轻松地与外界进行交流，提高了他们的日常生活独立性。

另外，3D建模及打印技术的应用也将为给予服务对象个性化、创新性服务提供支持。3D打印技术的应用，提高了康复辅具服务的灵活性，更好地满足了不同残疾人的需求，推动着康复辅具服务的个性化、定制化发展。

为截肢者提供个性化的义肢和辅具也成为可能，通过3D扫描仪扫描患者的身体结构，结合3D打印技术可以为他们打造贴合度更高、更舒适的义肢和辅具，提高康复效果。3D打印辅具既提高了患者的生活质量，又降低了制作成本，使辅具服务更为可持续和普及。

在康复训练方面，3D打印技术也发挥着巨大的作用。个性化的康复器材可以通过3D打印迅速制造出来，以适应患者不同康复阶段的需求。这样的定制化训练设备不仅能够提高患者的康复效果，同时也使康复过程更富有趣味性和动力性。

除此之外，通过3D打印技术，还可以更便捷地制作日常生活中的辅助工具，为有需求的残障人士提供更多的便利，方便他们的日常生活。同时，通过建设数字化康复平台，可以实现康复资源的共享和在线咨询服务。这种互联互通的方式，不仅提高了服务的可及性，也为残疾人提供了更为灵活的选择。社区康复服务不再受制于地理位置，而是能够随时随地地为残障人士提供所需的支持和信息。

总而言之，将科技产品和相关辅具融入社区康复服务，不仅可以满足残疾人多样化的需求，还能够提高服务的效率和质量。这样的整合不仅是社区康复服务未来发展的方向，更是对维护残障人士权益的积极投入。

（九）聘请服务对象作为"生活导师"，协助拓展服务

相对于康复治疗师，服务对象如果能以自身的经历现身说法，那将对有同样遭遇的人们产生极大的影响。目前，"爱无疆"已经聘请多名服务对象作为"生活导师"，协助团队开展康复服务，其中包括脊髓损伤个案、烫伤儿童家长等，他们都是对生活充满热情、有分享欲以及想要帮助他人的人。下面将介绍他们在"爱无疆"扮演的角色以及发挥的作用。

1. 脊髓损伤个案

宗先生，37岁，住在安徽省六安市，高位截瘫患者。宗先生自己改装了电动轮椅操纵杆，通过下巴来控制轮椅，并且在轮椅上加装了手机支架，经常在网络上发布日常生活视频和截瘫者相关经验分享视频。宗先生平时由母亲和女儿照顾，因母亲年龄较大，宗先生在转移方面比较困难，"爱无疆"对他的身体功能和居住环境进行评估后，寻找合适的转移机，将其捐

赠给宗先生,采用远程线上的方式指导个案安装转移机和使用转移机。宗先生使用后表示转移机给自己的生活提供了非常大的帮助,在询问下得知宗先生以前就想购买转移机,但因为价格高、体积大,不清楚使用效果如何,退换非常麻烦,一直没有购买。在提供服务的过程中,宗先生表示身边还有很多和他遭遇相似的人,由于家庭、经济等各种原因,无法适配到合适的辅具,甚至无法走出家门。

"爱无疆"聘请宗先生成为"生活导师"后,他拍摄了转移机使用过程、外出过程、心态转变等视频在网络上发布,希望可以帮助、鼓励到更多的人。"爱无疆"每次开展的课程和培训活动他都会积极参与,从自己的角度提问和分享,让讲课专家以及听课的医务人员得到了启发。

2. 烫伤儿童家长

吕女士,两个烫伤女孩的妈妈,孩子于2019年掉入锅里被烫伤。自孩子受伤后,吕女士就一直在家照顾两个孩子。两个女孩出院后,"爱无疆"一直提供康复指导及康复用品,吕女士也在照顾孩子过程中积累了丰富的经验。因为经常去医院复查,吕女士认识了很多烧烫伤儿童的家长,家长们十分信任吕女士,会相互分享照顾经验及压力等,遇到不懂的地方吕女士也会向"爱无疆"成员咨询。

自从孩子烫伤后,吕女士便全职在家照顾孩子,家中唯一的经济来源是孩子父亲。为了帮助他们减轻经济负担,也为了更好地发挥烧烫伤儿童远程康复服务的作用,"爱无疆"聘请吕女士作为"生活导师"。"爱无疆"让吕女士拍摄孩子日常生活以及照顾方法的视频,用来对其他家长进行宣教以及鼓励。"爱无疆"也会经常向吕女士分享专业的烧烫伤康复知识,让她可以更加专业地为其他人答疑解惑。在拍摄烧烫伤儿童家长宣教视频时,她也分享了自己的心路历程。此外,"爱无疆"建立烧烫伤儿童家长微信群组后,邀请吕女士进入群组进行疤痕护理经验分享,对于烧烫伤面积较大的儿童或者焦虑的家长,"爱无疆"都会让吕女士协同帮助他们。

吕女士成为"生活导师"后,她积极乐观的态度影响了无数家长,她照顾孩子的经验和方法也惠及了很多烧烫伤儿童家庭,让家长们明白了坚持做好烧烫伤康复的重要性。烧烫伤康复是一个漫长的过程，只要坚持正确的方法做下去，终究会得到回报。

（十）利用社会倡导提升民众对残障人士社区融合的接纳度

"爱无疆"一直致力于残疾人社区康复的推广，促进社会残健融合发展，也深知社会倡导对于推广社区康复理念及呼吁全社会关注残障人群的多元化需求的重要性，因此，"爱无疆"一直积极组织参与各类社会活动，从无障碍环境建设到帮助残疾人回归生活与工作岗位等。希望能使残障人群获得大众的关注，用真实的案例与残疾人亲身反馈，促使更加包容的社会环境形成，促进残疾人政策变革。

2023年全国烧烫伤儿童"烙印天使"夏令营是一个具有深远社会意义的活动，旨在通过倡导、教育和社区互动，提升民众对烧烫伤残障儿童的理解与接纳程度。夏令营不仅致力于烧烫伤儿童的康复治疗，同时努力营造温馨、充满关爱的社区氛围，使每一位烧烫伤儿童都能在这个支持性的环境中感受到关怀和理解。

首先，夏令营通过家属教育，向家庭成员传授烧烫伤后的相关康复护理知识，包括处理常见问题、疤痕管理以及康复用品的使用等。这种直接的沟通方式有助于消除家属对烧烫伤儿童康复的误解，使更多的家庭能够更好地支持并理解他们的孩子。

其次，"爱无疆"特别安排了香港理工大学职业治疗（OT）、昆明医科大学康复作业治疗、云南中医药大学康复治疗学等专业的学生以及曾经受过烧烫伤的青少年们组成志愿者团队，他们与烧烫伤儿童同吃同住，全程参与各类治疗性和文化性活动。这种亲密的互动打开了烧烫伤儿童的内心世界，让他们更加愿意分享、表达感受，在烧烫伤儿童得到理解和接纳的同时，也为志愿者和其他参与者提供了深入了解烧烫伤儿童生活挑战和康复需求的宝贵机会。

通过"烙印天使"夏令营这一活动，"爱无疆"努力推动社会对残障儿童的接纳，以社会倡导的方式引导民众拥抱多样性，鼓励更多的人关注并融入残障群体，共同创造一个更加包容和温暖的社区。这不仅是对烧烫伤儿童康复的支持，更是对社会关爱力量的延伸。

2022年3月，"爱无疆"团队带领昆明医科大学康复作业治疗专业实习生进行了轮椅无障碍出行体验，并完成了视频的拍摄和剪辑发布。该系列视频共分五个部分。第一部分是在中心附近的无障碍设施体验，发掘轮椅使用者外出时可能会遇到的出行困难。第二部分是乘坐公共交通工具，体验公共汽车和地铁的无障碍设施。第三部分是在购物中心的餐饮店、电影院和服装店等地点体验无障碍设施。第四部分是体验昆明圆通山动物园等景点的无障碍设施。第五部分是前往云南大理等地的景区，了解残疾人的出行现状，探索景区和高铁的无障碍设施问题的解决办法。该系列视频在多平台共收获近4000次浏览，为社会倡导提供了强有力的传播工具，通过感性的呈现方式，推动社会更深层次地关心、理解和支持残障人士的权益维护。

2023年11月11日，由昭通市残联及教体局承办的昭阳区首届轮椅马拉松全国邀请赛开赛，"爱无疆"两位坐轮椅的工作人员与志愿者一同前往参赛。此次参赛的200名轮椅运动员分别来自云南、贵州、四川、重庆、甘肃、浙江、辽宁、黑龙江、江西、河北、山东等地区，其中包括知名轮跑运动员、轮椅赞助厂商工作人员等具有较高社会影响力的运动员。

残疾人通过轮椅马拉松展现出坚韧毅力和顽强意志，呈现了新时代背景下残疾人积极的精神面貌，逐步改变着全社会对残疾人的刻板印象，促进公众对残疾人形成正面认知。轮椅马拉松的举办提升了社会对残疾人融入大众生活的关注度，推动了社会无障碍环境的建设，使残疾人更便利地融入社会活动，促进社会的真正包容发展。

五　未来展望

（一）探索移动康复房车的高质量社区服务之路

"爱无疆"服务地震灾后的云南鲁甸等偏远地区时，因为物资的缺乏，无法及时地为服务对象提供环境改造及辅具适配等服务。后来"爱无疆"

成员依靠汽车将物资运输到服务地区，如果物资过多，则需要使用多辆汽车或多次运输才能完成。随着国家基础设施建设的不断完善，高速公路逐渐遍布全国，即使地区偏远，汽车也可以驶入。

为了更好地服务偏远地区个案，"爱无疆"探索出一个全新的服务模式——开着房车去服务。让生活在偏远地区的个案也可以足不出户地享受到较好的社区康复服务。同时，"爱无疆"可以更深入地接触基层社区康复服务环境，了解个案的现实康复需求和困难，逐步完善服务和实现本土化适应，实现对个案的高效回访，也给带教学生提供了新的教学实践机会。

为了探索移动康复房车的可行性，"爱无疆"每年都会开展"无疆移动-康复房车"服务活动，邀请各领域的技术专家、学生共同参与，实现跨专业团队的多元化合作，一方面为个案提供综合的康复服务；另一方面促进"爱无疆"与多领域人才的深入了解、深入合作，更有利于"爱无疆"在今后服务过程中实现资源互补和共享。

经过两次移动康复房车行动，我们发现"无疆移动-康复房车"服务与传统社区入户服务比起来，有以下几个优势：途中工作人员也可工作，充分利用了工作时间，提高了到家康复服务工作效率；可搭载必备的器材设备、工具和耗材，解决康复物资欠缺、难以运输的困难；可现场制作、改装治疗用具及辅具，操作灵活；可适应偏远山区狭窄的道路环境，便于开展偏远地区的居家服务；可驻扎在社区与受助者深度互动。

未来，移动康复房车不仅会继续服务于云南省的社区个案，还将开到中国的西北部，甚至我国的周边国家，为其他地区的个案提供康复服务。为了丰富搭载的康复设备、工具及提高服务的多层次性，"爱无疆"会继续对康复房车进行深度改造，并邀请各领域的专家人才参与。将把以下几个目标融入新的移动康复房车服务中：召集热情、有爱心的志愿者参与；创新解决问题的方案；深度探索居家社区康复需求；打破居家康复技术限制；探索社区康复新模式供康复机构参考；提升大众对社区康复的关注度；全国巡回宣教，参与突发灾难辅助合作、邻国服务；发表学术报告、文章及举行交流会议。

（二）探索从国际机构到当地机构的可持续发展之路

"爱无疆"社区康复项目是一个纯公益性质的项目，致力于帮助中国内地偏远地区有康复需求的残障人士，提高他们的生活自理及社会参与能力。在此项目中，香港理工大学不仅提供了大量的康复技术支持，同时也为"爱无疆"提供了在内地开展社区康复服务的全部资金支持。因以纯公益项目方式开展社区康复服务，"爱无疆"团队在服务过程中不用过多考虑个案的经济承受力，摆脱传统医疗模式下的固有思维和局限性，充分发挥创造力，以个案的实际需求为导向，个性化地定制服务，帮助他们更好地实现社会参与、社会融入。

然而，这种纯公益国际机构的发展模式由于资金支持的稳定性无法得到保障，可能难以持续发展下去。要想将项目做下去，就需要机构有适应当地市场竞争的能力，有持续稳定的资金支撑。所以"爱无疆"尝试在当地成立机构，并积极申请残联、民政等部门的相关康复服务资质。一方面，通过政府购买服务的方式申请相关项目来开展服务；另一方面，依托自身良好的技术能力、创新能力开发相关的康复辅具，开展康复服务新技术培训，提供配套化的社区康复新技术发展方案。希望通过当地机构的自主经营，逐步实现自身可持续发展，也可以始终延续"爱无疆"社区康复的核心理念和初心。

（三）探索"爱无疆"经验在"一带一路"康复项目中的推广路径

"爱无疆"通过多年在社区康复领域的深耕、积淀，社区康复服务能力获得了众多业内人士、组织、机构的认可。"爱无疆"不仅通过广泛的学术交流、教育培训将自己的经验与国内多家高校、医院、组织、机构进行分享，也积极响应国家"一带一路"倡议，通过国际化的平台链接尝试将社区康复经验逐步分享给共建"一带一路"国家（首站是蒙古国），促进中外在社区康复领域的深度交流、合作，汲取国外的发展经验。

2023 年 6 月 2~7 日，香港"爱无疆"团队、昆明"爱无疆"团队一同受邀参加了蒙古第一届作业治疗学术论坛。会前，"爱无疆"团队参观了四家蒙古顶尖的综合医院、社区医院及儿童康复中心，了解到蒙古目前的康复发展水平还处在比较初级的阶段，康复人才严重短缺，康复技术相对滞后，康复的很多领域还处在相对空白的状态，总体处于亟待学习和成长的阶段。

在论坛召开当天，"爱无疆"团队分享了社区康复发展经验，并获得了参会来宾的一致好评和合作邀请。会后，"爱无疆"团队在蒙古国立医科大学开展了为期两天的社区康复新技术培训，向60多名来自蒙古国立医科大学的师生演示了3D扫描、建模、打印技术，并展示了将其与AAC系统相结合在社区康复中的具体运用。同时，"爱无疆"肌电手工程师现场演示3D肌电手，让参加培训的学员更深刻地感受到新科技对推动康复医疗技术发展起到的重要作用，激发了他们学习新科技的浓厚兴趣。参加培训的学员纷纷表示此次培训拓展了他们的技术视野，培训也得到了蒙古国立医科大学护理学院领导们的高度认可，为今后的深入合作奠定了基础。

目前，香港理工大学"爱无疆"与蒙古国立医科大学的社区康复合作项目已经正式启动，"爱无疆"也将在该项目中继续交流分享更多的社区康复服务经验，充分发挥自身优势，创新突破，实践新的社区康复服务模式。

（四）总结项目价值，走向国际康复机构在国内社区康复事业中的期许之路

"爱无疆"在多年的摸索前行中，一直保持着开放积极的学习心态，不断学习、开拓新的技术领域，结识不同领域内的专家人才，将新科技、新思想，多元化机构、人才整合到服务过程中，不断尝试，勇于创新，敢于突破，走出了一条有别于国内大部分过度强调医疗化康复服务机构的社区康复服务发展之路。

首先，"爱无疆"始终坚持以社区为本、以病患为中心，服务立足于社区，一切从残障人士的实际需求出发，以作业治疗的核心理念为指导，不仅关注服务对象的躯体功能，更注重他们的生活独立性、社会参与性，满足他

们多样化的需求。其次，"爱无疆"充分利用跨专业、跨团队、跨地域合作的优势，积极团结社会化因素中的各方力量，促进残障人士的自我提升及社会融入，倡导营造社会残健共融氛围。

"爱无疆"希望通过分享自己的发展经验推动国内社区康复服务的多元化、多层次发展，希望未来与更多社会资源建立更紧密的合作关系，为残障人士提供更高质量、更全面的社区康复服务。同时，希望可以帮助有志于发展社区康复的机构，协助其从"爱无疆"的经验中汲取适于自身发展的因素，走出更多本土化的社区康复发展道路，为完善我国社区康复服务体系建言献策，建立适合我国的社区康复模式。

参考文献

凌亢主编《残疾人蓝皮书：中国残疾人事业发展报告（2021）》，社会科学文献出版社，2021。

附　录
2022年残疾人事业统计表

易莹莹*

分类	项目	数量
康复	康复残疾人数(万人)	856.7
	残疾儿童(万人)	40.7
	视力残疾人(万人)	75.5
	听力残疾人(万人)	67.4
	言语残疾人(万人)	5.6
	肢体残疾人(万人)	414.3
	智力残疾人(万人)	65.6
	精神残疾人(万人)	157
	多重残疾人(万人)	49.7
	提供基本辅助器具适配服务(万人)	164.8
	编写康复专业技术人员规范化培训大纲(册)	23
	完成康复专业技术人员规范化培训(万人)	1.7
	康复机构(个)	11661
	在岗人员(万人)	32.8
	管理人员(万人)	3.4
	业务人员(万人)	23.9
	其他人员(万人)	5.5
教育	特殊教育普通高中班/部(个)	118
	在校生(人)	11431
	聋生(人)	6506
	盲生(人)	1736
	其他(人)	3189
	残疾人中等职业学校/班(个)	184
	在校生(人)	19014

* 易莹莹，博士，南京邮电大学经济学院副教授，研究领域为应用统计学。

续表

分类	项目	数量
教育	毕业生（人）	5157
	获得职业资格证书（人）	1473
	被普通高等院校录取（人）	30035
	高职（专科）（人）	17644
	本科（人）	10703
	硕士生（人）	1520
	博士生（人）	168
就业	新增就业（万人）	59.2
	新增城镇就业（万人）	14.3
	新增农村就业（万人）	44.9
	实名培训（万人）	50.2
	持证残疾人就业（万人）	905.5
	按比例就业（万人）	86.7
	集中就业（万人）	26.0
	个体就业（万人）	64.1
	公益性岗位就业（万人）	17.9
	辅助性就业（万人）	15.2
	灵活就业（含社区、居家就业）（万人）	265.6
	农业种养加（万人）	430.0
	农村困难残疾人实用技术培训（万人次）	28.5
	残疾人就业帮扶基地（个）	3508
	安置残疾人就业（万人）	4.5
	带动残疾人家庭增收（万户）	8
	培训盲人保健按摩人员（人次）	17639
	培训盲人医疗按摩人员（人次）	7298
	保健按摩机构（个）	16926
	医疗按摩机构（个）	1041
	获得盲人医疗按摩人员初级任职资格（人）	1844
	中级任职资格（人）	500
社会保障	参加城乡居民社会养老保险残疾人（万人）	2761.7
	60岁以下获得参保缴费资助的重度残疾人（万人）	692.3
	60岁以下获得参保缴费资助的非重度残疾人（万人）	285.5
	领取养老金（万人）	1209.3
	托养服务机构（个）	8906
	寄宿制托养服务机构（个）	1763

续表

分类	项目	数量
社会保障	日间照料机构(个)	4135
	综合性托养服务机构(个)	1362
	托养服务残疾人(万人)	15.5
	居家服务残疾人(万人)	47.2
宣传文化	《新闻联播》播发残疾人事业有关报道(次)	57
	举办演出展览(场)	14
	省级残疾人专题广播节目(个)	24
	电视手语栏目(个)	37
	地级残疾人专题广播节目(个)	195
	电视手语栏目(个)	270
	建立盲文及盲文有声读物阅览室(个)	1377
	开展残疾人文化周活动(场次)	10010
	省地两级残联艺术团(个)	229
体育	13届冬残奥会获得奖牌(枚)	61
	金牌(枚)	18
	银牌(枚)	20
	铜牌(枚)	23
	晋升裁判员(人)	1637
	参加法国射击世界杯、韩国举重亚锦赛等获得奖牌(枚)	35
	金牌(枚)	23
	银牌(枚)	9
	铜牌(枚)	3
	残疾人社区文体活动参与率(%)	26.3
维权	制定或修改关于残疾人的专门法规规章省级(个)	6
	专门法规规章地级(个)	9
	制定或修改保障残疾人权益的规范性文件省级(个)	42
	规范性文件地级(个)	66
	规范性文件县级(个)	185
	县级以上人大开展《中华人民共和国残疾人保障法》执法检查和专题调研(次)	413
	政协开展视察和专题调研(次)	262
	开展省级普法宣传教育活动(次)	184
	参加活动人数(万人)	88
	举办省级法律培训班(个)	39
	参加培训班(人次)	27216

续表

分类	项目	数量
维权	成立残疾人法律救助工作协调机构(个)	2869
	建立残疾人法律救助工作站(个)	2633
	各地残联办理建议、提案(件)	1564
	出台省、地市、县级无障碍建设与管理法规、规章和规范性文件(个)	761
	开展无障碍建设检查(次)	9996
	开展无障碍培训(万人次)	5.2
	为重度残疾人实施无障碍改造困难(万人)	61
	发放残疾人机动轮椅车燃油补贴(万人)	26.3
组织建设	全国省地县乡(除新疆生产建设兵团外)残联(万个)	4
	各省(区、市)、市(地、州、盟)建立残联率(%)	100
	县(市、区、旗)建立残联率(%)	100
	乡镇(街道)建立残联率(%)	98.1
	社区(村)建立残联(万个)	58.9
	社区(村)建立残联(%)	99.1
	地方各级残联工作人员(万人)	11.1
	乡镇(街道)、村(社区)残协专职委员(万人)	55.7
	省级残联配备残疾人领导干部率(%)	83.9
	地级残联配备率(%)	63.0
	县级残联配备率(%)	48.9
	地方各级残疾人专门协会(万个)	1.5
	省级协会已建比例(%)	98.8
	市级协会已建比例(%)	97.8
	县级协会已建比例(%)	92.7
	全国助残社会组织(个)	3131
服务设施	已竣工的各级残疾人综合服务设施(个)	2263
	建设规模(万平方米)	611.1
	总投资(亿元)	203.8
	已竣工的各级残疾人康复设施(个)	1200
	建设规模(万平方米)	606.9
	总投资(亿元)	197.8
	已竣工的各级托养服务设施(个)	1076
	建设规模(万平方米)	318.0
	总投资(亿元)	87.8

资料来源:《2022年中国残疾人事业发展统计公报》。

Abstract

Disability seriously damages personal health and family happiness, affects the healthy economic and social development. Does a good job in disability prevention and rehabilitation, is of great significance to ensure the safety and health of the people, improve the health of the whole nation, and promote high-quality economic and social development. At present, China's development has entered the new era, It is of great significance to the high-quality development of the cause for persons with disabilities in China to actively implement the decision-making and deployment of the CPC Central Committee and the State Council on the construction of a healthy China and the work of the disabled in the new era, further strengthen disability prevention and rehabilitation, effectively reduce and control the occurrence and development of disability, vigorously guarantee the rights of the disabled and achieve the goal of "rehabilitation for all".

In this context, in *Blue Book of Persons with Disabilities: Development Report on the Cause for Persons with Disabilities in China (2023−2024)* , with "Disability Prevention and Rehabilitation" as the theme, the current situation and existing problems of China's disability prevention and rehabilitation have been systematically summarized and analyzed in depth. This book mainly includes five parts: "General Reports", "Topical Reports", "Special Topics", "Case Studies" and "Appendix". "General Reports" includes "Development Report on the Cause for Persons with Disabilities in China (2023 − 2024) " and "Development Report on the Cause for Disability Prevention and Rehabilitation in China (2023 − 2024) ". "Development Report on the Cause for Persons with Disabilities in China (2023−2024) " analyses the overall development of the cause of the disabled in China in 2022, calculates the development index and the balanced development index of the cause for persons with disabilities in China, the development index of the cause for persons with disabilities in each province are compared. "Development Report on the Cause for Disability Prevention and Rehabilitation in China (2023 - 2024)" Reviews the new progress has been made in disability prevention and rehabilitation in China in the context of the conceptual transformation and development of international disability prevention and rehabilitation, analyses the development status and existing problems of disability prevention and rehabilitation in China, and puts forward a prospect for the development of disability prevention and rehabilitation in China. "Topical Reports" tightly buckles the importance element of disability prevention and rehabilitation, sort out and analyses the policy development of disability prevention and rehabilitation, reviews and discusses the training of China's rehabilitation talents for persons with disabilities and the development of China's rehabilitation institutions for persons with disabilities, and make an in-depth analysis of the development of China's disability prevention and rehabilitation work from the three aspects of policies, talents and organizational forms. "Special Topics" conducts thematic studies on the prevention and rehabilitation of hearing disabilities, mental disabilities, speech disabilities and the development of auxiliary device services for persons with disabilities, which have an early start in the development of disability prevention and rehabilitation in China and involve a large number of people. "Case Studies" introduces practice and experience of the development of auxiliary science and technology services in Taiwan, the achievements of rehabilitation and assistance for disabled children in Jiangsu Province, and it also introduces the practical exploration of Qingdao Morning Star Experimental School to carry out education and rehabilitation of autistic students and Shanghai Pudong Special Education School to carry out rehabilitation and education of children with cerebral palsy. It presents the rehabilitation results and characteristics of different regions and objects, and also shows the feasibility and effect of educational rehabilitation for children with autism and children with cerebral palsy in school education. "Appendix" collates the statistical table for the cause for persons with disabilities in 2022.

The "*Blue Book of Persons with Disabilities*" has sorted out and analyzed the data on the development of persons with disabilities in China, and has published the development index of the cause for persons with disabilities in China for six consecutive years, forming an overall judgment on the development of the cause for persons with disabilities in China, and comprehensively and systematically demonstrating the development trend of the cause for persons with disabilities in China. The research results show that, China's cause for persons with disabilities has made great progress, the development index of the cause for the persons with disabilities has risen from 52. 4 in 2011 to 79. 5 in 2020, of which the the survival security index for persons with disabilities rose from 47. 8 in 2011 to 85. 4 in the 2021, the development promotion index for persons with disabilities rose from 58. 3 in 2011 to 72. 0 in 2021, and the service support index for persons with disabilities rose from 52. 8 in 2011 to 78. 7 in 2021. The overall balanced development index of the cause for persons with disabilities was 50. 1 in 2021.

Keywords: The Cause for Persons with Disabilities; Disability Prevention and Rehabilitation; Disability Prevention and Rehabilitation Policy; Rehabilitation Talents; Rehabilitation Institutions

Contents

I General Reports

Abstract: This report analyses the overall development of the cause for persons with disabilities in China in 2022, the development index and the balanced development index of the cause for persons with disabilities in China are calculated. At last, the two indexes of each province are compared. The results show that the cause for persons with disabilities in China has made considerable progress, with the development index of the cause for the persons with disabilities rising from 52.4 in 2011 to 79.5 in the 2021, the survival security index for persons with disabilities rose from 47.8 in 2011 to 85.4 in the 2021, the development promotion index for persons with disabilities rose from 58.3 in 2011 to 72.0 in 2021, the service support index for persons with disabilities rose from 52.8 in 2011 to 78.7 in 2021. The overall balanced development index of the cause for persons with disabilities was 50.1 in 2021.

Keywords: The Cause for Persons with Disabilities; The Development Index of the Cause for Persons with Disabilities; The Balanced Development Index of the Cause for Persons with Disabilities

B.2 Development Report on the Cause for Disability Prevention
and Rehabilitation in China（2023-2024）

Zhang Lei , Song Yumeng / 037

Abstract：Against the global evolution of disability prevention and rehabilitation, China made significant progress. Efforts were made to further institutionalization, organization, professionalization, and diversified disability prevention and rehabilitation, gradually improving the organizational support system. By comparing the disability statistical data from 2006 and 2022, it was observed that the medical rehabilitation assistance and services for persons with disabilities were also notably effective, continually meeting their rehabilitation needs, with a significant increase in the coverage rate of rehabilitation services. Moreover, China's disability prevention efforts developed rapidly, with several national prevention policies guiding local implementation of disability prevention work, resulting in remarkable achievements at all levels of the prevention system. Despite these advancements, challenges persist, including the need to enhance societal awareness, refine service mechanisms, and bridge resource gaps. Looking ahead, it is essential to continue strengthening the systematic construction of disability prevention and rehabilitation organizations, transforming from disability rehabilitation to disability prevention and rehabilitation, as well as from remedial rehabilitation to comprehensive rehabilitation, while promoting the concept of barrier-free environments nationwide.

Keywords：Disability Rehabilitation；Disability Prevention；Development of Persons with Disabilities

Ⅱ Topical Reports

Abstract：Disability prevention and rehabilitation are important themes of the undertakings of the cause for persons with disabilities. In recent years, the cognition of disability prevention and rehabilitation has been increasing, and the related demand has also been significantly improved. The undertakings of disability prevention and rehabilitation has been flourishing. This report summarizes the development process of international policies of disability prevention and rehabilitation, analyzes the policy development process and stage characteristics of China. It finds that China's disability prevention and rehabilitation policy system is gradually improving, the policy benefits are expanding, the policy implementation channels are diversified, and disability prevention involves the entire population and life cycle. In response to the problems of uneven regional development and insufficient coordination among policy implementation departments in policies, it is necessary to further build a comprehensive disability prevention and rehabilitation policy system by strengthening policy effectiveness evaluation, strengthening relevant policy formulation, and providing policy guarantees.

Keywords：Disability Prevention；Disability Rehabilitation Service；Policy System Construction

Abstract：Talents are the fundamental driving force for the development of the cause for rehabilitation of persons with disabilities in China. Through in-depth discussion of the current situation of the training and development of rehabilitation talents for the disabled in medical rehabilitation, educational rehabilitation, vocational rehabilitation and community rehabilitation, this report finds the current problems such as the imbalance between supply and demand of rehabilitation talent team in China, the imperfect education and training system, the unclear talent structure and career path, and the imperfect talent management system. Then it puts forward ideas and policy suggestions for further development, including strengthening the empirical research on the need for scarce talent training, accelerating the construction of rehabilitation universities to promote the integrated role of talent training, and improving the rehabilitation therapist law, regulations system and practice access system, with a view to providing a clear direction and feasible path for the training and development of the cause for rehabilitation talents for the disabled in China.

Keywords: Rehabilitation of Persons with Disabilities; Talent Management; Rehabilitation Talents

Abstract: Rehabilitation institutions for persons with disabilities in China started late but have developed rapidly, with both their scope and depth constantly evolving. Over the past 40 years, rapid development has gradually formed an important part of the rehabilitation service system with Chinese characteristics, carrying the historical mission of "rehabilitation services for all." From various dimensions, there are many types of disability rehabilitation institutions. This report focuses on rehabilitation institutions within the China Disabled Persons' Federation system. Through literature reviews, surveys, historical comparisons, and policy analyses, it deconstructs and integrates the development of China's rehabilitation institutions for the disabled from both vertical and horizontal perspectives, and clarifies the types, nature, characteristics, and effectiveness of these institutions. At present, China's rehabilitation institutions for persons with disabilities still have problems such as the level of protection needs to be improved, insufficient financial investment, unbalanced and insufficient development, and a lack of high-level rehabilitation professionals. In the face of the implementation of "Healthy China" and other national strategies, the popularity and wide recognition of the modern view of the disabled, the widespread application of artificial intelligence, we should integrate into the development of the overall situation, improve the protection system, intensify the cultivation of talents, strengthen the construction of standards and norms, and accelerate the technology empowerment.

Keywords: Rehabilitation Services; Rehabilitation Institutions for Persons with Disabilities; Rehabilitation Professionals

Ⅲ Special Reports

B.6 Development Report on the Prevention and Rehabilitation of Hearing Disabilities in China

Liu Qiaoyun, Zhao Hang, Hu Weibin, Zhang Yunshu and Xu Jinxia / 135

Abstract: With the care and support of the Party and the State, our country has carried out a lot of systematic work on the prevention and rehabilitation of hearing disability. This report combs the basic concept of hearing disability, introduces the development course of hearing disability prevention and rehabilitation work in our country, and "Love Ear Day" prevention and propaganda of hearing disability, prevention and rehabilitation of hearing disability children, senile deafness and noise deafness, and training of audiology-related professionals. This report further analyzes the challenges faced by the current work: the lack of social awareness of the whole life-cycle concept of hearing health services; The transdisciplinarity of audiology needs to be further developed and the efficiency of product transformation needs to be improved. On this basis, this report puts forward eight strategies to further strengthen the hearing screening of newborns in underdeveloped areas, enhance the awareness of the prevention and rehabilitation of hearing impairment among adolescents, enhance the recognition of noise-induced hearing loss, actively pay attention to the hearing health of the elderly, strengthen the construction of related majors in audiology, strengthen the training of post-service teachers in audiology health service, deepen the transdisciplinarity of audiology, and enhance the efficiency of the transformation of the results of basic audiology research.

Keywords: Hearing Disability; Disability Prevention; Disability Rehabilitation; Audiology

B.7 Development Report on the Prevention and Rehabilitation of Mental Disabilities in China *Li Xianbin, Zheng Yi* / 160

Abstract: At present, the burden of mental disorders in China has become increasingly severe, and mental health issues have become a important part of the important public health issues in China. Various types of mental disorders which persist for more than one year without recovery, including cognitive, emotional, and behavioral disorders, can affect daily life and activity participation, leading to the emergence of mental disabilities. For every patient with mental disorder who wants to return to society, they first need to stabilize their condition through medication treatment, and then go through a long-term mental rehabilitation process to truly improve their cognitive, emotional, and behavioral disorders, thereby reducing disease recurrence and ultimately returning to society and living a meaningful community life. Therefore, it is necessary to establish a systematic mental rehabilitation and prevention system for mental disabilities in order to assist patients with mental disorder in returning to society, achieve comprehensive recovery and reduce the occurrence of mental disabilities.

Keywords: Mental Disability; Mental Rehabilitation; Mental Disability Prevention

B.8 Development Report on the Prevention and Rehabilitation

of Speech Disabilities in China   *Wan Qin* / 187

Abstract: 2023 is a critical period in the development of speech disability-related careers. Recalling the development of speech disability prevention and rehabilitation in our country this year, in which great progress has been made in the field of children and adults, especially in the development of many speech rehabilitation therapies, techniques and new forms of implementation, it improves the quality of life of patients with speech disability and points out the direction for future development. However, the prevention and rehabilitation of speech disability is still faced with such problems as vague core concept, unbalanced development in different regions, limited number of speech therapists and lack of qualification certification. In the future, it should be optimized by defining the professional concept, introducing systemic knowledge of speech disorder, balancing rehabilitation services, promoting the training and qualification of speech therapists and so on.

Keywords: Speech Disability; Speech Disability Prevention; Speech Rehabilitation

B.9 Development Report on Auxiliary Device Services for Persons

with Disabilities in China   *Dong Liquan* / 208

Abstract: Auxiliary devices are the most basic and effective means to help disabled compensate, improve their functions, improve the quality of life, and enhance the ability to participate in social life. It is of great significance to improve the service of auxiliary devices for the disabled. This report explains the role and significance of auxiliary appliance services by introducing the relevant concepts of auxiliary devices. Taking the development plan (outline) for the disabled as the timeline and related major events as the context, this report sorts out the development history of auxiliary device services for the disabled in China since 1988. It describes the current situation of auxiliary device services from the perspective of policy construction, institutional construction, professional talent construction, research and production of auxiliary devices, international cooperation and so on. It puts forward suggestions such as further improving the understanding of auxiliary technology, building and improving the auxiliary technology policy system, promoting the construction of the auxiliary technology service system, promoting the research and development and production of auxiliary technology, building a professional technical service team, and strengthening international exchanges and cooperation, with a view to promoting the high-quality development of China's auxiliary technology and promoting the health coverage of the whole people.

Keywords: Persons with Disabilities; Auxiliary Devices; Auxiliary Technology; Universal Health Coverage

Ⅳ Case Studies

B. 10 Development and Practical Exploration of Auxiliary Science and Technology Services in Taiwan, China

Yang Chikang, *Wu Shangshu* / 223

Abstract: After several generations of changes, the development of auxiliary science and technology in Taiwan has become more and more mature. In recent years, under the challenges of population aging and declining birth rate, as well as the increasing number of people with physical and mental disabilities, the development of auxiliary science and technology has highlighted its importance. Taiwan has accumulated rich experience in assistive technology services, such as accurately grasping the demand for assistive technology in order to provide more precise services, and improving the protection system to safeguard the rights and interests of those in need and so on. In the future, we will fully understand the problems of supply and demand for assistive technology and provide reasonable solutions, improve the mechanism for the development of assistive technology in line with the requirements of the times, and provide whole-person services with a user-orientation in order to ensure the sustained development of assistive technology and make the assistive technology services more precise.

Keywords: Auxiliary Science and Technology; Auxiliary Science and Technology Services; Taiwan

B.11 Development and Prospects of Rehabilitation and Assistance for Disabled Children in Jiangsu Province

Hu Nailiang, *Qian Bing* / 244

Abstract: The People's Government of Jiangsu Province attaches great importance to the rehabilitation and assistance for disabled children, and has listed the rehabilitation assistance of disabled children as a practical project for people's livelihood for four times. The establishment of the rehabilitation assistance system for disabled children in Jiangsu Province has gone through three stages: exploration and start-up, expansion and improvement, consolidation and improvement. The rehabilitation security system for disabled children has been initially formed. The rehabilitation assistance standard for disabled children has been continuously improved, the number of rehabilitation talents has continued to grow, the rehabilitation assistance service platform for disabled children has begun to take shape, and the disabled children have been healthy. The recovery and assistance process has been continuously optimized, forming the characteristics of rehabilitation assistance for disabled children in Jiangsu Province. In the face of the problems existing in the rehabilitation assistance of disabled children, we should also further improve the industry and financial management, increase talent training, strengthen publicity, enhance parents' awareness and rehabilitation ability, improve the rehabilitation level of disabled children in Jiangsu Province, and make disabled children and families get more social well-being.

Keywords: Disabled Children; Rehabilitation and Assistance; Rehabilitation and Assistance System

B.12 Exploration and Practice of Education and Rehabilitation of Autistic Students in Qingdao Morning Star Experimental School   *Zheng Fang, Zhang Mingyu and Shao Xiuyun* / 259

Abstract: Qingdao Morning Star Experimental School was established in April 2017 and is the only public autism school in Shandong Province. The school focuses on the special development needs of autistic students, and is guided by the development needs of integrating into society. It has carried out bold exploration in the construction of autism curriculum system, professional teacher team training, family education guidance, home-school collaborative education system construction, regional radiation driving, etc., and has achieved remarkable results for more special education. Schools carry out education for children with autism to provide effective reference.

Keywords: Autism Education; Curriculum Construction and Implementation; Teacher Training; Home-School Collaboration

B.13 Practical Exploration of the Rehabilitation and Education of Children with Cerebral Palsy in Pudong Special Education School, Shanghai

Zhou Meiqin, Yuan Zheng, Men Xuan and Yang Wei / 275

Abstract: The construction of a school education model for the rehabilitation and education of children with cerebral palsy meets the actual needs of children with cerebral palsy who want to read and read good books, and supports a blue sky for children with cerebral palsy. Through research, in Pudong Special Education School, a medical-education combination model of rehabilitation and education for children with cerebral palsy has been constructed, and a curriculum system suitable for school education for children with cerebral palsy has been formed, creating the 24-hour rehabilitation concept. We have formulated two goals, five contents, five forms, six strategies and three types of methods for the rehabilitation and education of cerebral palsy students. Based on China's reality, it is highly operable and easy to migrate, which has a far-reaching impact on the development of the education of children with cerebral palsy in China.

Keywords: Children with Cerebral Palsy; Rehabilitation and Education; Integration of Medical Education

B.14 "Love Without Borders" Community Rehabilitation
Service Practice Exploration

Liao Peng, Deng Jiancong, Yue Rongnan, Li Wendi and Liu Jianchun / 291

Abstract: Since 2014, the Hong Kong Polytechnic University's "Love Without Borders" Community Rehabilitation Project has implemented the community rehabilitation model of "community-oriented, people with disabilities-centered, cross-professional and cross-regional cooperation", adheres to the core value of "Great Love Without Borders", and carries out community rehabilitation services with both home visits and remote access. This report introduces the establishment background of "Love Without Borders", disability prevention and community rehabilitation practice, successful cases of community rehabilitation services, project achievements, long-term development and prospects, and summarizes the experience of project practice and exploration, such as avoiding a purely medical model or a purely institutional rehabilitation model, using occupational therapy as the core concept, a community-based, patient-centred service model and so on, provide readers with an overview of the practice exploration of community rehabilitation for people with disabilities by international community rehabilitation institutions in mainland China. While providing community rehabilitation services, "Love Without Borders" promotes the development of community rehabilitation education and enhances the general public's awareness of community rehabilitation. It plays a positive role in the rehabilitation of disabled people, their integration into society and the realization of their personal values. It can also provide reference for other community rehabilitation service agencies for the disabled.

Keywords: International Rehabilitation Institutions; Community Rehabilitation; Occupational Therapy

Appendix

The Statistic Table of the Cause of Persons with Disabilities in 2022

Yi Yingying / 316

权威报告·连续出版·独家资源

皮书数据库
ANNUAL REPORT(YEARBOOK)
DATABASE

分析解读当下中国发展变迁的高端智库平台

所获荣誉

- 2022年，入选技术赋能"新闻+"推荐案例
- 2020年，入选全国新闻出版深度融合发展创新案例
- 2019年，入选国家新闻出版署数字出版精品遴选推荐计划
- 2016年，入选"十三五"国家重点电子出版物出版规划骨干工程
- 2013年，荣获"中国出版政府奖·网络出版物奖"提名奖

皮书数据库　　"社科数托邦"
　　　　　　　　微信公众号

成为用户

　　登录网址www.pishu.com.cn访问皮书数据库网站或下载皮书数据库APP，通过手机号码验证或邮箱验证即可成为皮书数据库用户。

用户福利

- 已注册用户购书后可免费获赠100元皮书数据库充值卡。刮开充值卡涂层获取充值密码，登录并进入"会员中心"—"在线充值"—"充值卡充值"，充值成功即可购买和查看数据库内容。
- 用户福利最终解释权归社会科学文献出版社所有。

数据库服务热线：010-59367265
数据库服务QQ：2475522410
数据库服务邮箱：database@ssap.cn
图书销售热线：010-59367070/7028
图书服务QQ：1265056568
图书服务邮箱：duzhe@ssap.cn

社会科学文献出版社　皮书系列
SOCIAL SCIENCES ACADEMIC PRESS (CHINA)
卡号：973215376152
密码：

S 基本子库
UB DATABASE

中国社会发展数据库（下设 12 个专题子库）

紧扣人口、政治、外交、法律、教育、医疗卫生、资源环境等 12 个社会发展领域的前沿和热点，全面整合专业著作、智库报告、学术资讯、调研数据等类型资源，帮助用户追踪中国社会发展动态、研究社会发展战略与政策、了解社会热点问题、分析社会发展趋势。

中国经济发展数据库（下设 12 专题子库）

内容涵盖宏观经济、产业经济、工业经济、农业经济、财政金融、房地产经济、城市经济、商业贸易等 12 个重点经济领域，为把握经济运行态势、洞察经济发展规律、研判经济发展趋势、进行经济调控决策提供参考和依据。

中国行业发展数据库（下设 17 个专题子库）

以中国国民经济行业分类为依据，覆盖金融业、旅游业、交通运输业、能源矿产业、制造业等 100 多个行业，跟踪分析国民经济相关行业市场运行状况和政策导向，汇集行业发展前沿资讯，为投资、从业及各种经济决策提供理论支撑和实践指导。

中国区域发展数据库（下设 4 个专题子库）

对中国特定区域内的经济、社会、文化等领域现状与发展情况进行深度分析和预测，涉及省级行政区、城市群、城市、农村等不同维度，研究层级至县及县以下行政区，为学者研究地方经济社会宏观态势、经验模式、发展案例提供支撑，为地方政府决策提供参考。

中国文化传媒数据库（下设 18 个专题子库）

内容覆盖文化产业、新闻传播、电影娱乐、文学艺术、群众文化、图书情报等 18 个重点研究领域，聚焦文化传媒领域发展前沿、热点话题、行业实践，服务用户的教学科研、文化投资、企业规划等需要。

世界经济与国际关系数据库（下设 6 个专题子库）

整合世界经济、国际政治、世界文化与科技、全球性问题、国际组织与国际法、区域研究 6 大领域研究成果，对世界经济形势、国际形势进行连续性深度分析，对年度热点问题进行专题解读，为研判全球发展趋势提供事实和数据支持。

法律声明

　　"皮书系列"（含蓝皮书、绿皮书、黄皮书）之品牌由社会科学文献出版社最早使用并持续至今，现已被中国图书行业所熟知。"皮书系列"的相关商标已在国家商标管理部门商标局注册，包括但不限于LOGO（ ）、皮书、Pishu、经济蓝皮书、社会蓝皮书等。"皮书系列"图书的注册商标专用权及封面设计、版式设计的著作权均为社会科学文献出版社所有。未经社会科学文献出版社书面授权许可，任何使用与"皮书系列"图书注册商标、封面设计、版式设计相同或者近似的文字、图形或其组合的行为均系侵权行为。

　　经作者授权，本书的专有出版权及信息网络传播权等为社会科学文献出版社享有。未经社会科学文献出版社书面授权许可，任何就本书内容的复制、发行或以数字形式进行网络传播的行为均系侵权行为。

　　社会科学文献出版社将通过法律途径追究上述侵权行为的法律责任，维护自身合法权益。

　　欢迎社会各界人士对侵犯社会科学文献出版社上述权利的侵权行为进行举报。电话：010-59367121，电子邮箱：fawubu@ssap.cn。

社会科学文献出版社